U0508058

本书受教育部"本科教学工程"——赣南师范大学历史学专业综合改革试点项目资助

中国近现代史简读

简读

（1840—1949）

ZHONGGUOJINXIANDAISHIJIANDU

陈任远◎编著

黑龙江人民出版社

图书在版编目(CIP)数据

中国近现代史简读:1840—1949/陈任远编著. —
哈尔滨:黑龙江人民出版社,2016.10(2021.3重印)
ISBN 978 - 7 - 207 - 10848 - 7

Ⅰ. ①中… Ⅱ. ①陈… Ⅲ. ①中国历史—1840—
1949 Ⅳ. ①K25

中国版本图书馆 CIP 数据核字(2016)第 262985 号

责任编辑:朱佳新
封面设计:鲲　鹏

中国近现代史简读(1840—1949)
陈任远　编著

出版发行		黑龙江人民出版社
地　　址		哈尔滨市南岗区宣庆小区 1 号楼
邮　　编		150008
网　　址		www. longpress. com
电子邮箱		hljrmcbs@ yeah. net
印　　刷		三河市华东印刷有限公司
开　　本		787×1092　1/16
印　　张		17
字　　数		290 千字
版　　次		2016 年 10 月第 1 版　2021 年 3 月第 2 次印刷
书　　号		ISBN 978 - 7 - 207 - 10848 - 7
定　　价		50. 00 元

前　　言

本书在形式上粗线条地勾勒了从 1840—1949 年间中国近现代历史的演进与发展过程,在内容上基本涵盖了这一时期所发生的重大历史事件。全书共分六章,以时间为顺序,以事件为内容,在简要叙述中国近现代历史发展脉络的基础上,对其中的重要事件或人物进行分析和评述。

每一章的内容主要由“简述”“年表”与“重点述评”三个部分组成,其中“简述”,就是对本章节所处时段的历史进行简明扼要的介绍,目的是把这段历史的基本轮廓呈现在读者面前;“年表”,就是以编年体形式,对该时段所发生的重要历史事件与经过进行编排,从而帮助读者对此段历史的发展变化有一个比较清晰的了解或认知;“重点述评”,就是从本时段所发生的诸多事件及经过中,挑选出一些比较重要的事件或经过,进行分析和论证,以加强读者对历史人物与历史事件的理解,并在此基础上更加明了本时段历史的演进历程。所以,每一章内容虽然在结构上自成三大部分,但在逻辑上无疑是一个有机的整体,如果做一个比喻的话,“简述”是历史之“面”,“年表”是历史之“线”,“重点述评”则是历史之“点”。从此意义上说,本书将呈现在读者面前的总体特色:就是随着视觉界面的不断缩小,视觉内容则在不断地变得明晰。

当然,作者之所以把本书命名为“中国近现代史简读”,确实是因为中国的此段历史,不仅内容太过丰富,而且过程也非常曲折,故而,也就只能“简而读之”。但即使是“简读”,本书所记述的历史,相对于历史本身而言,其粗糙与不完整仍然是无可讳言的事实,并且,鉴于作者自身学术素养与历史识见的局限,一些本可避免的偏见与疏漏,也成了书中的一部分。因此,对于书中所存在的不足与错误,只能有待于方家与读者的批评指正。

目　　录

第一章　鸦片战争与太平天国起义

一、简述

1840 年 6 月,英帝国以清政府禁烟为借口,挑起了侵华战争。在战争中,尽管中国军民在政府领导下进行了顽强的抵抗,期间也不乏涌现像关天培、葛云飞、陈化成等英雄人物和三元里人民抗英事迹,但鉴于彼此间军事实力的差距,随着清军在广东、福建、浙江、江苏等地战场的一系列败绩,清政府只得于 1842 年 8 月同侵略者在南京签署了割地、赔款、五口通商、协定关税的《中英南京条约》。其后,美、法两国趁火打劫,先后分别于 1844 年的 7 月和 10 月强迫清政府签订了《中美望厦条约》《中法黄埔条约》。随着这些不平等条约的实施,中国开始陷入半殖民地半封建社会的泥坑,也意味着本已危机四伏的清王朝在统治上变得更加风雨飘摇。遗憾的是,面对如此危局,除却林则徐、魏源、徐继畬等极少数人开始睁眼看世界外,清政府及其士大夫们并没有从屈辱中吸取教训,相反仍沉睡在传统的"夷夏观"和"天下观"的虚骄之中,不思进取,抱残守缺,为了所谓的"天朝"颜面,不仅对列强们的一些合理要求予以拒绝,而且在外交上常犯一些该争不争,不该争又死争的错误。所以,当英、法两国于 1856 年借口"亚罗号事件"与"马神甫事件"挑起第二次鸦片战争时,清政府又只得屈辱地接受侵略者的城下之盟,先后在 1858 年、1860 年与外国列强签订了《天津条约》和《北京条约》,其间沙皇俄国还单独跟清政府签订割让中国领土的《中俄瑷珲条约》与《中俄北京条约》,同时还为 1864 年《中俄勘分西北界约记》争得了先机。相对于 1840 年的鸦片战争,此次战争虽然让清政府从"拒洋、轻洋"的深宅里探出头来,可双眼却又误入了"恐洋、和洋"的胡同之中。故而随着对外和约签订与国内阶级矛盾的尖锐,中外反动势力的联合也就提上了日程。所以,当咸丰皇帝 1861 年病死热河,通过政变而垂帘听政的慈禧太后开始了对外政策的大调整。

　　然而,清政府在不断遭受外来侵略的同时,人民起义也纷至沓来,其中全国性起义:有1851年1月爆发的洪秀全领导的太平天国起义与1852年出现的张乐行、龚得树领导的捻军起义;地方性起义比较有影响的有:天地会及其支派首领雷再浩、胡有禄、朱洪英、陈开、李文茂、黄威、刘丽川等人,分别于湖南、广西、广东、福建、江苏等地起事,甚至建立政权;少数民族首领张秀眉在贵州台拱率苗民起义,杜文秀在云南大理率回民起义,李文学率彝民在云南天生营起义,以及西北回民起义。这些地方性起义,要么为太平天国起义的先声,要么与太平天国起义相互呼应。不过,在清末所有农民起义中,就规模与成熟度而言,应首推太平天国起义,因为它不仅建立了政权,颁布了纲领性文件——《天朝田亩制度》,攻占了几百个城市,势力发展到全国14个省,而且有自己较为完整的理论体系,即洪秀全先后于1845年至1846年完成的《原道救世歌》《原道醒世训》《原道觉世训》与《百正歌》等。当然,为剿灭各地风起云涌的农民起义,清政府在动用八旗与绿营等军队进行镇压的前提下,还下令起义地区的地方士绅与在籍官吏兴办地方团练,以配合清军行动,维护地方秩序。如是,作为地方团练的代表与集大成者——曾国藩的湘军与李鸿章的淮军,也就应运而生了,并且这两支地方武装不仅在当时充当清政府镇压各地起义的生力军,而且在日后也成为维护清王朝统治最重要的力量。值得一提的是,在这场漫长的起义与镇压过程中,涌现出许多英雄人物,他们中最为著名的既有洪秀全、杨秀清、萧朝贵、冯云山、韦昌辉、石达开、秦日纲、林凤祥、李开芳、赖汉英、陈玉成、李秀成、洪仁玕等起义者,也有曾国藩、胡林翼、左宗棠、李鸿章、彭玉麟、江忠源、罗泽南、李续宾、曾国荃等镇压者;不过,由于各方面因素的影响,镇压者最终笑到了最后。所以,随着1864年7月湘军攻破天京,也就意味着农民起义的高潮已经过去,而国家又将进入一个相对稳定的时期。

二、年表

公元	朝代	帝王年号	大事
1840 年	清朝	道光二十年	1月5日,林则徐根据道光帝旨意,宣布断绝与英国贸易;1月16日,英国维多利亚女王因中国禁烟发表侵华演说;4月17日,英国议会通过侵华提案;6月28日,英舰封锁珠江口,鸦片战争正式爆发;7月5日,英军攻陷定海;8月11日,英军抵达天津大沽口,向清政府提出割地、赔款等无理要求;9月17日,琦善因天津退敌有功,以钦差身份前往广州办理对英事宜;10月3日,两广总督林则徐、闽浙总督邓廷桢被同事革职,以求得同侵略者妥协;12月4日,琦善接任两广总督。是年,英国发行世界上第一张邮票。
1841 年		道光二十一年	1月6日,因侵略者无理要求,清政府令琦善、伊里布停止交涉,相机剿办;1月7日,英军攻陷大角、沙角炮台,副将陈连升死难;1月26日,英军强占香港;1月27日,清廷以军事失利为由,将琦善交部议处,同时对英宣战;2月26日,英军攻陷虎门炮台,提督关天培殉国;2月27日,英军占乌涌炮台,总兵祥福战死;参赞大臣杨芳到广州主持军事;3月20日,杨芳与义律达成休战协定;4月30日,英国政府以义律索益过少,改派璞鼎查为全权代表,扩大侵华战争;5月26日英军进攻广州,翌日,靖逆将军奕山投降,签《广州停战协定》;5月30日,广州城郊三元里人民抗英;6月28日,林则徐与邓廷桢流放伊犁;7月28日,清廷以中英冲突结束,下令沿海各省裁撤调防官兵;8月26日英军攻陷厦门,总兵江继芸、副将凌志死难,中英战事再起;10月1日,英军再次攻陷定海,总兵葛云飞、王锡朋、郑国鸿相继战死;10月9日,进攻镇海招宝山炮台,提督余步云临阵脱逃;10月10日,英军陷镇海,两江总督裕谦殉难;10月13日,宁波失陷;12月31日,英军进占慈溪。

续表

公元	朝代	帝王年号	大事
1842 年		道光二十二年	1 月 10 日,英军攻占奉化,继而入侵余姚;1 月 22 日,湖北崇阳人钟人杰率众起义,月余失败;2 月 25 日,扬威将军奕经自杭州进驻绍兴;2 月 27 日,英殖民政府由澳门迁入香港;3 月 10 日,奕经攻宁波、镇海,大败;4 月 8 日,清廷宣布"攘外必先安内"上谕,准备向英投降;6 月 16 日,英军进攻吴淞口,老将陈化成牺牲,两江总督牛鉴逃跑;7 月 16 日,道光帝密令署杭州将军耆英向英军求和;7 月 21 日,英军攻占镇江,副都统海龄死难;8 月 4 日,英海军抵达南京江面;8 月 29 日,中国近代史上第一个不平等条约——《中英南京条约》签订。
1843 年		道光二十三年	1 月初,魏源《海国图志》出版,书中提出了"师夷长技以制夷"的主张;4 月 5 日,维多利亚女王颁布香港皇家殖民地宪章,以璞鼎查为首任港督;6 月,洪秀全在花县创立拜上帝会;7 月 22 日,中英《五口通商章程》公布;10 月 8 日,中英《虎门条约》签订。
1844 年		道光二十四年	4 月初,洪秀全、冯云山出游两广,宣传拜上帝教;5 月 25 日,清政府允许民间开采广西、云南、贵州、四川等地的银矿;7 月 3 日,耆英与美国代表顾盛签订《中美望厦条约》;7 月 20 日,湖南耒阳阳大鹏率众抗粮;10 月 24 日,耆英与法国代表拉萼尼签订《中法黄埔条约》;11 月 11 日,清廷批准天主教弛禁。
1845 年		道光二十五年	2 月 25 日,林则徐在吐鲁番推广"坎儿井";7 月 18 日,清政府批准与比利时通商;8 月 14 日,同意丹麦在广州设立领事,一体贸易;8 月 20 日,葡萄牙女王宣布澳门为自由港,以亚马勒为首任澳督;10 月 2 日,云南永昌回民爆发反清起义,很快失败;11 月 29 日,英驻沪领事巴富尔与上海道官慕久签订《上海租地章程》,首开租地恶例。
1846 年		道光二十六年	1 月 15 日,广州人民拒绝英人入城,并捣毁知府衙门;4 月 4 日,耆英、德庇时签订归还舟山条约;10 月 28 日,江苏昭文县金德顺发动起义,旋败;11 月 6 日,湖南东安王献宗起义。

续表

公元	朝代	帝王年号	大事
1847 年		道光二十七年	2 月 11 日，驻藏大臣琦善奏报英人欲通商西藏；3 月 20 日，清政府与瑞典、挪威订立《五口通商章程》；7 月 20 日，中国近代史上的第一个教案——徐家汇教案在上海发生；10 月 18 日，雷再浩、李辉等在湖南、广西交界处发动起义，旋败；洪秀全、冯云山率教众捣毁象州甘王庙，声威大震；12 月 28 日，拜上帝会教众与桂平地主团练武装发生激烈冲突。是年，英国工厂法令将妇女、儿童的工作时限限制到 10 小时以内。
1848 年		道光二十八年	4 月 6 日，杨秀清假托天父下凡，号令拜上帝会教众；7 月 30 日，俄国商船抵上海，要求贸易未果；9 月，徐继畬著《瀛环志略》一书；10 月 5 日，萧朝贵托天兄下凡，号令教众；11 月 16 日，从上海到天津初试海运漕粮；该年广西天地会陈亚贵发动起义，张钊在梧州领导艇军起义。是年，马克思发表《共产党宣言》。
1849 年		道光二十九年	2 月 8 日，桂林大火，烧毁 7 000 多家；4 月 25 日，澳门总督亚马勒驱逐澳门同知，强占澳门；6 月 24 日，美国军舰入侵台湾；11 月 27 日，湖南新宁县李沅发起义；该年，云南彝民、贵州苗民发生起义。
1850 年		道光三十年	2 月 25 日，道光帝去世；2 月 28 日，奕訢受封为恭亲王；3 月 9 日，奕詝即位，改明年为咸丰元年；7 月 27 日，清廷诏令分路缉拿两广起义；8 月 13 日，沙俄强占中国黑龙江庙街，并建立哨所；8 月 15 日，广西天地会占太平府；9 月 12 日，四川西昌地震，死伤两万多人；10 月 12 日，清政府调湘、滇、黔三省军队赴广西平乱，并劝谕地方绅民举办团练；10 月 17 日，拜上帝会在广西平花洲团营，准备起义；11 月 22 日，林则徐在赴广西的途中去世，1 月 11 日，太平军在广西桂平县金田村宣布反清起义，定国号为太平天国，军队为太平军，朝称天朝。是年，法国出现老年保险。
1851 年		咸丰元年	3 月 23 日，洪秀全在武宣东乡称天王，并封杨秀清等人为五军主将；8 月 6 日，中俄签署《伊犁塔尔巴哈台通商章程》；12 月 17 日，洪秀全在永安建制，封杨秀清等人为东、西、南、北、翼五王，各王均受东王节制。是年，古巴宣布独立，路易·波拿巴发动政变。

续表

公元	朝代	帝王年号	大事
1852 年		咸丰二年	1 月 6 日,科尔沁蒙古王旗佃民聚众抗租,对抗官军;太平天国颁行冯云山创制的《太平天历》;4 月 5 日,太平军永安突围,北上桂林;6 月 10 日,太平军在全州蓑衣渡遭江忠源楚勇伏击,冯云山死难;9 月 12 日,萧朝贵在围攻长沙时中炮死亡,同月,广西天地会朱洪英在南宁起义;12 月 13 日,太平军攻占岳阳,获大批船只,成立水师;12 月 29 日,太平军占领汉口。是年,法兰西第二帝国建立。
1853 年		咸丰三年	1 月 8 日,清廷命曾国藩组建湘军;1 月 12 日,太平军克武昌,兵力达 50 多万人;3 月 19 日,太平军破南京;3 月 29 日,太平天国定都南京,改名天京。3 月 31 日,钦差大臣向荣在天京附近孝陵卫建江南大营;4 月 16 日,钦差大臣琦善与胜保在扬州建江北大营;4 月 23 日,沙皇尼古拉一世下令侵占中国库页岛;5 月 8 日,林凤祥、李开芳率太平军开始北伐;5 月 19 日,胡以晃、赖汉英、曾天养等率太平军西征;7 月,江北大营帮办军务大臣雷以诚在扬州创办厘金;8 月 24 日,沙俄侵占黑龙江阔吞屯;9 月 7 日,上海小刀会首领刘丽川起义;10 月 2 日,沙俄入侵库页岛;10 月 11 日,北伐军逼近北京,京师戒严;12 月,洪秀全颁布《天朝田亩制度》。是年,日本征夷大将军德川家庆去世,德川家定上位。
1854 年		咸丰四年	1 月 14 日,太平天国在天京开科取士,并允许妇女应试;1 月 23 日,沙皇批准东西伯利亚总督提出的"武装航行黑龙江"计划;2 月 4 日,太平天国北伐援军在曾立昌等率领下从安庆出发;2 月 13 日,英公使向清政府提出修约要求;2 月 25 日,曾国藩发布《讨粤匪檄》,并率湘军出击太平军;4 月 28 日,太平天国北伐援军在山东冠县全军覆没;5 月 1 日,湘军攻克湘潭,太平军失利;5 月 30 日,穆拉维约夫率舰船 75 艘强行进入黑龙江;6 月 26 日,太平天国西征军再克武昌;7 月 5 日,广西天地会陈开起义,占佛山;7 月 11 日,上海租界成立工部局;7 月 12 日,上海新海关成立,中国海关从此落入外人之手;7 月 20 日,广东天地会起义军围攻广州。10 月 19 日,广

续表

公元	朝代	帝王年号	大事
			西天地会胡有禄等占灌阳,建号"升平天国";10 月 14 日,湘军收复武汉三镇;12 月 12 日,湘军水师打败太平军水师;12 月底,太平天国发行钱币——太平圣宝。是年,3 月 31 日,《日美友好条约》签字。
1855 年		咸丰五年	2 月 11 日,太平军大败湘军水师;2 月 17 日,上海小刀会起义失败,刘丽川死难;3 月,太平天国在天京解散女馆,废除男女隔离制度;5 月 31 日,太平军北伐彻底失败,林凤祥、李开芳先后死难;8 月 2 日,黄河决口,由大清河入海,自此改道,同月,捻军举行雉河集会议,决定建立大汉国,推张乐行为盟主,建黄、白、蓝、红、黑五旗军制;9 月 27 日,广东天地会陈开在广西浔州府建大成国;10 月,张秀眉在贵州台拱领导苗民起义。是年 12 月,《日荷友好条约》签字。
1856 年		咸丰六年	2 月 29 日,法国神甫马赖在广西西林县非法传教,被知县张凤鸣处死,成为法国挑起第二次鸦片战争的借口,史称马神甫事件;4 月 3 日,太平军破江北大营;4 月 6 日,湘军悍将罗泽南在武昌伤重而死;5 月,李文学在云南哀牢山区的天生营率众起义;6 月 20 日,太平军破江南大营;8 月 22 日,杨秀清逼封"万岁";9 月 2 日,韦昌辉杀杨秀清;9 月 16 日,杜文秀在蒙化起义,称总统兵马大元帅;10 月 18 日,亚罗号事件发生,成为英国挑起第二次鸦片战争的借口;10 月 23 日,英军进攻广州,第二次鸦片战争正式爆发;11 月 8 日,石达开出师安庆,东讨韦昌辉,后韦昌辉被洪秀全下诏处死;11 月 28 日,石达开回天京处理政务;12 月底,沙俄非法将黑龙江下游地区与库页岛划为"滨海省",并设省府于庙街。
1857 年		咸丰七年	3 月 2 日,天地会李文茂占广西柳州,称平靖王;5 月底,石达开从天京出走;6 月 19 日,俄军于海兰泡筑营;12 月 12 日,英法联军向两广总督叶名琛发出最后通牒;12 月 28 日,英法联军炮轰广州城;12 月 30 日,广东巡抚柏贵投降,广州陷落。

续表

公元	朝代	帝王年号	大事
1858 年		咸丰八年	1 月 2 日,叶名琛被英法联军俘虏;1 月 8 日,清军重建江南大营;1 月 9 日,英法占领军成立"联军委员会",对广州实行军事殖民统治,柏贵出任伪职,成为中国近代史上第一个地方殖民政权的傀儡;5 月 9 日,湘军陷九江,太平军 17 000 余人死难;5 月 20 日,英法联军攻占大沽炮台;5 月 28 日,沙俄与黑龙江将军奕山订立《瑷珲条约》,割占黑龙江以北、外兴安岭以南 60 多万平方公里领土;6 月 13 日,《中俄天津条约》签订;6 月 26 日,《中英天津条约》签订;6 月 27 日,《中法天津条约签订》;9 月 26 日,太平军再破江北大营;11 月 15 日,太平军在三河镇大败湘军,湘军悍将李续宾自杀。是年,8 月,东印度公司权力转归英王室,法越战争开始。
1859 年		咸丰九年	3 月 20 日,陈玉成联合捻军在庐州城外大败清军,并俘虏安徽巡抚李孟群;6 月 25 日,英法联军攻击大沽炮台;10 月 22 日,太平军右军主将韦志俊投降清军;11 月,英法组成新的侵华联军,准备扩大侵华战争。是年,苏伊士运河开工。
1860 年		咸丰十年	3 月 19 日,太平军陷杭州;4 月 21 日,英法联军又攻陷定海;5 月 6 日,太平军再破江南大营,同月,黔西苗、彝农民起义;6 月 2 日,美国人华尔在上海组织洋枪队;6 月 9 日,清廷命左宗棠随同曾国藩帮办军务;6 月 26 日,英法政府对中国宣战;7 月 2 日,沙俄侵占海参崴,改名为符拉迪奥斯托克;8 月 10 日,曾国藩授两江总督,以钦差大臣身份督办大江南北水陆各军;8 月 24 日,英法联军占天津,并实行军事管制;8 月 30 日,咸丰帝同意外国使臣进驻北京;9 月 21 日,恭亲王奕䜣受命全权大臣,督办和局;9 月 22 日,咸丰帝逃亡热河;10 月 6 日,英法联军攻占圆明园,并大肆抢掠,10 月 18 日,英军火烧圆明园;10 月 24 日,《中英北京条约》签订;10 月 25 日,《中法北京条约》签订;11 月 8 日,英法联军退出北京;11 月 14 日,《中俄北京条约》签订,乌苏里江以东,包括库页岛在内 40 多万平方公里的土地割让给俄国。是年,林肯当选美国 16 届总统,意大利王国建立。

续表

公元	朝代	帝王年号	大事
1861 年		咸丰十一年	1 月 13 日,恭亲王奕䜣等提出《综计全局析》,阐述了"灭发捻为先,治俄次之,治英又次之"的战略方针;1 月 20 日,清廷设立总理各国事务衙门;3 月 25 日,外国公使开始进驻北京;6 月 30 日,英国人赫德代理总税务司职务,开始主持中国海关;8 月 21 日,广东天地会领袖陈开牺牲,"大成国"起义失败;8 月 22 日,咸丰帝病死热河,死前诏立载淳为皇太子,肃顺等八人为顾命大臣;8 月 23 日,两江总督曾国藩提出"购买外洋船炮,则为今日救时之第一要务"的主张,标志着洋务运动的开始;9 月 5 日,湘军攻陷安庆,太平军 20 000 多人战死,嗣后,洪秀全开始大封诸王;10 月 21 日,英法联军退出广州;11 月 2 日,慈禧太后联手恭亲王奕䜣发动辛酉政变,免肃顺等八顾命大臣的职务;11 月 7 日,诏改年号祺祥为同治,两宫皇太后垂帘听政;11 月 20 日,清廷命曾国藩统辖苏、皖、浙、赣四省军务,巡抚以下官员悉归节制;12 月,曾国藩在安庆设立安庆军械所。是年,因废奴问题美国内战爆发。
1862 年		同治元年	2 月 8 日,清廷批准上海成立中外会防局,开始借师助剿太平军;2 月 22 日,李鸿章在曾国藩帮助下组建淮军;3 月 16 日,洋枪队改名常胜军;3 月 27 日,上海港第一家外商轮船公司——旗昌轮船公司成立;4 月 15 日,台湾天地会起义;5 月 15 日,英王陈玉成寿州被擒;5 月 22 日,受太平军影响,西北回民起义;7 月 11 日,京师同文馆成立;10 月 12 日,左宗棠与法军合作,在浙江组成常捷军;10 月 13 日,忠王李秀成在天京城外雨花台与湘军大战,后失利。是年,林肯宣布《解放黑人奴隶宣言》,俾斯麦出任普鲁士首相。
1863 年		同治二年	4 月,捻军首领张乐行在安徽宿州兵败被擒,死难;6 月 11 日,石达开部在四川大渡河紫打地陷入清军包围,13 日,石达开去清营议和被俘,全军覆没;9 月 21 日,上海英美租界合并为公共租界;11 月 15 日,赫德正式出任中国海关总税务司职务;12 月 4 日,太平军叛将郜永宽等刺杀苏州守将慕王谭绍光,投降李鸿章,后被杀。是年,8 月 11 日,法国确定柬埔寨为保护国。

续表

公元	朝代	帝王年号	大事
1864 年		同治三年	2 月 10 日,太平军西北远征军由陕西南部分三路东援天京;3 月 2 日,曾国荃率湘军合围天京;3 月 31 日,左宗棠率军攻克杭州;6 月 1 日,天王洪秀全病逝天京;6 月 4 日,上海租界会审理事衙门成立;6 月 6 日,幼天王即位;7 月 19 日,湘军陷天京,忠王李秀成拥幼天王出走,太平天国灭亡;7 月 22 日,李秀成被俘,8 月 7 日写完《供状》后为曾国藩所杀;10 月 7 日,《中俄勘分西北界约记》签订,沙俄割占中国巴尔喀什湖以东、以南 44 万平方公里的土地;10 月 9 日,干王洪仁玕在江西广昌被俘;10 月 16 日,常捷军解散;10 月 25 日,幼天王洪天贵在江西石城被俘;11 月 7 日,太平军西北远征军首领扶王陈得才因军事失利在安徽自杀;12 月,捻军与西北太平军共推遵王赖汉英为首领,继续抗清。是年,8 月,日本幕府下令讨伐长州;11 月 1 日,马克思建立第一共产国际。

三、重点述评

1.禁烟运动:鸦片战争的前奏

鸦片,学名罂粟,俗称大烟,又叫米囊、白皮或阿芙蓉,原产于南欧和小亚细亚,后传到阿拉伯、印度及东南亚等地,在 7、8 世纪之交由阿拉伯人与土耳其人以药材的形式传入中国,由于其具有强烈的麻醉功能和使人吸食成瘾、难以断绝的弊端,因而长期以来,在中国仅局限于医疗领域。但自 18 世纪初叶以来,以英国为首的欧美各国,由于无力改变中国闭关锁国政策和自然经济占统治地位的现状,在对华贸易屡屡亏损的前提下,一些不法商人开始向中国输入鸦片,希望借助它来改变贸易劣势。随着鸦片走私的进一步发展,越来越多的商人发现鸦片是一种有利可图的商品。据不完全统计,18 世纪初,每年约有 200 箱左右的鸦片输入中国,18 世纪中叶,增加到每年 1 000 箱左右;19 世纪初每年约 3 500 箱,19 世纪 20 年代上半期,每年平均约 7 800 余箱,而 1838 至 1839 年,竟达 35 500 箱。同时,鸦片走私范围,也从广东一地扩展到东南沿海一带,甚至在北京、直隶、奉天等北方地区,也不乏鸦片贩子的足迹。

　　鸦片走私的激增,对中国影响巨大。一方面是白银大量外流,对外贸易由出超而变成入超,据史书记载,1821 年至 1840 年间,中国白银外流至少在 1 亿元以上,平均每年 500 万两,相当于清廷年收入的十分之一;而英国人在 1828 年至 1836 年间,从广州获取了 3 790 万元的白银,仅从 1837 年 7 月 1 日开始的年度里,更是获取了 890 万元的白银。① 另一方面,吸食日众,严重伤害了中国人的身心健康,因为在吸食鸦片的人群中,不仅有政府官吏、文人与兵丁,还有妇女、仆役及出家人;据有人推算,其时烟民总数约在 200 ~ 1 000 万之间,其中中央政府官员约有 10% ~ 20%、地方政府官员约有 20% ~ 30% 的人吸食鸦片。并且烟民在烟瘾发作时,为得到鸦片,甚至不惜任何代价,哪怕是妻离子散、家破人亡也在所不惜,正如马克思在比较鸦片贸易与奴隶贸易的危害性时所说:"同鸦片贸易比较起来,奴隶贸易是仁慈的;我们没有摧残非洲人的肉体,……没有败坏他们的品格,没有腐蚀他们的思想,没有扼杀他们的灵魂。可是鸦片贩子在腐蚀、败坏和毁灭了不幸的罪人的精神世界以后,还折磨他的肉体。"② 而林则徐则从国家的高度痛陈禁烟的必要,他在上述皇帝的奏折中说:"迨流毒于天下,则为害甚巨,法当从严。若犹泄泄视之,是使数十年后,中原几无可以御敌之兵,且无可以充饷之银。"③ 鉴此,对清政府而言,禁烟运动势在必行。

　　所以,在 19 世纪 30 年代后半期,道光皇帝在朱嶟、许球、袁玉麟、黄爵滋、林则徐、陶澍、苏廷玉等一批中央与地方大员的推动下,开始实行禁烟。1838 年 10 月,道光帝下令各省严禁鸦片,并告诫禁烟官吏,不要虚饰图功和苟且遗患,同时为表示其禁烟决心,道光帝还勒令弛禁派代表人物许乃济告老还乡;同年 11 月,还诏严禁派代表人物——湖广总督林则徐进京见驾,商计禁烟方略。由于林氏在见驾过程中对答颇称圣意,于 12 月底被任命为钦差大臣,前往广州查禁鸦片。

　　林则徐抵达广州后,会同两广总督邓廷桢、广东水师提督关天培等,缉拿烟贩,惩治不法官吏,严禁国人贩卖、吸食鸦片,对吸食者须立即呈缴烟土烟具,限期戒除;对外国烟贩,要求呈缴所有鸦片,并保证以后永不夹带鸦片。为了激发

---

①　徐中约著:《中国近代史》(上册),计秋枫、朱庆葆译,香港:中文大学出版社,2001 年,第 169 页。
②　转引自《马克思恩格斯选集》(第 2 卷),第 23 ~ 24 页。
③　《林则徐集·奏稿》,第 601 页。

官民积极参加到禁烟运动中来,林则徐当众宣布:"若鸦片一日未绝,本大臣一日不还,誓与此事相始终,断无终止之理。"①面对以英国商人为首的鸦片贩子对禁烟政策的破坏,林则徐先后采取派兵包围商馆、断绝广州与澳门交通和暂停中英贸易的措施,来迫使这些奸商受范;同时积极整顿海防,以防止外来入侵。林氏这些爱国爱民的强硬举措,自然得到了广州各界群众的大力支持和热烈拥护,从而使得城乡各地群众不仅纷纷呈缴烟具烟膏、检举鸦片贩子,而且自发组织起来,拦截走私商船。由于全民性参与禁烟运动,到 1939 年 5 月,林则徐在广州已拘捕了 1 600 名违反禁令者,收缴了 42 741 杆烟枪和 28 845 斤鸦片;到 5 月 18 日,又迫使英美烟贩交出鸦片 21 306 箱。1839 年 6 月 3 日,林则徐把搜缴来的所有鸦片,在虎门海滩开始当众销毁,前后历时 22 天,从而把禁烟运动推向高潮。

不过,当中国禁烟运动传入英国时,英国鸦片贸易集团与新兴工商业资产阶级立刻发出战争的喧嚣,他们纷纷致书政府,认为:中国方面的无理举措,给他们造就了一个挑起战争的绝佳机会。正是在这些人的鼓吹和怂恿下,英国维多利亚女王于 1840 年 1 月 16 日在议会发表演说时,明确表示要对华采取大规模的军事行动;4 月 7 日,议会以微弱多数通过了对华战争军费案。1940 年 6 月初,当乔治·懿律率领一支由 16 艘军舰、4 艘武装汽船、28 艘运输船、4 000 名士兵组成的军队,陆续抵达广东海面时,一场由鸦片引起的中英战争已如箭在弦。

或许有人问:假如没有禁烟运动,这场战争是否会发生呢? 答案是肯定的。就英国而言,战争的动机,根本就不在于中国政府是否禁烟,而在于其对利益的无限追求,因为自 17 世纪以来,英国政府所进行的无数次大大小小殖民战争,其起因并不是对方有什么禁烟运动或禁烟举措,而是对方有碍其殖民掠夺与殖民扩张。故而,即便清政府不采取禁烟运动,只要其在华利益受损,英国政府也会寻找别的什么借口来挑起中英之间的争端,以达到其利益最大化目的;并且,英国对华战争,早已蓄谋已久,1816 年,英国人就曾扬言:"如果我们要和中国订立一个条约,这个条约必须是在刺刀之下,依照我们的命令写下来,并要在大炮

---

① 《林则徐集·公牍》,第 59 页。

的瞄准下,才发生效力的。"①一个叫马地臣的英国鸦片贩子,于 1827 年在澳门创办的《广州记录报》中,也公开鼓吹侵略中国。就中国而言,清政府那种天朝大国的傲慢与偏见,自然也容忍不了英国人的挑衅与侵略;同时,中国人民自古以来反抗外来侵略的传统,更不会甘于处在那种被侮辱被欺凌的地位。如是,中英战争不可避免,而林则徐的禁烟运动,则恰好充当了这场战争爆发的推进器。对此,徐中约在其《中国近代史》一书中,发表了类似的见解,他写道:"回顾历史,鸦片贸易只是战争的直接原因而非根本原因。由于中西方对国际关系、贸易和司法管辖的观念大相径庭,即使没有鸦片,双方之间的冲突也照样会爆发。比鸦片问题更为深刻的是几个概念的冲突:中国自称天下宗主的角色与西方国家主权的观念之间的不相容;中国的朝贡关系体制与西方的外交往来体质之间的冲突;以及中国农业的自给自足与英国工业的扩张之间的对抗。"②总而言之,清政府的禁烟运动,只是英国挑起侵华战争的一个自欺欺人的借口。

2. 鸦片战争:中国大变局的开端

1840 年 6 月 28 日,英国远征军封锁珠江口,标志着鸦片战争正式爆发。由于林则徐事前做了充分的准备,英军发现无机可乘,只得挥师北上。在 7 月攻陷浙江定海的基础上,于 8 月 29 日抵达天津白河口,并向清政府提出赔款、割地、通商等许多无理要求。此时,道光帝面对英军的炮火,在主和派的鼓噪下,动摇了当初禁烟和抗敌的决心。于是,一方面任命主和派代表琦善与英军谈判;另一方面,下诏指责林则徐:外不能杜绝鸦片的流入,内不能缉拿偷运鸦片的私贩,反而节外生枝,惹出许多波澜。其后,出于妥协的需要,道光帝干脆任命琦善为钦差大臣,赴广东办理中英交涉,并且以"办理不善"的罪名,将禁烟派代表人物两广总督林则徐、闽浙总督邓廷桢撤职查办。不过,道光帝与主和派的妥协,并没有换来英国人的退让,相反更激发其侵略的欲望。所以自 1841 年 1 月开始,英军连连攻陷大角、沙角、虎门炮台,守将陈连升、关天培先后殉国。到 5 月,又大败靖逆将军奕山所率领的清军,迫使奕山投降,最后只得签订了屈辱的《广州条约》。然而,英军的侵略步伐并没有因此止步。同年 8 月,英军攻占厦门,揭开了扩大侵华战争的序幕。自此以后,英军连占定海、镇海、宁波、宝

---

① 广东文史研究馆译:《鸦片战争史料选译》,北京:中华书局,1983 年,第 48 页。
② 徐中约著:《中国近代史》(上册),计秋枫、朱庆葆译,香港:中文大学出版社,2001 年,第 188 ~ 189 页。

山、上海、镇江等城池,到 1842 年 8 月,兵锋直指南京。在此过程中,中国军队虽连连败北,但也不缺恪尽职守、视死如归的勇将,如厦门力战阵亡的总兵江继芸,定海浴血奋战的总兵葛云飞、郑国鸿与王锡朋,镇海投水自尽的两江总督裕谦,吴淞至死不退的老将陈化成,镇江以身殉职的副都统海龄。鉴此,道光帝在哀叹清军"既不能冲锋击贼,复不能婴城固守"①的无奈中,只得同意议和代表耆英、伊里布与英国政府代表璞鼎查签署了割地、赔款、开口通商与核定关税的《中英南京条约》。其后,英国人又在《虎门条约》中获得了领事裁判权与片面最惠国待遇的特权;美、法两国则分别通过《中美望厦条约》与《中法黄埔条约》得到了建立教堂、修建医院与自由传教等更多的特权。清政府希望借助于这一系列丧权辱国条约,来构筑一道抵御外敌的藩篱。

遗憾的是,条约构建的藩篱毕竟不是钢铁铸就的长城。在时隔 14 年后,英、法两国为扩大上次鸦片战争中所获得的权益,在沙俄、美国的支持下,分别以"亚罗号事件"和"马神甫事件"为借口,悍然冲破藩篱再次挑起了鸦片战争。1856 年 10 月 23 日,英军突然闯入珠江,袭击沿岸炮台,又一次点燃了中英之间的战争。一年后,法军加入战争的行列,伙同英军攻陷广州,俘虏两广总督叶名琛,利用投降的广东巡抚柏贵组成"联军委员会",对广州进行殖民统治,从而使得战争的规模进一步扩大。接着,英法联军北上,侵占大沽炮台,威胁北京,清政府只得在丧失大量国家利权的情形下,先后与俄、美、英、法四国签署了《天津条约》,希望借此来讨取列强们的欢心。可是,此时的列强好比一只只贪欲无比的豺狼,为了攫取在华更多的特权,英法联军于 1859 年 6 月 25 日突袭大沽口炮台,战端再启。由于中国军队准备充分,作战勇敢,侵略者未能实现既定的战略目标。因此,英法两国政府于 1860 年 2 月组成更大规模的联军来华。4 月起,英法联军连克舟山、大连与烟台,封锁渤海湾。8 月,英法联军在沙俄的暗助下,攻占北塘、白河与大沽炮台,北京安全告急。9 月 22 日,咸丰帝出逃热河,命其弟恭亲王奕䜣留京负责和谈。10 月初,侵略者占领圆明园,在大肆抢掠后,为销赃灭迹,而在园内纵火,使得这座有"万园之园"美誉的皇家园林从此成为历史。13 日,英法联军占领安定门,控制北京城。这样作为议和全权大臣的奕䜣,在英、法武力胁迫下,不得不与英、法、俄等列强签署了《北京条约》,以换取暂时的

---

① 文庆等编:《筹办夷务始末》道光朝卷 41,北京:中华书局,1964 年,第 9 页。

苟安。

至此，鸦片战争在清政府的妥协、退让与屈辱中结束了，但由于一系列不平等条约的签订，其对中国所造成的影响却相当的巨大。就实的方面而言，领土上，中国南方丧失了香港岛，东北失去了外兴安岭以南、黑龙江以北、乌苏里江以东包括库页岛在内的100多万平方公里的土地，西北则割让了巴尔喀什湖以东、以南44万平方公里的土地；行政上，随着租界的设立，领事裁判权的让渡，以及片面最惠国待遇的承认，使中国的主权遭到了前所未有的破坏；军事上，允许外国军舰可以在通商口岸停泊，无疑将中国的腹地暴露在列强的炮火之下；经济上，核定关税权的剥夺与巨额赔款的实行，一方面为大量外国货物与鸦片走私打开了方便之门，另一方面既加重中国人民的负担，也加速中国农业与手工业的破产。

就虚的方面而言，其一，传统的"天下即国家"观念，面临着更为严峻的挑战。虽然自汉唐以来，中国人就知道还有别的许多国家，但一般人认为它们只是一些环绕在中国周边的蕞尔小国，即便是到了明朝后期，当西洋传教士利玛窦把带着的世界地图——《坤舆万国全图》展现在国人面前时，人们尤其是士大夫们仍守望着"普天之下，莫非王土；率土之滨，莫非王臣"的中国君临天下的传统观念，可是随着英法列强的入侵，人们不得不面临这样一个事实——中国代替不了"天下"，而天下还有许多比中国更文明和更先进的国家。其二，清王朝"天朝大国"的梦幻不再。在鸦片战争前，天朝大国既是大清王朝最高统治者聊以自傲的精神寄托，也是其群臣蔑视他国的思想依仗，如乾隆帝针对英国特使马嘎尔尼所提出的要在北京驻扎使节并扩展商务的要求，不无自傲地说："若云仰慕天朝，欲其规习教化，则天朝自有天朝礼法，与尔国各不相同。尔国所留之人即能学习，尔国自有风俗制度，亦断不能效法中国，即学会亦属无用。""天朝无所不有，然从不贵奇巧，并无更需尔国置办物件。""尔国王惟当善体朕意，益励款诚，永矢恭顺，以保乂尔有邦，共用太平之福。"①23年后的嘉庆帝，对待英使阿美士德的访华，傲慢依如其父，他在给英王的信中说："天朝不以远方的礼物为贵，凡是你们国家奇特灵巧的东西，我们也不会把它视为珍奇异宝。只要

---

① 转引徐中约著：《中国近代史》（上册），计秋枫、朱庆葆译，香港：中文大学出版社，2001年，第158页。

你能够使你的百姓和睦团结，保护好自己的疆土，我就很高兴了。以后你们国家也不必经常派遣使臣不远万里前来朝贡，只要你们倾心效顺天朝，就是向心王化了。"①然而，随着中国军队在鸦片战争中连连败北与一系列不平等条约的签订，自然动摇了国人心中天朝大国的信念，特别是1860年9月，咸丰帝在英法联军逼近北京的前夕，仓皇出逃的狼狈，更是在世界面前丢尽了天朝大国的颜面。其三，传统的"夷夏之防"观念面临着空前的危机。作为儒家传统思想的重要组成部分——夷夏之防，自秦汉以来，就逐步成为中原王朝自居于万国之上的自我中心意识与价值观念的理论基础，也是华夏民族走向大汉族主义的一种文化优越感的外在宣泄。所以早在远古时期，地处中国周边的民族，常常被冠以"夷""狄""戎""番""胡""蛮"等带有侮辱性意蕴的名称，即使到了近代，大多数中国人那种怀柔和教化远人的孤高与自负心态仍依然如故。所以当英、法、美等西洋国家频频叩关时，在国人眼中，它们仍与夷人同列，常被呼之为"英夷""法夷""美夷"等。但是，鸦片战争的屈辱与挫折，使一部分明智的士大夫明显感觉到"今夷"非"古夷"所比，其中淮军首领李鸿章在上书皇帝的奏折中，把西洋人的入侵感慨为"三千年未有之变局"。所以，一部分先进的中国人认为，中国要想改变在与夷人军事冲突中弱势地位，就必须效法"赵武灵王胡服骑射"的古例，向夷人学习其船坚炮利的技术，其中今文学派代表人物魏源，在其《海国图志》一书中明确提出了"师夷长技以制夷"的主张，而湘军领袖曾国藩则率先在安庆开办了一个制造现代武器的军械所。是故，鸦片战争的炮火虽然沉寂了，但其留给中国人的影响却远远没有结束，或者说才刚刚开始！

因此，无论是从实的方面，还是从虚的方面，鸦片战争给中国带来的冲击是巨大的，它不仅给中国人展现了一个完全不同的世界，而且把中国人原有的那个世界予以打碎。面对如此的变局，对中国人而言，尤其是对那些保守而自负的士大夫们而言，此种事实显然有点残酷，正因如此，直到第二次鸦片战争结束，绝大多数中国人仍生活在过去的理想中，对眼前残酷的现实迟迟难以认同，以至于在日后洋务运动的大潮中，依然有人把学习西方的先进技术视之为旁门左道。但无论如何，鸦片战争的结果毕竟给所有的中国人提出了这样一个课题：中国已进入又一个大变局的时代，如果想继续存在下去，就必须告别祖先的

---

① 转引马克锋著：《文化思潮与近代中国》，北京：光明日报出版社，2004年，第38页。

光荣和伟大,从傲慢与偏见的桎梏中解放出来,即使感到痛苦和屈辱,也要在忍耐和煎熬中应对现实的挑战。遗憾的是,后来的历史证明:绝大多数中国人并没有顺应时代的发展而变化,相反,却依然生活在回忆和失落之中。就此意义来说,鸦片战争的罪恶也许不仅仅在于给中华民族带来了苦难和屈辱,也在于中国人并没有因此惊醒而振作起来,从此走上国富民强的道路!正如蒋廷黻在感慨鸦片战争失败的教训时说:"从民族的历史看,鸦片战争的军事失败还不是民族的致命伤。失败以后还不明了失败的理由力图改革,那才是民族的致命伤。"①诚哉斯言!

3.战和不定:皇帝的决策失误

清政府在鸦片战争中的惨败,固然有其必然性,诚如蒋廷黻在检讨鸦片战争失败的原因时说:"鸦片战争失败的根本理由是我们的落伍。我们的军器和军队是中古的军队,我们的政府是中古的政府,我们的人民,连士大夫阶级在内,是中古的人民。我们虽拼命抵抗终归失败,那是自然的,逃不脱的。"②但决策者的失误,无疑让此种必然性更加的鲜明与快捷,易言之,皇帝的失误,加速了中国在鸦片战争中的失败。

早在鸦片战争前,英国政府中就有人试图通过战争来打破中国的闭关锁国政策,但鉴于清王朝强大的外表,一直不敢轻启战端,即使是到了19世纪初,清王朝已走向没落,英国政府仍希望用外交的手段来打开中国的国门,所以在此前后,先后派出了马噶尔尼使团与阿美士德使团访华,遗憾的是不得要领。随着时间进入19世纪中叶,已经完成第一次工业革命的大英帝国变得更为强大,相反,清王朝则已更为虚弱与落后,因而在此消彼长的情况下,英国政府才借口中国的禁烟运动,悍然挑起了侵华战争。但是大清王朝毕竟是一个庞然大物,虽然落后保守,可仍有着百足之虫死而不僵的生命力,换句话说,尽管英雄不再,可虎威犹存。所以,无论是从实力来说,还是在世人的预测中,清政府纵然不济,但也不至于在中英战争中屡战屡败,并一发不可收拾。为什么结局是如此的出人意料呢?究其原因,固然是一言难尽,但作为中国军队的最高统帅——道光帝与咸丰帝在决策中的失误,无疑是诱发败因的关键因素。详

---

① 蒋廷黻著:《中国近代史》,上海:上海古籍出版社,1999年,第16页。
② 蒋廷黻著:《中国近代史》,上海:上海古籍出版社,1999年,第15～16页。

细说:

就道光帝而言:战前无准备,战中无韧性,战后无总结。早在禁烟运动之前,英国人就频频表现出侵华之野心,只苦于没有找到适当的借口和时机,而迟迟隐忍未发。故而,道光帝在做出禁烟运动的决策时,就应该考虑到它可能给中英双方甚至中外关系所带来的影响,因为西洋人走私鸦片,表面上虽然是一种民间的私人行为,但骨子里却是西方国家的一种侵略举措。所以,对道光帝来说,在颁布禁烟令的同时,也须做好最坏的打算——准备战争!遗憾的是,直至鸦片战争爆发,道光帝仍生活在祖宗"夷夏之防"的大墙之内,以为"此夷即是彼夷",梦想林则徐在广州广播大皇帝的恩威,短期内把鸦片清除干净,如其在任命林则徐为禁烟钦差大臣的上谕中说:"昨经降旨,特派湖广总督林则徐驰赴粤省,查办海口事件,并颁给钦差大臣关防,令该省水师,兼归节制。林则徐到粤后,自必遵旨竭力查办,以清弊源。唯该省窑口快蟹,或以开设烟馆,贩卖吸食,种种弊窦,必应随地随时,禁绝根株。"①然而,哪里知道,他把禁烟运动变成一把打开潘多拉魔盒的钥匙。因而,当英军从广东海面挥师北上时,中国的海防除闽、粤两省做了较为充分的准备外,其他省份在军事上未做任何部署,特别是作为京师门户的天津,仅有守军800人,山海关一带,甚至连一尊可用的大炮也没有。正因如此,在广东无机可乘的英军才一路畅通无阻地北上,直抵天津的白河口,途中并顺带攻陷了浙江省的定海县城。对此,道光帝负有不可推卸的责任。

道光帝的此种失误,如果说是其事前昧于世界大势而情有可原的话,那么在中英战争中韧性的缺乏,更是其不可原谅的错误。战争之初,应该说道光帝对胜利的渴望是非常强烈的,因为在他的眼中,英夷就是一些唯利是图、不懂礼数的野蛮人,根本不是大清国军队的对手。然而,后来的事实是:大清国军队根本不是英夷的对手。所以随着定海县城的失陷与英国军队北上白河口,道光帝不仅动摇了当初禁烟与抗敌的决心,而且恼羞成怒地将抗英派主将林则徐、邓廷桢撤职查办,希望以此来博取英国政府的谅解。可是林则徐等在职与否并不是英国政府发动侵华战争的目的,而道光帝的举措,除自毁长城外,更坚定了英国政府的侵华决心。因而尽管妥协派代表人物琦善、伊里布等在对英和议中据

---

① 文庆等编:《筹办夷务始末》道光朝卷5,北京:中华书局,1964年,第17页。

理力争并一再让步,包括答应对方所提出的赔款、割地、开口通商等一系列无理要求,但仍没有阻止英军的侵略步伐,因为自古以来,武力就是外交的后盾。1841年1月初,英军在短暂休整后,重新发起军事进攻,先后侵占了大角、沙角炮台与香港岛。在此情况下,道光帝出于对天朝颜面的维护,又突然立即下诏对英宣战,同时,以办事不力有违圣意为托词,将琦善革职拿问;接着,任命御前大臣、宗室奕山为靖逆将军,户部尚书隆文、湖南提督杨芳为参赞大臣,率军开赴广东与英军决战。可悲的是,奕山不仅没有在广东打败英军,反而让英军包围广州城,最后不得不开城乞降,以屈辱的《广州和约》而作结。中国军队的广州惨败,无疑让英国政府进一步确认大清王朝外强中干的真实面目。因此,为了达到更大的战略目的,英军在1841年8月攻占厦门后,开始把主战场置于江浙地区。所以自10月起,英军连陷定海、镇海、宁波、慈溪、宝山、上海、镇江等城池,到1842年8月初,其前锋直达南京下关江面。在此过程中,为了挽回败局,道光帝任命另一宗室奕经为扬威将军,前往浙江督办军务,可结果跟奕山没有两样——大败而回。面对军事上的接连失利,道光帝在议和派劝说下,不得不下令停止进兵,同时任命主张议和的盛京将军耆英为钦差大臣,重新起用被革职的前两江总督伊里布,令他们前往浙江寻求和谈。经过谈判,英国政府在清政府接受其提出的全部条款的前提下,同意结束战争。于是,随着《中英南京条约》签署,标志着第一次鸦片战争的结束。

第一次鸦片战争固然是结束了,但大清王朝为什么会失败呢? 作为最高统帅的道光帝除了埋怨将帅无能和夷人狡诈外,并没有从失败的背后去寻找更为关键的原因,正因如此,不仅他自己在人生的最后八年,仍让大清王朝一如既往沉醉在天朝大国的幻影中,而且还影响自己的继承者——咸丰帝继续犯同样的错误。其实,鸦片战争的惨败,究其原因,客观方面最主要的是器不如人,主观方面最主要的是决策失误,而这两个原因,都非常值得道光帝本人的反思。就前者言之,器不如人,那就必须承认自己的不足,努力学习别人的先进技术,尽量做到以其人之道还治其人之身。就后者言之,决策失误,道光帝更是脱不了干系,有道是将帅无能,累死三军,而道光帝就是这样一位将帅,因为在整个第一次鸦片战争中,道光帝是和战不定,当其对侵略者无法容忍的时候,就着手战争,当战争一出现挫折,马上就临阵换将,或谋求和解,一旦和解让步太多,又责怪和臣误国,反过来又希望用军事来解决争端,就这样忽战忽和,首鼠两端。自然,作战者难免不因此而动摇作战之决心,而和议者也难免不因此而滋生投机之心理。所以,战场上,有人在浴血奋战,有人却临阵脱逃;朝堂上,主战派慷慨陈词力言抵抗的重要,而和议派则疾言厉色痛陈妥协的必要。就此而言,清军如何不败? 并且,作战中,道光帝那种分批投入兵力的添油战术,往往达不到集中优势兵力以歼敌的效果,这也就是为何英军以区区数千之众打败数万清军的原因所在。所以,第一次鸦片战争的失败并不可怕,可怕的是没有从失败的原因中吸取教训和经验;而作为最高统帅的道光帝在战争中出现决策的失误,固然是糊涂,但更为糊涂的是不在战后反思自己的失误! 因此,即便其死后以布蒙面,有着给祖宗蒙羞的悔恨和内疚,但毕竟无改于丧权辱国的历史事实。

就咸丰帝而言,在当政期间,基本上在复制其阿玛——道光帝的错误,某些方面甚至比其阿玛犹有过之。本来自咸丰帝正式登基到鸦片战争再次爆发,中间还有七年时间,在这段时间内,如果认清形势,奋发图强,在痛定思痛中卧薪尝胆,虚心学习外国的先进技术,并非是全无作为。但是,咸丰帝除一心安内外,攘外方面基本上还是沿用原来的羁縻政策,希望借助于早已签订的不平等条约,来与列强维持着一种不战不和、若即若离的关系,同时,随着外交形势的稍微好转,排外的痼疾又开始复发,其中最典型的是重用以拒洋出名的叶名琛出任两广总督,负责对外交涉。当然不久的事实证明,无论是咸丰帝还是叶名琛都将为自己的无知和愚顽付出惨重的代价。当时间进入 1856 年 10 月,列强的炮舰外交重新抬头。首先是英国人借口"亚罗号事件",炮轰广州城与总督府,随后,法国人以"马神甫事件"为说辞,也加入侵华的行列中,从而第二次鸦片战争的规模进一步扩大。

在此情形下,作为前线最高指挥官的叶名琛,明智的选择是委曲求全,谋求和解;作为最高统帅的咸丰帝务实的办法是首谋和解,再言战争。然而这君臣二人,面对来势汹汹的侵略者,是战和不定,毫无作为,如两广总督叶名琛在广州城被英法联军包围后,既不做战争准备,也不接受敌方的条件投降,最后被联军俘虏,客死印度的加尔各答,成为一个被人嘲笑的"不战、不和、不守、不死、不降、不走"的六不总督,真的是误国误己。而咸丰帝在广州战事失败、英法联军兵临大沽炮台后,才慌忙派大臣到天津议和,结果签署了《天津条约》。此时,咸丰帝如果顺坡下驴见好即收,也许后来就不会有自己出逃热河而英法联军火烧圆明园的惨剧,但他偏偏有种死要面子的阿 Q 精神,一定要在礼仪上从洋人那里赢回天朝大国在战场上失去的尊严,所以对洋人进京换约的路线、人数做出明确的规定,并要挟洋人遵行,然而作为胜利者的洋人根本不可能接受这些条件。于是,彼此间爆发了规模更大的军事冲突,而咸丰帝最后只能用丧失更多主权与利益的《北京条约》来换取侵略者的停战,更可痛者,让沙俄趁火打劫,强行割让了一百多万平方公里的领土。因而,对咸丰帝来说,早知如此,何必当初?!

其实,综观第二次鸦片战争发生与扩大的原因,不难发现,其中的一个重要诱因就是咸丰帝犯了一个该争不争、无须争却又力争的错误。本来英、法联军发动第二次鸦片战争的根本原因,是因为第一次鸦片战争签订的条约到期了,而清政府迟迟不答应他们所提的修约要求,再加之主办夷务的两广总督叶名琛顽固的排外立场,是以鸦片战争率先在广州爆发。事实上,英、法、美所提的修约要求,无非是进一步打开中国的大门,彼此间进行更多的政治、经济、文化的交流,当然也为其鸦片贸易造就更便利的环境;即使其后来发动侵华战争的目的,也基本上局限在上述范围内,如英国政府给当时的侵华英军统帅额尔金的训令主要是:赔偿英国臣民所受的损失,外国代表进驻北京,增加通商口岸等,但是清政府偏对此不肯做出让步;可一旦军事失败,即使是割地、赔款、赔礼、道歉等更苛刻的条件,也都一一接受,典型如《天津条约》的内容,相对于英、法、美等国所提修约的要求,其严重性和危害性怎可同日而语,其后《北京条约》的内容相对于《天津条约》的内容,其给中华民族带来的灾难与损失就不是一百步和五十步的差距。令人扼腕的是,大清王朝的当政者却常犯一些为了芝麻而丢了西瓜的错误,而且最后的结局是西瓜与芝麻全没了。因而,咸丰帝如果理智一些,就应该在第二次鸦片战争爆发前,爽快地接受列强们所提出的修约要求,尽量地推迟战争的爆发,使国家民族的损失最小化;如果说这一步已错过了时机,那么在《天津条约》签订后,就应该认清形势,不再为一些形式上的东西而节外生枝,因为割地赔款、军事失利,早已丢尽了天朝的颜面,那种形式上的礼节又怎能对天朝尊严的维护产生实质的效用,说穿了,那不过是自欺欺人的把戏。所以,英明的当政者,在外交上,争的应该是实利而不是虚名,争的应该是领土主权而不是仪式礼节,有道是皮之不存毛将焉附。以此观照,咸丰帝显然不是一个英明的君主,换言之,咸丰帝在第二次鸦片战争中明显地出现了决策性失误。

正因为道光帝与咸丰帝在鸦片战争中出现了决策性失误,从而使得大清帝国在应对列强的炮舰政策时,战没有战的血性,和没有和的尊严,最后让自己在侵略者的进逼下处处被动挨打,同时也让自己在列强面前矮化成了一个外强中干、人人可欺的小丑。其实,英国政府在挑起鸦片战争之前并没有必胜的把握,因而其最初的战争目的,除了发展同中国的正常经济贸易与挽回禁烟运动中所损失的利益外,就是向中国人炫耀自己强大的军事实力。然而,随着战争的进行,英国人发现清王朝是一头徒有其表的"黔之驴",是以在军事上节节胜利的同时,其外交要价也随之水涨船高。而其他列强看到有利可图,则在隔岸观火与落井下石之后,纷纷趁火打劫,于是本是一场中英之间的冲突,结果却演化成一场中国和欧美列强乃至世界对立的格局,并且此种格局一直或明或暗地延续到第二次世界大战时中国不平等条约的完全废除。也许,这是道光帝、咸丰帝父子怎么也想不到的后果。

因此,道光帝如果英名伟大的话,既然不惜与英夷一战,那么就要拿出自己的全部力量来对决,即使对手是一只老虎,也得有喂他一口的勇气,就是失败、惨败,还可以赢得对手的尊重,同时,在失败的悲壮中,也会让对手感到征服的恐惧。不幸的是,道光帝战前是盲目乐观急于事功,战时是惊慌失措气急败坏,战后是悲观失望无所作为,全无死中求生败中求胜的气概。如是,怎能不失败,怎能不被对手轻视!第一次鸦片战争道光帝固然是稀里糊涂地失败了,但如果其继承人咸丰帝能够在第二次鸦片战争中亡羊补牢,仍有希望改观大清王朝留给列强懦弱无能的形象,并可适当地挣回几分天朝大国丧失的颜面,遗憾的是,咸丰帝仍如乃父一样毫无作为,甚或可以说是一代不如一代,所以,第二次鸦片战争,中国的损失更加惨重,大清国的声誉更是一泻千里。至此,如果说第一次鸦片战争后,列强们尚把它们的手下败将——清王朝看成一头徒有其表的黔之驴的话,那么第二次鸦片战争后,大清王朝在列强的眼中就只能是一只外强中干的纸老虎。因为此后不仅西方列强在华权益大大扩充,而且赔款割地也成为条约中常见的内容,更甚者,一向被中国视为"蕞尔小国"的日本,也在不久后加入侵华的行列。真可谓"墙倒众人推"。可悲!可叹!

当然,道光帝、咸丰帝在鸦片战争中之所以忽战忽和、该争不争,也有其值得同情的一面。前者是因为他们常希望用最小的代价来换取最大的收获,希望用古代对待周边少数民族头人那种恩威并济、打拉结合的办法来制服英、法等夷人,故而战没有战的决心,和没有和的勇气,只得在战和不定中寻求投机;后者是因为他们深受儒家文化的影响,笃信"君子寓于义而不喻于利"的教条,崇尚"士可杀不可辱"的气节,是以为了天朝大国的所谓颜面,他们可以不争国家主权的得失和民族利益的毁损,而偏计较于有关"夷夏之防"的仪式和礼节。不过,他们这种不看时机与对象,而一味地依赖经验行事是十分可笑的,对此,道、咸二帝真应该读读韩非的《五蠹》篇,学学"圣人不期修古,不法常可,论世之事,因为之备"的道理。

4. 天国蓝图:《天朝田亩制度》

为了建立起人间天堂,天国的领袖们鉴于当时土地高度集中的现实与广大农民对土地的迫切需求,在定都南京后,首先制定与公布了《天朝田亩制度》,其中特别强调土地的分配原则与方法。在此文件中,天国领导人根据"天下田天下人同耕"的原则,以产量为标准把土地分为上、中、下三级九等,然后好坏田相互搭配,按人口平均分配,并明确规定年满 16 岁以上的男女每人都可分得一份同等数量的土地,以下减半;同时还提出"丰荒相通"、以丰赈荒的调剂办法。此外,为了进一步落实和贯彻土地制度,天国领导人在《天朝田亩制度》中,还对农副业的生产和分配做了一些必要的规定:作为农村政权的基层组织——"两"具体负责农副业的生产和分配;分得土地的农民,都要参加农副业生产劳动;每"两"应有陶、冶、木、石等匠;每一家应饲养五只母鸡和两头母猪;妇女应学会种桑养蚕缝衣织布等技艺;每"两"的生产成果,除满足其成员生活基本需求外,余则上缴国库;"两"中婚丧等红白喜事所花开销,均由"两"所设的国库支出;"两"中鳏寡孤独与疾病残废等丧失劳动能力的人,均由国库供养。[①] 天国领导人希望天国这样一种制度设计,来实现其心目中"有田同耕,有饭同食,有衣同穿,有钱同使,无处不均匀,无处不饱暖"的理想社会。

当然作为太平天国政权的纲领性文件——《天朝田亩制度》,除了对土地制度做了详细规定外,对天朝的军事、内政、财政、司法与教育等也做了相应的规定。首先,实行军政合一、寓兵于农的乡官乡兵制度。按照军队编制把广大居民组织起来,每五家设一伍长,五伍长设一两司马,四两司马设一卒长,五卒长

---

① 中国史学会主编:《中国近代史资料丛刊·太平天国》(第一册),北京:神州国光社,1952 年,第 321～322 页。

设一旅帅,五旅帅设一师帅,五师帅设一军帅,一共有 12500 家,军帅以下的各级官吏,或由当地老百姓推选,或由上级官员委任。这些组织起来的居民,每一家要出一人为五卒,有警则在乡官的统领下御敌杀贼,无事则在乡官的督率下从事生产。其二,城市管理军政化。城市居民废除私有财产制度,其生活必需品由圣库按定额供给;男女按性别分开居住,夫妻不得同居,违者治罪;男女除参加军队外,都要参加生产或到政府机关中服役;手工业者由诸匠营与百工衙统一管理,生产的产品直接分配给各单位,不得进行市场交换,除吃穿外别无报酬。其三,主张男女平等。女子跟男子一样可以分得土地;妇女可以参加科举考试和军政机关中任职;废除婚姻买卖,实行一夫一妻制;禁止裹足、娼妓和奴婢买卖等。其四,反对儒家传统文化。丑化孔孟;诋毁儒家经典等。

通过上述主张,不难发现《天朝田亩制度》,虽然展示了洪秀全等希望在推翻清政府统治的前提下,建立一个幸福美满社会的宏伟蓝图,但同时也体现出它是一种矫枉过正的社会制度设计。毋庸置疑,作为太平天国起义背景的清王朝,其统治是腐朽而黑暗的,人民生活是痛苦而无助的,社会秩序是混乱而动荡的。正因如此,太平军领袖们才针对时弊提出了天国蓝图,希望以此唤起或吸引广大民众加入革命队伍中来,就此而言,《天朝田亩制度》有其进步的历史意义。但另一方面,《天朝田亩制度》所具有的历史局限性,也是无可讳言的事实。如其土地制度中所描绘的绝对平均主义的社会蓝图,城市管理中所构建的圣库制度、男女分馆与夫妻分居等整齐划一的生活模式,以及取消工商业经营等践踏生产规律的措施,既有违背人性的嫌疑,也有超越现实的流弊,因为人是自私的动物,且其能力有大小,品性有高低,力量有强弱。所以,尽管天国领袖们在设计社会蓝图时,倾注着美好的生活理想、善良的道德愿望,但并非所有的人都能理解、接受与遵行,尤其是那些本来就违背人性的规定,如私有制的取消,夫妻生活的禁止,绝对的平均主义等。故而在实践中,即便绝大多数人对天堂生活十分向往,可一旦发现天堂生活有如地狱时,他们就会很快从天堂的梦幻里退回到现实中来;同时在那样一个小农意识禁锢人们头脑的年代,一般人所谓的天国理想,更多的也许是耕别人之田,食别人之饭,穿别人之衣,使别人之钱,而不是有田同耕,有饭同食,有衣同穿,有钱同使。事实上,《天朝田亩制度》中的许多主张,由于其自身的局限性与战争频繁的客观现实,在实际生活中并没有得到真正的贯彻和执行,如其绝对平均主义政策很大程度上是一种纸上作业,所谓的男女平等、一夫一妻原则也没有认真的落实,城市居民男女分馆、夫妻分居的做法也只是短暂实行,以圣库制度取代私有制的战时共产主义经济模式,因不得人心而不得不停止推广。

故此,《天朝田亩制度》中所设计的社会蓝图,确实有其许多新颖独到的地方,反映了天国领袖们对当时社会弊端的深刻认识,同时也体现了天国领袖们对历史上人们反暴政和追求幸福生活思想的某种继承,不过它不是根治其社会弊病的良方。同时,天国领袖们提出那些美好主张的动机,其侧重点也许并不在乎人间能否建立起如其所说的天堂,而是希望通过这样一种革命乌托邦的描绘和宣传,号召更多的人加入起义队伍之中,同他们一道来推翻和砸碎眼前这个曾经让自己受苦受难的世界。从此意义看,不能说天国领袖们在其政治蓝图中没有挟带个人功利主义的私货。而且,天国领袖们在起义纲领中,明确提出天下人都是上帝的子女,都是兄弟姐妹,可一旦出现权欲的争夺,兄弟就变成了寇仇,姐妹就有如玩偶。前者如天京事变中,天国领袖们为了个人私利而相互残杀;后者如天国在定都天京后,洪秀全有嫔妃 88 个,杨秀清有 36 个,韦昌辉有 14 个,石达开有 7 个。[①] 此外,洪秀全一方面在天国蓝图中,百般地诋毁与丑化孔子,在起义过程中用暴力肆无忌惮地扫荡孔庙和焚烧儒家经典,另一方面对孔子所提倡的“三纲五常”等儒家思想则全盘吸收,并且还亲自宣扬“妻道有三从,勿违尔夫主”之类的男尊女卑的封建伦理道德。[②] 所以,根据天国的领袖们在实践中违反自己政治理念的行为,可以断言,天国领袖们在提出自己主张的时候,最先思考的也许不是怎样建立一个新社会,而是如何颠覆眼前这个旧社会;也许不是如何改善他人的生活,而是怎样改变自己当前的命运;故而其主张中难免不夹杂一些反人性、超现实的思想因子,其矫枉过正也就自在情理之中。

由于《天朝田亩制度》本身所具有的局限性,所以随着战争的延续与发展,其社会动员能力也在逐步地萎缩,因为人们慢慢地发现太平军所宣传的天国蓝图,只是一种用来发动起义的工具,而太平军广大将士们也逐渐觉悟到领袖从前的政治诺言,原来是一堆贴在嘴巴与笔头的画饼;特别是 1856 年天京事变的

---

① 徐中约著:《中国近代史》(上册),计秋枫、朱庆葆译,香港:中文大学出版社,2001 年,第 250 页。
② 中国史学会主编:《中国近代史资料丛刊·太平天国》(第一册),北京:神州国光社,1952 年,第233 页。

发生,更是给人们心中的天国信仰带来了毁灭性的颠覆。因此,越到后来,太平军兵员减少、战斗力下降也就成为一种必然现象。故而,太平天国之所以在后期军事上辉煌不再,并最终在湘、淮军的联合夹击下而归于失败,原因固然不少,但跟政治神话的破灭有着必然的联系。当然,《天朝田亩制度》所设计的政治蓝图,就理论而言并没有什么错误,它反映了人们对现实生活的强烈不满和未来生活的满怀希望,问题是现实中人的德行与思想、社会的制度与生产力,承载不起那样一种完美的社会,所以,历史上常出现这样一种悖论:所有那些企图建立人间天堂的努力,都无一例外地以人间地狱而作结。就此而言,天国领袖们以《天朝田亩制度》为核心的政治神话,虽然没有把人民引向地狱,但已走在通往地狱的路上。

5. 同室操戈:天京内讧

到 1856 年上半年,太平军除在湖北、江西、安徽等战场取得一系列胜利,又先后攻破了清军设在扬州的江北大营和设在镇江的江南大营,迫使清军与湘军转攻为守,从而达到军事上的全盛时期。但是军事上的接连胜利,在鼓舞广大太平军将士士气的同时,却也助长了执掌天国军政大权的东王——杨秀清居功自傲的情绪,以致其内心萌发了取代洪秀全的欲望。为了实现自己的目的,杨秀清在将北王韦昌辉和翼王石达开派往前线主持战事后,于 1856 年 8 月 22 日,假借上帝附体的机会,强令洪秀全封其为万岁。迫于当时的形势,洪秀全假意答应杨秀清的要求,并许诺选一黄道吉日正式册封其为万岁,但却偷偷地密诏在前线的北王、翼王与燕王秦日纲回京救驾。9 月 1 日,北王韦昌辉自江西率精兵数千人于深夜抵达天京,在会合先期抵京的秦日纲等人后,经过密谋计议,于 9 月 2 日凌晨突袭东王府,杀死东王及其府中人员,随后又在混战中将东王的追随捕杀殆尽。数天后,翼王石达开回到天京,得知韦昌辉等人滥杀无辜之事。在觐见天王洪秀全后,会见韦昌辉等,力劝其停止残杀,因为他觉得东王虽其罪当诛,但其部众并非人人该死。不过,石达开的好心并没有得到韦昌辉等的认同,相反却遭来韦氏的恶语和忌恨。在此情况下,石达开担心自己步杨秀清的后尘,于当夜缒城而下逃离天京,重返自己的部队驻地。是夜,韦昌辉果然带兵围攻翼王府,企图杀掉石达开以除后患,但是晚了一步。因而,在搜遍全城未果时,韦昌辉恼羞成怒,下令杀掉石达开全家老幼。于此,以清君侧为旗号,石达开急调自己在安徽、江西、湖北三省所属的主力部队,进驻安徽的宁国、芜湖一线,要挟洪秀全诛杀韦昌辉等;而韦昌辉等自诛杨驱石后,更加不可一世,一方面倒行逆施、滥杀无辜,另一方面大权独揽、骄横跋扈,更甚者是派兵包围天王府,妄图加害洪秀全。这样,自然是多行不义必自毙,11月中旬,韦昌辉等在洪秀全领导的驻京将士的进攻下,很快众叛亲离,几天后全部伏诛。至此,以洪杨内讧为主旋律的天京事变基本结束。不过,作为其后续和绝响的石达开出走才刚刚开头。

洪秀全将韦昌辉等人诛杀后,派人将他们的首级送到石达开的驻军处验证,表示君侧已清,同时诏令其回京辅政。石氏应诏回京后,受到了天京军民的热烈欢迎,在满朝文武的保荐下,洪秀全加封其为"义王",负责处理天国的军政事务。然而,洪秀全鉴于杨秀清逼封万岁的教训,在重用石达开的同时,又封自己毫无功勋的长兄洪仁发为安王,次兄洪仁达为福王,表面上要他们协助石达开工作,实质上是从中监视与制约石达开。洪秀全的做法,不仅令石达开不满,也使朝中的许多文武感到愤怒。如是,石达开为了避免重演杨秀清的悲剧,只得于1857年5月带领自己的追随者从天京出走。然后,集结自己的部队,从安庆出发,转战于江西、浙江、福建、湖南、广西、湖北、云南、贵州、四川等省,期间,尽管天王洪秀全意识到自己任人唯亲的错误,多次派人请石达开回朝秉政,但石氏权衡利弊,没有接受,继续坚持自己单独行动的道路。由于石达开脱离太平军主体孤军奋战,所以屡战失利,最后于1863年5月在四川大渡河的紫打地陷入清军的重重包围,全军覆没,而自己也被清军诱捕,于成都英勇就义。

天京内讧,给太平天国的影响是巨大的,它不仅导致了天国政权出现了朝中无人、军中无将的人才危机,而且开启了领导阶层为争权夺利而相互猜忌残杀的恶例,更是动摇了广大太平军将士对天国神话的信仰。因此,尽管日后洪秀全在不断起用新人,如册封青年将领陈玉成为英王、李秀成为忠王、族弟洪仁玕为干王,试图重建天国的领导核心,但怎么也达不到东王时代的高度;尽管这些启用的新人在军事上取得了一系列的胜利,如1858年9月再破清军的江北大营,同年11月大败湘军于安徽三河镇,1860年5月又破清军的江南大营,但仍无改于太平军步步后退的军事劣势。总而言之,内讧前的天国盛况不再。所以,在某种程度上,天京内讧的发生,意味着洪秀全天国事业的失败!

既然如此,为什么天国领袖们要不顾大局而同室操戈呢?根据拜上帝教所提倡的"天下多男人,尽是兄弟之辈;天下多女子,尽是姊妹之群。何得存此疆彼界之私,何可起尔吞我并之念"的教义和太平军所宣扬的共建人间天国的起义纲领,作为天国政权的领袖们,彼此间应该是一种"同志加兄弟"的关系。但是由于天国政权中严格等级制度的存在,使得这种本应平等友爱的关系而蜕化成一种冷冰冰的上下级隶属关系,从而让彼此在名利的分享上形成一种巨大的反差,典型如洪秀全进南京时,乘坐的是 36 人扛抬的大轿,而杨秀清则只能是16 人抬着,定都天京后,天王的轿夫更是增加到 64 人,东王的轿夫也水涨船高到 48 人;在永安建制时,洪秀全诏令西王以下均受东王节制;此种事实上的不平等,自然会刺激着天国的领袖们为争取更多的权力而不惜抛弃和践踏所谓的兄弟之情、同志之谊。

同时,又由于作为天国政权的意识形态——拜上帝教在教义上的内在缺陷,为日后领袖们争权夺利提供了理论依据。因为根据拜上帝教的最初教义:上帝是最高的主宰,耶稣是上帝的长子,洪秀全是上帝的次子,直接代表上帝治理世俗社会,冯云山是第三子,杨秀清是第四子,肖朝贵是第五子,韦昌辉是第六子,石达开是第七子,共同辅佐洪秀全治理人间,这样无疑表明了洪秀全在世俗权力中的最高领导地位,而其他的几位领袖依照此种秩序来分享世俗权力;然而教义中上帝与耶稣在民间代理人的虚置,无疑为那些不安于现有宗教地位的领导者僭取更高的地位提供了空间,故此,杨秀清与肖朝贵抓住机会,分别以上帝和耶稣附体的方式打破了原有的宗教次序,使自己凌驾于洪秀全之上,而洪秀全明知他们的行为对自己领导地位是一种潜在的威胁,也只得哑巴吃黄连。所以,在天京事变中,当杨秀清逼封万岁时,洪秀全即使知道"天无二日,国无二主"的道理,但也只能表示同意,原因是如果不接受杨秀清提出的要求,根据教义,无疑是对上帝意旨的否定,而否定上帝,在某种程度上则是对自己现有地位的否定;同理,杨秀清明知自己所提出的要求是大逆不道,但仍处之坦然。如是,天国领袖们在革命尚未成功的关键时刻而同室操戈,有其必然性。此外,天国领袖们革命斗志的萎缩,拉帮结派作风的形成,在某种程度上为彼此间争权夺利造就了外在条件。

6. 不合时宜的良方:《资政新篇》

洪仁玕,作为洪秀全拜上帝教第一批信徒中的重要人物,由于没来得及赶上太平军的金田起义,而不得不于 1852 年避居香港。在港期间,因为较多地接触西方文化与目睹了资本主义政治经济制度的优越性,从而滋生出一种用西方

的制度来改造现实的念头。是以当其于 1859 年 4 月抵达天京,并被洪秀全册
封为干王总理天国朝政后,就根据自己已有的西方学识与对太平天国占领区域
情况的了解,提出了一个带有浓厚资本主义色彩的改革方案——《资政新篇》,
希望借此来改造和挽救行将没落的天国政权。

　　政治方面,洪仁玕针对天国政治中王爵泛滥、各自为政的现实,一方面主张
"权归于一"和"禁朋党之弊",另一方面主张澄清吏治,严防卖官鬻爵。如是,
在加强中央集权的基础上,洪仁玕又主张设立"士民公会",推行地方自治,以达
到充分激发民众的参政意识与提高天国政权社会动员能力的目的。同时,洪仁
玕还特别重视法律制度的建立,认为英国之所以成为当时世界上最强大的国
家,根本原因在于法制的完善。为此,他建议改革刑罚制度,如宽待轻犯,处理
重犯要先公布其罪行,做到人情和法律并重。

　　经济方面,洪仁玕主张效法西方资本主义,大力发展近代的交通运输事业,
如兴建铁路、公路,修浚河道,兴办邮政等;发展金融事业,如兴办银行,发行纸
币,推广保险等;鼓励民间投资近代工矿事业,如奖励民间开矿,奖励民间制造
火车、轮船及其他机器,对发明创造者给予专利权。

　　思想文化和风俗习惯方面,洪仁玕主张发展近代文化教育卫生事业,如兴
学校、办报纸、建医院等;重视社会福利事业的发展,如建立跛盲聋哑院、鳏寡孤
独院与育婴堂等;革除积习陋弊,如禁止缠足、溺婴与吸食鸦片等。

　　外交方面,面对中西不平等交往的现实以及中国虚骄自负的文化传统,洪
仁玕主张与西方国家进行自由通商和文化交流,坚决反对外国人干涉天国内政
与国法。

　　从理论上来说,洪仁玕的上述主张,无疑既符合当时中国社会发展的客观
要求,也是振兴天国政权的良方,因为"他不仅重视中外文化的交流和吸收外国
先进的科学技术,而且主张采用西方资本主义国家的若干有关政策"。[①] 故而,
如果其主张能够在天国政权中得到实施与贯彻,那么对根治天国神权政治所造
成的专制弊端、打破其等级森严制度所产生的上下隔阂、改变其虚骄自负所导
致的外交孤立、扭转其人为失误所引发的军事困境,自然有其不可替代的作用。
但从现实来说,在神权思想与等级观念弥漫的天国里,洪仁玕的改革方案对当

---

　　① 李侃等著:《中国近代史》,北京:中华书局,1999 年,第 94 页。

政者而言,只能是一首曲高和寡、应者寥寥的阳春白雪。特别是随着天国军政局势的日益紧张,更是让人觉得不合时宜。因为他的主张在本质上是对鸦片战争以来出现的中国现代化问题的一种不自觉地回应,它的实施与见效,既需必要的物质基础,也需和平的政治环境,更需现代化的思想和意识;而当时的天国政权与社会显然还没有做好相应的准备,它的经济基础是自给自足的小农经济,政权基础是处于社会底层的农民和手工业者,思想基础是反现代性的王权思想与宗教神学,领导力量是一群边缘化的社会精英,社会环境是动荡不安战火纷飞的乱世年代。

是以,有人对其评价道:"它符合当时中国社会发展的要求,具有进步意义。但由于缺乏实行的客观条件,未能付诸实施。"①当然,退一步说,如果洪仁玕的主张在当时的天国政权中得到实施,它又能否承担起中国现代化的重任呢? 答案是否定的。就现代化内容而言,它是一项复杂的系统工程,不仅涉及经济等物质层面的东西,而且涉及政治等制度层面的东西,更涉及思想文化等精神层面的东西,而他的主张在现代化内容上的欠缺是明显的。就现代化在中国的历程而言,自晚清始,有识之士就开始追求与从事中国的现代化,但直到如今,经过好几代人的努力,却还是一项仍在进行的事业,所以,洪仁玕的主张即使能够实施,其成效的好坏也是一个值得商榷的问题;同时,他的目的本不在天国政权的现代化,更不在中国的现代化,而是针对现实社会的弊病提出的一种救世主张,其应时性与功利性是相当浓厚的。从此意义上来说,洪仁玕的《资政新篇》,既挽救不了天国政权败亡的命运,也承担不起推进中国现代化的历史使命,它所扮演的历史角色也许只能是一剂不合时宜的良方!

7. 时势产物:湘军乘势而起

鉴于绿营、八旗军队对抗太平军的溃败,咸丰帝只得于1853年初诏令大江南北各省的在籍官绅举办团练,协助政府扑灭农民起义军。当然,团练这一民间性的地主化军事武装,并非是咸丰帝时才出现的新事物,其实早在18世纪末清政府为镇压白莲教起义时,就得到政府认可的一种以保甲制度为基础,由地方精英控制的准军事化武装,其使用原则是:国家有急,则化农为兵,国家无事,则守望相助。故而,咸丰帝在太平军兵锋直逼湖广腹地的情况下,不得不下令

---

① 南炳文主编:《清史》(下编),天津:天津人民出版社,2011年,第85页。

各地大规模地兴办团练,借此来延缓和打击农民军势力的发展,同时,为处处被动的政府军赢得喘气之机。如是,曾国藩的湘军则应时而起了。

曾国藩(1811—1872 年),湖南湘乡人,1838 年进士,1849 年官至礼部右侍郎,其后,又兼署刑部左侍郎与吏部左侍郎,主张经世致用,崇尚程朱理学。1853 年初,因丁忧在籍而受命在湘办理团练。由于湖南毗邻广西,又是太平军进入长江流域的必经之地,所以在曾国藩回籍之前,新宁江忠源兄弟、湘乡罗泽南师徒已经在当地组建团练,其中,江忠源兄弟所率领的团练——楚勇于1852年 6 月 5 日在广西全州的蓑衣渡大败太平军,南王冯云山也因此受重伤而去世。故此,曾国藩受命以后,首先以罗泽南师徒组建的团练——湘勇为基干,再采用明朝抗倭名将戚继光的建军方法进行改造,然后把新招募的军队和原来的地方团练也合并到既有模式之中。

那么曾国藩是怎样采用戚继光的建军方法呢? 简言之,他针对当时绿营、八旗将不听令、兵不用命的弊端,仿照戚氏成法,建立起一个以主帅为中心的纵向链式指挥系统;在该系统中,统帅是最高指挥官,然后依次设统领、分统、营官、哨长、什长,每一级之间是直接的隶属关系,且每一级都是一个独立自存的系统,也就是说统帅选统领,统领选营官,营官选哨长,哨长选什长,什长选士兵,每一级一般只对自己的上级负责,越级或同级之间一般不发生直接关系。因而在湘军系统中经常出现"将在军存,将亡军散"与"不怕官、只怕管"的现象,其根源正出于此。例如,某次曾国荃因回乡招兵,就把自己的部队交给曾国藩暂时管带,按理作为最高统帅的曾国藩应该能管好这支部队,但事实上却截然相反,曾国荃的军队根本不听军令,曾国藩没有办法,只得叫曾国荃赶快回营视事。之所以如此,因为根据湘军建制,官兵们更看重自己的直接长官,而不是军队的统帅,缘由是顶头上司才是自己的衣食父母与托命所在。毋庸置疑,湘军的此种建制,对于融洽将帅与官兵之间的私人关系以及提高军队的战斗力是有积极作用的,如曾国藩在陈述该建制的优越性时写道:"口粮虽出自公款,而勇丁感营官挑选之恩皆若受其私恩。平日既有恩宜相浮,临阵自能患难相顾。"[1]鉴此,曾国藩为了保证自己对军队的控制和提高军队的战斗力,一方面特别注意兵将的选取,在选将上,他倾向于延引那些既笃信程朱理学又讲究经世

---

[1] 《曾文正公全集·奏稿》第 28 卷,第 18～19 页。

之学的同学、同乡与同宗，其中代表人物有罗泽南、彭玉麟、杨载福、王鑫、李续宾兄弟、江忠源兄弟等，后来加入该队伍的还有胡林翼、左宗棠等；在选兵上，他主张从农村招兵，因为农民不仅思想单纯便于领导，而且能吃苦耐劳作战勇敢。另一方面把思想教育和物质刺激结合起来，使将士们在精神与物质两个层面明白他们因何而战、为何而战的道理。因此，曾国藩对其部属经常进行以"三纲五常"思想为核心的教育，让其心中树立起儒家传统的忠、孝、仁、爱观念；同时为了争取道义上的优势，曾国藩又把镇压太平军起义跟维护孔孟之道结合起来，如其在《讨粤匪檄》一文中说："举中国数千年礼仪人伦，诗书典则，一旦扫地荡尽，此岂独我大清之变，乃开辟以来，名教之奇变，我孔子、孟子所痛哭于九泉，凡读书识字者，又焉能袖手坐视，不思一为之所也？"此外，曾国藩为激励将士用命，特别在意部队的待遇。是以，在刚组建湘军时，他就决定陆勇每月发饷四两二钱，水勇每月三两六钱，比当时绿营士兵的薪饷翻了一番，至于一般官员的薪饷就更高了。这样曾国藩的湘军就在此模式与理念的规范下，慢慢地扩充和发展起来，并最后成为清政府镇压太平天国起义的主力军。

当然，湘军的崛起之路并非一帆风顺。刚开始时，在世人眼中，它跟别的地方团练并没有什么不同；而且，清政府也只是把其局限于低水准的军事化层面，并没有指望其能承担起维护大清统治的重任。因此，曾国藩建军之始，困难颇大，当他在长沙练兵时，当地的驻军恨他的新方法、新标准，几乎要把他打死，为此他只得移师衡阳去避难；为了筹集军饷，他不得不四处告贷，多方巴结，即便是官衔职务比自己低的官员，也不惜屈身造访，请求关照；当其练军未成而清廷又催着出兵时，为了打有准备之仗，他仍继续练兵，即使受抗命之罪也在所不惜；尤其是靖港之败，更是让曾国藩沮丧得要投水自杀。不过，随着绿营、八旗在战场上一败再败，太平军内讧的出现，以及自身队伍的扩大和战斗力的增强，湘军的处境逐步得到了改善。所以，自1857年开始，湘军基本上从战略防御转入战略进攻，在作用上也开始取代绿营、八旗，逐步成为镇压太平军的主力，并且朝廷也对其越来越寄予厚望。是故，在此期间，湘军将领中出任地方大员也开始不乏其人。

故而，在此后的日子里，尽管湘军的进攻受到天国后期两个杰出将领陈玉成、李秀成所领导的太平军的顽强阻击，甚至还遭受了三河镇的惨败，但仍无损它的发展和壮大。当历史的车轮进入1860年，湘军更是进入了发展黄金期。

是年5月,陈玉成、李秀成等率军联合进攻,再次捣毁了清军的江南大营,并乘胜攻占了此前一直由绿营、八旗控制的苏南与浙北地区。太平军的这一系列的胜利,无疑击碎了清政府依靠正规军剿灭太平军的最后一丝希望,同时为湘军的进一步崛起提供了契机。事实上果然如此,1860年6月8日,曾国藩被任命为代理两江总督与钦差大臣,不久以后实授,所有大江南北的水陆各军均归其节制。慈禧太后与恭亲王奕䜣当政后,更是授予他督办长江中下游赣、皖、苏、浙四省区军政事务的权力,接着又加封太子少保衔,授协办大学士。更为重要的是,湘军体系中更多的将领也进一步得到朝廷的重用。据不完全统计,到1864年湘军攻陷天京止,四年中共有21个湘军将领先后出任督抚,其中在1863年清廷共设8个总督、15个巡抚职位中,湘军集团竟占了5个总督、9个巡抚,比例之高,令人惊叹。如是,一方面湘军的发展,不仅能得到来自朝廷的积极支持,而且能得到地方的有效配合;另一方面在战略上加强了湘军对太平军的攻势。此时的曾国藩,为早日剿灭太平军,命他的弟弟曾国荃率湘军嫡系沿长江东下,攻占太平军控制的沿江主要城镇,截断天京跟赣、皖等省的联系,然后兵锋直指天京;命左宗棠率军由赣入浙,伙同洋枪队自南向北主攻天国设立的天福省;命李鸿章率军入苏,伙同洋枪队自东向西主攻苏福省。这样三路大军分进合击,太平军自然是疲于应付,节节后退。故此,随着军事上的不断胜利,到太平天国政权灭亡前夕,湘军人数达132 000多人,进入其鼎盛时期。

然而在湘军不断壮大的同时,作为最高统帅的曾国藩,发现军队中的骄蛮之气在不断滋长,特别是随着江忠源、塔齐布、罗泽南、李续宾、胡林翼等一批将领的死去,更是坚定了他改造湘军的决心。1861年,曾国藩在李鸿章率军入苏前,命令其以一部分湘军为基干,在安徽着手招募军队,并以湘军的建军模式组建新军,这样淮军就因此而产生了,并且日后随着李鸿章政治地位的提高而后来居上,逐步取代了湘军在清军中的主力地位。在此前后,曾国藩又同意左宗棠把在湖南新招募的军队组建成新湘军,并率其入浙平叛,以作为原来湘军的延续与发展。事实上也是这样,当1864年曾国藩在灭亡天国政权后大规模地裁撤湘军时,左宗棠所率领的这支湘军并没有受到影响,相反在后来平叛与收复新疆过程中还得到了发展。

所以就湘军的发展规模而言,在1864年达到了它的最大值,可是它的影响并没有因曾国藩对其规模的压缩而消减。为什么呢?首先,它的精神与事业已经在李鸿章的淮军中得到了传承与发扬，可以说，淮军的产生，某种程度上即是湘军的再生。其二，湘军作为一个实体一直存在着，直到清朝末年；只不过相对于从前的历史，风光不再。其三，湘军将领中此后出任总督、巡抚、布政使之职的比比皆是，其中，两江总督一职就长期为湘军人物所把持。最后，对内，湘军在以后平捻、平西南少数民族起义与西北回民起义过程中，扮演了关键的角色。对外，在收复新疆与中法战争中也发挥了非常重要的作用，尤其是在巩固西北边防的过程中，湘军更是功不可没。

湘军的崛起固然是不可讳言的事实，且一路走来并不平坦，但是它为何能够从当时众多的地方团练竞争中脱颖而出，并克服重重困难成就了自己的功业，其原因何在？如果仅从其所处的时代背景中去寻找原因，也许难以找到真正的答案，因为历史给予每一个地方团练的机会是同等的。所以从其领袖人物——曾国藩方面去寻找答案，也许不失为一种正确的方法。因为他不仅让湘军抓住了机会，而且充分地利用了机会，从而使湘军从一般的地方团练演变成一支人数众多富有朝气和战斗力的军队。那么曾国藩究竟怎样使湘军从一般地方团练而发展成清朝的主力部队呢？其一，曾国藩知道镇压太平天国起义，会让自己及其同志陷于朝廷鹰犬和汉奸的骂名之中，从而处于道义上的劣势，所以他就死死抓住太平军拜上帝而反孔孟的特征，把自己打扮成一个卫道者的角色，使得本是一场起义与反起义的政治斗争，转变成上帝与孔子的文化之争；如是不仅让自己在道义上反败为胜，而且赢得了士大夫们更挚诚的拥戴。其二，曾国藩除了在制度层面上借鉴了明朝戚继光的练兵方法外，在精神层面上也对部下灌输"三纲五常"等儒家传统思想，同时在用人方面也特别强调儒家文化取向；这样既使得湘军有了比较完善的组织体系，也让湘军有了凝聚人心的精神资源。故而著名历史学家蒋廷黻在评说湘军时，认为其是一个有信仰、有主义的军队。其三，曾国藩懂得在当时条件下绝大多数人当兵从戎，其动机不是为了自己的事业或维护国家的利益，而是养家糊口的需要；同时，也信奉"重赏之下必有勇夫"的治军古训；是以他特别在意提高将士们的待遇，希望借此达到战场上三军用命的目的，并以此来实现自己经世济民、治国安邦的志业，而不像其他办团练的人，表面上高调宣扬忠君爱国，骨子里却把练勇当成自己升官发财的终南捷径。其四，曾国藩那种宠辱不惊、临危不乱的涵养功夫，既让其有"扎硬寨，打死仗"的拼劲，也让其有"打落牙齿和血吞"的韧劲，因而在平定太平军起义的过程中,面对险情他能泰然自若处变不惊,面对责难也能置若罔闻雍容大度。其五,曾国藩在充分任用志同道合的湖湘学人的基础上,也非常注意延引与重用外省人才,其中代表人物有:满洲人塔齐布、多隆阿,四川人鲍超,安徽人李鸿章兄弟,江苏人薛福成等,对这些外省人才的使用,无疑有助于淡化湘军固有的地域色彩和省籍意识,同时赢得更加广泛的社会认同和支持,进而推动湘军事业的发展。因此,相对于其他地方团练领袖,曾国藩的上述做法,无疑是其高明之处,而正是这些高明之处,才推动了湘军的壮大与成功。

不可否认,站在国家的角度,曾国藩所组建的湘军,其私有化色彩是相当浓厚的。因为根据他所定的"将由帅选,兵随将走"的建军原则与上下级之间直接负责的权利义务关系,从而在大的方面,使得整个湘军都效忠于他一个人,在小的方面,湘军又分属于不同的将领。湘军归属的如此格局,跟军队国家化的价值取向是明显相违背的,同时对国家的和平与统一,也必然产生消极影响。正因为如此,人们在追溯中国现代军阀起源的时候,常常不自觉地到曾国藩及其湘军那里寻找根源。从此意义上说,湘军的崛起是近代中国军队私有化的开端。

但是,可以肯定地说,曾国藩跟 20 世纪上半叶军队私有的武人们,是有本质区别的。首先曾国藩军队私有化的动机,是为了加强对军队的管辖和其战斗力的提高,而不是出于把持军队的目的。其次,曾国藩组建湘军的根本原因,是受命于皇帝的诏令去镇压太平天国起义,而不是为了拥兵自重;因此,当太平天国政权覆亡后,他就马上着手遣散湘军。其三,曾国藩的建军思想是儒家忠君爱国等纲常观念,这样就意味着他要湘军效忠他的前提,是他自己必先付出效忠朝廷的代价;故而可以说,把庞大的湘军凝聚成一股合力的因素,作为其统帅的曾国藩固然功不可没,但朝廷与皇帝的影响也有着不可替代的作用,这也是为什么在湘军实力鼎盛时,有人劝其反叛朝廷而其却遣散湘军的一个原因所在。其四,作为深受儒家思想熏陶的曾国藩,固然把投笔从戎、保家卫国当作人生事业的一种追求,但更体会到"一将功成万骨枯"的残酷与"兵者国之大事"的严肃;所以,在镇压太平天国后,他不仅主动裁撤湘军自解兵权,而且也教育子女少沾军事,以免误己误人误国! 也许正因为这些不同,曾国藩虽然成为近代中国军队私有化的开山者,但他并没有堕落成一个军阀,相反却在"立德、立言、立功"三不朽事业上,留下了自己的丰功伟绩,并成为传统知识分子学习的楷模与膜拜的偶像。

8. 牝鸡司晨：辛酉政变与垂帘听政

1861 年 8 月 22 日，咸丰帝在热河行宫驾崩。弥留之际，册封年仅 6 岁的儿子载淳为皇太子，并遗诏怡亲王载垣、郑亲王端华、户部尚书肃顺、军机大臣兵部尚书穆荫、军机大臣礼部左侍郎匡源、军机大臣署礼部右侍郎杜翰、军机大臣太仆寺少卿焦佑瀛、御前大臣景寿八人为"赞襄政务王大臣"，总摄朝政。同时，咸丰帝鉴于顺治、康熙朝辅臣跋扈的教训，又将自己两枚随身印章"御赏"和"同道堂"分别授予皇后，即慈安太后与懿贵妃即慈禧太后，诏令在皇帝年幼未能亲自处理政事时，凡以皇帝名义发布的诏谕，须盖上这两道印章方能有效，以此防备肃顺等擅权。咸丰帝的此种政治布局，表面上看对保证皇权独大确有其积极作用，但却酿成了太后与权臣的紧张关系，并且也种下了日后垂帘听政的隐患。此外，由于咸丰帝在建构身后权力核心时，对留守北京议和以恭亲王奕䜣为代表的一批大臣有意无意地冷落或排斥，某种程度上无疑为进一步激化上述紧张关系和加速固有的隐患添加了催化剂。因为根据咸丰帝的权力分配原则，权臣与太后都认为自己拥有对国家大事的最后决定权，所以具有强烈政治野心的慈禧太后为了获取更大的权力，一方面在暗里与慈安太后、恭亲王奕䜣密谋铲除肃顺等顾命大臣，另一方面在明里唆使一批反肃顺等人的大臣上书，恳请太后"垂帘听政"，进行舆论造势；当一切准备工作就绪以后，慈禧太后便伙同奕䜣于 1861 年 11 月 2 日在北京发动政变，谕令解除肃顺等八大臣的职务，随后又迅速捕杀了肃顺、载垣和端华，其余五大臣革职查办；同时对一批参与或支持政变的大臣如奕䜣、桂良、胜保、沈兆霖、宝鋆、文祥等授予要职，以组成新的权力核心，并改年号"祺祥"为"同治"。1861 年 12 月 2 日，慈禧、慈安两宫太后举行垂帘听政大典，这样太后"垂帘听政"也就正式登上了历史舞台，而慈禧太后也开始扮演起不是皇帝的皇帝角色，中国也又一次进入牝鸡司晨的时代。[①] 由于 1861 年是旧历辛酉年，所以这次政变就叫辛酉政变[②]。

---

① 关于垂帘听政的情形，据相翁文恭公在咸丰十一年十一月二十四日的日记中记载："两宫太后垂帘，皇上在帘前御榻坐，恭（亲王）邸立于左，醇（亲王）邸立于右。吏部堂官递绿头笔，恭邸接呈案上。"曾文正公在同治七年十二月十四日的日记中记载："入养心殿之东间，皇上向西坐，皇太后在后黄幔之内：慈安太后在南，慈禧太后在北。"（转引南炳文主编：《清史》（下编），天津：天津人民出版社，2011 年，第 108 页。）

② 该政变又叫祺祥政变或北京政变，因为 1861 年皇帝的年号叫"祺祥"，北京是政变发生之地。

　　辛酉政变后,慈禧太后虽然达到了垂帘听政的目的,但统治地位并不稳固。鉴此,对以恭亲王奕䜣为首的满蒙权贵给予优厚待遇以表恩宠,如授奕䜣议政王、军机大臣、宗人府宗令、紫禁城内乘轿等名位与特权;对以曾国藩为首的汉族官吏大胆任用以明信任,如曾氏不仅本人出任两江总督、拥有节制苏、赣、皖、浙四省军政大权,而且他所保荐的湘军将领纷纷担任地方要职;对以英、法为代表的外国势力采取较为开明的政策以示友好,如设立总理衙门、通商大臣、同文馆、海关等涉外机构;同时以办事不力、临阵脱逃之罪,斩杀前两江总督何桂清,以任性骄纵、谎报战果、贪污受贿、任用劣员等罪行,处死在政变中立有大功的前钦差大臣、都统胜保。慈禧太后希望通过这些措施,来达到巩固自己的地位与权势的目的。

　　然而,随着慈禧太后权位的巩固,恭亲王奕䜣的权力也在扩大,如是,叔嫂之间的冲突因彼此的权力扩张而加剧。故而在政局渐趋稳定的情况下,慈禧太后联合自己的妹夫——醇亲王奕譞共同对付奕䜣。1865年4月,慈禧借口奕䜣"目无君上""挟制圣意"、"暗使离间"等罪名,谕令革除其一切差事,后因宗室与其他大臣的求情和辩护,又恢复了除议政王称号之外的其他所有职务。通过对恭亲王权势的遏制和打击,慈禧太后进一步树立起自己在国家政治生活中的绝对地位。正因为拥有此种地位,她才必须对日后清政府的丧权辱国负有不可推卸的责任,而人们也因此谴责其无能、专横、阴险和毒辣。不过,如果从同情理解的角度出发,作为国家领导人的慈禧太后,其实也很想有一番作为,希望国家治理好,只是囿于自身的见识与环境的局限,使得其治理不好国家,诸如其推行洋务运动,结果却因甲午中日战争而戛然而止,其支持戊戌变法,中途却因变法过快而把变法者送到了菜市口,其实施清末新政,最后却因自己逝世而不了了之。因此,如果仅仅因为清政府的丧权辱国,而把慈禧太后视为一个只知道玩弄权术和贪图享乐的女人,无疑是对其的一种误读。

　　在垂帘听政的政制下,慈禧太后虽然能够大权独揽,但毕竟面临来自男权社会、满洲权贵、汉族主义与外国列强四个方面的潜在挑战。因而如果从其在具有浓厚男权专制的国度中,把占世界四分之一人口置于自己统治之下达近半个世纪之久这一事件看来,不能不佩服其见识和权谋。同时,在列强环伺、虎视眈眈的国际环境中,能够让一个日薄西山、千疮百孔的帝国苟延残喘到20世纪,也足以证明其不凡的韧性与权谋。所以站在道德与国家利益的角度,慈禧太后在攫取权力方面,确实有许多值得批评与谴责的地方,但在那样一个艰难的时世中,作为一个日益没落的大国领导人,在应对来自各方的挑战时,的确有别人不能体会和想象的难处。譬如作为女人,她既要得到皇室男人的支持又须防止皇室男人的打压;作为满洲人,她既要利用汉人维护其专制,又要防止汉人威胁其统治;作为中国人,她既要列强承认和尊重中国的独立主权及领土完整,又要反对列强对中国的侵略与欺凌。面对如此的矛盾关系,慈禧太后在决定国家大政方针时,究竟该何去何从呢? 或许她心中本也没有明确的方向和十足的把握,因为综观其整个垂帘听政时代,她基本上是在皇室、汉人与列强三个鸡蛋上跳舞。所以,对其当政中决策的失误,固然应给予无情的揭露与批判,但对其中的原因也应抱以适当的同情。

第二章　自强运动与边疆危机

一、简述

虽然于1864年7月湘军攻破了天京,但太平军余部和各地起义军的反清斗争并没有熄灭,为此,湘、淮两军在绿营、八旗的配合下,继续充当起镇压起义军的主力。对于太平军江南余部,湘、淮两军在浙、赣、闽、粤四省尾随追杀,一直到1866年2月9日,在广东嘉应州的一个叫黄沙嶂的地方,才终于将陷于绝境的太平军围杀。对于江北太平军,由于其与原来的捻军联合,组成新捻军,后出于战略需要,分为东、西两部,其中东捻军由遵王赖文光指挥,西捻军由梁王张宗禹率领,故而清政府先后派遣蒙古王爷僧格林沁、湘军领袖曾国藩、淮军首领李鸿章率大军负责剿灭。经过长期围堵与激战,1868年初于江苏扬州击溃东捻军残部,并俘获其首领赖文光,东捻军覆灭。同年8月又在山东荏平南镇大败西捻军,张宗禹不知所终,西捻军灭亡。至此,以汉族为主体的大规模反清起义基本结束。与此同时,清政府也开始集中力量平定西南与西北少数民族起义。对于西南民族起义,云南地区,清政府派湘军将领刘岳昭会同云南布政使岑毓英率军镇压,经过连年作战,于1873年初清军终于攻克起义军的首府大理,义军领袖杜文秀自杀身亡,大将杨荣投降,历时17年的云南回民起义失败;贵州地区,先后派湘军大将李元度、席宝田率军入黔,会同当地军队镇压苗民起义,经过惨烈的战斗,清军终于于1872年5月将起义军最后一支队伍剿杀,并俘获其首领张秀眉。如是,历时18年之久的贵州苗民起义结束。对于西北的回民起义,清政府先后派遣湘军名将多隆阿、刘蓉、杨载福、左宗棠等率军入陕平叛,经过长期战争,在淮军配合下,左宗棠于1873年11月攻克义军的最后一个中心据点肃州,从而标志清军在西北取得了平定回民起义的胜利。

通过两次鸦片战争的失败与对国内农民起义的镇压,清政府中一部分思想比较开明的官员越来越认识到船坚炮利的重要。如曾国藩认为购买与仿造外洋船炮为救时第一要务,李鸿章在给恭亲王与文祥的信中写道:中国欲自强则莫如学习外国利器。故而在当时清政府的官僚队伍中,形成了中央以恭亲王奕䜣、军机大臣文祥为代表,地方以曾国藩、李鸿章、左宗棠为代表的洋务派,他们在"自强""求富"的口号下,自19世纪60年代开始,掀起了轰轰烈烈的自强运动。军工方面,从1865年到1890年,自强运动领导人在全国各地共开办了21个兵工局、厂,其中比较著名的有江南制造总局、金陵机器局、福州船政局、天津机器局、湖北枪炮厂等。文教方面,为了学习外国科学技术,推动军工事业的发展,恭亲王与文祥聘请洋人训练新军于天津,设同文馆于北京,曾国藩在江南制造总局内附设译书局,左宗棠在福州设船政学校,李鸿章在天津先后开办水师学堂与武备学堂,同时选派优秀人才赴欧美留学。民用方面,曾、左、李等人还兴办了一批民用工业,以辅助军工业的发展,其中代表性的有轮船招商局、开平矿务局、天津电报局、上海机器织布局、开平铁路公司、湖北纺织局、漠河金矿等。在自强运动向前推进时,一批商办企业也随之幸运而生,如1869年铁匠作坊主方举赞在上海成立发昌机器厂,1872年华侨商人陈启源在广东南海设立继昌隆缫丝厂,1881年商人黄佐卿在上海开办公和永缫丝厂,1882年商人徐鸿复、徐润在上海兴办同文书局等。不过,自强运动在逐步展开的同时,也受到了以大学士倭仁、徐桐、李鸿藻等为首的、一批迷信"祖宗成法"和"圣人古训"官僚的批评与反对,因为在他们眼中,"立国之道,尚礼义不尚权谋;根本之图,在人心不在技艺",认为只要"以忠信为甲胄,礼义为干橹",便可折冲樽俎,足以制敌之命,"用夷变夏"是万万不行的。是以中国虽然开展了30多年的自强运动,可成效并不彰著,不仅官办企业发展缓慢,而且商办企业也举步维艰。例如,1880年李鸿章、刘铭传等就开始奏请建筑铁路,14年后还只修建了天津附近的一小段,商办企业自1869年到1894年,经过20余年的发展,也只有50多个,资金500余万元,究其原因,固然很多,但保守派的从中阻挠无疑是其中的一个主因。

第二次鸦片战争结束以后,随着慈禧太后的上台与恭亲王奕䜣的当权,列强的好战性已有所节制,中国的拒洋政策也被和洋政策所取代,期间不仅洋人主动借师助剿,以示友好,而且清政府设立总理各国事务衙门,以表亲善,中国的对外关系进入了一个新时代。特别是清政府为了改变此前给人专制、封闭的国际观感,经总税务司赫德与英国驻华公使威妥玛的建议,1866年特派斌春使团出使欧洲,参观与了解西方的政俗风情;1868 年又派出了以美国人蒲安臣为代表的使团出使欧美,进一步表达清政府对外和解立场。但是中外的和解,并不能改变中外实力对比悬殊之事实,故而列强们出于追求国家利益的目的,又在不断地制造事端和冲突,其中 19 世纪后半期中国边疆出现的新危机,就是这种事端与冲突的表征:西北方向,英、俄两国支持阿古柏侵占新疆,以换取它们在新疆的特权,此外,沙俄还借口代清政府收复失地,派兵直接占领伊犁地区;西南方向,英、法两国分别以缅甸和越南为基地,窥视云南和广西,同时,英、俄两国还把其侵略魔爪伸向了西藏;东南方向,美、日两国先后派兵入侵台湾,日本还趁机吞并琉球,并改为冲绳县;东北方向,日本加紧入侵朝鲜,觊觎中国东北,使东北亚的局势日趋紧张。所以,面对这一系列的边疆危机,清政府在有限退让的前提下,诉诸战和两种手段。就战的方面而言,清军先后进行了1875 年到 1878 年的收复新疆的战争,1883 年到 1885 年的中法战争,1888 年抗击英军的西藏隆吐山战役,1894 年到 1895 年的甲午中日战争。和的方面,清政府先后与日本签订了 1874 年的《台事专条》与 1895 年《马关条约》;与英国签订了关于马嘉理事件的《烟台条约》与《入藏探路专条》,关于西藏的《藏印条约》与《藏印续约》;与俄国签订了 1881 年的《伊犁条约》和《改订陆路通商章程》;与法国签订了 1885 年的《中法新约》。清政府通过战、和两种手段虽然在某种程度上达到了靖边的目的,但是国家主权进一步受到列强们的蚕食,周边门户也进一步洞开,特别是中日《马关条约》的签订,更是使中国陷入半殖民地半封建社会的深渊。

至此,在 19 世纪即将结束之际,大清王朝所引领的古老中国,是在深渊中沉沦还是在深渊中奋起? 人们拭目以待!

二、年表

公元	朝代	帝王年号	大事
1865 年	清朝	同治四年	1 月,阿古柏在英国支持下入侵新疆;5 月 15 日,侍王李世贤率余部从漳州突围;5 月 18 日,赖文光、张宗禹率捻军在山东曹州大败清军,并击毙蒙古亲王僧格林沁;5 月 23 日,曾国藩被任命为钦差大臣,负责围剿捻军;8 月 23 日,侍王李世贤被康王汪海洋设计刺杀。8 月 29 日,

续表

公元	朝代	帝王年号	大事
			四川发生酉阳教案;9月20日,曾国藩、李鸿章在上海成立江南制造总局;12月8日,康王汪海洋率太平军余部攻占广东嘉应州。是年,美国南北战争结束,总统林肯遇刺。
1866 年		同治五年	1月23日,赖文光率捻军攻克湖北黄陂,进逼汉口;1月28日,汪海洋在广东嘉应州率军突围失败受重伤而死,;2月9日,江南最后一支太平军在广东黄沙嶂被清军围杀,至此,南部太平军余部抗清斗争结束;同月,闽、赣边区爆发斋教起义;6月25日,左宗棠奏请设船政学堂于福建;9月24日,赖文光等率捻军突破汴南卫河堤墙,宣告曾国藩河防计划破产;10月6日,清政府批准三口通商大臣崇厚筹设天津机器局;10月20日,捻军在河南陈留、杞县一带分为东、西两支,东捻军由赖文光率领,西捻军由张宗禹率领;12月7日,清政府改派李鸿章为钦差大臣,代替曾国藩,负责围剿捻军;12月14日,西捻军进逼西安。是年,5月,日本与英、美、法、荷等国订立修改进出口税条约。
1867 年		同治六年	2月22日,清政府任命陕甘总督左宗棠为钦差大臣,督办陕甘军务;6月13日,美国派军舰入侵台湾,被击退;6月14日,左宗棠率湘军分三路入陕;6月30日,东捻军进逼烟台,被英、法军队击退;10月24日,西捻军进入陕西;11月19日,东捻军在江苏赣榆惨败,鲁王任化邦牺牲;12月,东捻军在山东寿光被淮军大败,主力损失殆尽;11月21日,清政府以前美国驻华公使蒲安臣为团长,率使团出使美、英、法、俄等国;该年杜文秀组织20万兵力围攻昆明,阿古柏在新疆成立哲德沙尔国。是年,1月,俄国与日本订立共管库页岛协定;10月,日本发生倒幕战争。
1868 年		同治七年	1月5日,东捻军余部在扬州全军覆灭,遵王赖文光被俘死难;2月5日,西捻军逼近直隶易州,京师震动;2月29日,清政府命令左宗棠督率直隶境内各军防堵捻军;4月26日,西捻军逼近天津。6月7日,甘肃回军首领董

续表

公元	朝代	帝王年号	大事
			福祥向左宗棠投降;7月28日,蒲安臣在美国代替清政府签订了中美《续增条约》即《蒲安臣条约》;8月16日,西捻军在山东荏平的黄河、运河及徒骇河三角地区,被清军重重包围,全军覆灭,梁王张宗禹不知所踪;8月22日,扬州发生教案;9月28日,江南制造总局成功制造第一艘轮船;11月25日,英国兵船炮击台湾安平。是年,日本明治维新开始。
1869年		同治八年	1月29日,英军在广东潮州屠杀乡民数十人;3月30日,西北回军会师于肖金镇;4月20日,上海租界会审公廨成立;6月14日,贵州发生遵义教案;9月10日,山东巡抚丁宝桢以"违制罪"斩杀太监安德海;同月,湖南绅民发布反洋教揭帖;该年,波及粤、桂、黔、湘、赣五省,历时20年的天地会起义彻底失败。是年,11月17日,苏伊士运河竣工。
1870年		同治九年	6月6日,清政府答应英国公使威妥玛在沿海铺设海底电缆的要求;6月21日,天津发生教案;11月12日,清政府裁撤三口通商大臣,设北洋通商大臣,由直隶总督兼任。是年,普法战争爆发,巴黎发生起义。
1871年		同治十年	1月6日,清军攻克宁夏金积堡,回军首领马化龙向左宗棠投降;7月4日,沙俄军队侵占伊犁地区;8月13日,福建古田发生教案;9月3日,曾国藩、李鸿章奏请派人赴美留学;9月13日,中日《修好条规》与通商章程在天津签字;12月,琉球人漂流到台湾,大部分人被当地居民杀害。是年,1月18日,德意志帝国建立;5月28日,巴黎公社起义失败;7月,日本废藩置县。意大利《保证法》出台,允许教皇占有梵蒂冈。
1872年		同治十一年	4月13日,苗民起义军首领张秀眉被湘军席宝田部所俘,标志起义失败;4月30日,英国人在上海创办《申报》;8月12日,陈兰彬、容闳率第一批留美幼童自上海启程;9月14日,日本天皇册封琉球王为藩王;12月27日,杜文秀服毒身亡,标志着云南回民起义失败。是年,日本实行义务兵役制。

续表

公元	朝代	帝王年号	大事
1873 年		同治十二年	1 月 14 日,轮船招商局在上海正式成立;2 月 23 日,同治帝开始亲政;5 月 21 日,江西瑞昌发生教案;6 月 14 日,清帝同意接见各国使臣;7 月 27 日,浙江新昌县爆发会党起义;11 月 4 日,清军攻占肃州,西北回民起义失败;11 月 20 日,法军战领越南河内;12 月 21 日,刘永福在河内击败法军。是年,德军撤离法国。
1874 年		同治十三年	2 月 6 日,法越协定签字,法军退出河内;5 月 7 日,日军入侵台湾;5 月 23 日,清政府派左宗棠西征,负责收复新疆;6 月 14 日,福建船政大臣沈葆桢带兵船到达台湾,准备对日作战;10 月 31 日,中日《台事专条》签字,再次肯定台湾是中国的领土;12 月 10 日,李鸿章复奏筹议海防各条。1 月 12 日,同治帝载淳病死,光绪帝载湉即位;1 月 15 日,慈禧太后再次垂帘听政。
1875 年		光绪元年	2 月 21 日,马嘉理事件发生;4 月 12 日,左宗棠奏请政府筹塞防之费;5 月 3 日,清政府任命左宗棠为钦差大臣,负责督办新疆军务;5 月 30 日,清政府任命李鸿章负责北洋海防,沈葆桢负责南洋海防;6 月 10 日,日本政府宣布派兵进驻琉球;8 月 28 日,清政府首次正式派出常驻国外公使郭嵩焘出使英国;9 月 20 日,日本出兵入侵朝鲜,制造"江华岛事件";12 月 11 日,清政府任命陈兰彬、容闳为出使美国、秘鲁等国的钦差大臣。是年,5 月,俄日在彼得堡签约,俄将千岛群岛割让给日本,日本则把库页岛南部管辖权让与沙俄;9 月,日本侵略朝鲜,制造"江华岛事件";11 月,英国开始控制苏伊士运河。
1876 年		光绪二年	2 月 1 日,湖北孝感发生教案;4 月 8 日,四川江北厅发生教案;4 月 15 日,李鸿章派淮军将领卞长胜等 7 人赴德学习军事;5 月,左宗棠所部湘军大举出关,进入新疆北部;6 月 30 日,英商修筑的淞沪铁路正式通车,后被清政府购买拆毁;8 月 17 日,清军在乌鲁木齐北大败阿古柏军,并乘势收复乌鲁木齐等地;11 月初,克复玛纳斯城,平定天山北路;该年,李鸿章在天津设开平矿务局,基督教青年会在上海成立第一个青年会。是年,日本迫使朝鲜签订《江华条约》。

续表

公元	朝代	帝王年号	大事
1877 年		光绪三年	1 月 15 日,严复等 30 名福建船政学堂学生赴英、法留学;4 月 1 日,宜昌、芜湖、温州三城开埠通商;4 月 16 日,清军收复达坂城;5 月 22 日,阿古柏在库尔勒绝望自杀;10 月 9 日,清军收复库尔勒;10 月 24 日,清军收复阿克苏;11 月 17 日,中国、西班牙、古巴华工条款在北京签字;12 月 18 日,清军收复喀什噶尔。是年,2 月,日本萨摩起义发生,年底被镇压。
1878 年		光绪四年	2 月 1 日,清军收复和田,南疆平定,至此,除伊犁外,新疆全境收复;6 月 22 日,清政府派崇厚出使沙俄,谈判索还伊犁事宜;8 月 25 日,清政府派曾纪泽、李凤苞取代郭嵩焘、刘锡鸿,为驻英、德公使;9 月,海南岛发生反清起义;12 月,海关设立邮政局。是年,11 月,日本同列强开始举行修改不平等条约的谈判;12 月,日本设立参谋本部。
1879 年		光绪五年	6 月,清政府兴修第一条铁路——唐山至胥各庄铁路;7 月,上海耶松船厂工人罢工;10 月 2 日,崇厚与沙俄签署丧权辱国的《里瓦几亚条约》;11 月 10 日,上海祥生船厂工人罢工。是年,3 月 30 日,日军进占琉球,废琉球国王,4 月,改琉球群岛为冲绳县。
1880 年		光绪六年	2 月 29 日,清政府任命曾纪泽为钦差大臣,取代崇厚出使俄国,继续商谈索还伊犁事宜;3 月 1 日,清政府命令李鸿章负责统筹北洋及天津防务;8 月 22 日,天津水师学堂开始筹建;9 月 5 日,中国同巴西的《通商条约》在天津签字;9 月 18 日,李鸿章获准在天津设立电报总局;10 月,电报学堂在天津成立;11 月 17 日,中美《移民条约及商约》在北京签字;12 月 31 日,李鸿章奏请兴建铁路。
1881 年		光绪七年	2 月 20 日,李鸿章电令留美学生提前回国;2 月 24 日,曾纪泽在圣彼得堡签署了中俄《伊犁改订条约》与《改订陆路通商章程》,收回伊犁地区,作为补偿,沙俄获得了一部分土地割让、赔款与商务权益;6 月 29 日,唐山至胥各庄铁路竣工,"中国火箭号"车头首次运营。12 月 1

续表

公元	朝代	帝王年号	大事
			日,中国第一条电报线——上海至天津正式开通;12月2日,李鸿章任命丁汝昌统率北洋水师。是年,10月,日本开始建立政党。
1882年		光绪八年	4月23日,李鸿章奏请在上海开办机器织布局;4月25日,法军攻陷越南河内;5月3日,曾纪泽向法国外长抗议法军入侵越南;6月,黑龙江呼兰县发生教案;8月7日,朝鲜京城发生兵变,清政府因朝方请求出兵平叛;11月27日,李鸿章与法国驻华公使商订处理越南事宜备忘录,议定中、法从越南撤兵;12月9日,中俄签署《喀什噶尔界约》。是年,美国政府规定10年内不接受中国移民。
1883年		光绪九年	3月5日,法国外交电驻华公使宝海,否决其与李鸿章此前签订的备忘录;3月30日,越王阮福昇请求清军入越抗法;4月8日,刘永福应邀率黑旗军助越抗法;5月19日,黑旗军在河内附近大败法军;6月6日,法国特使与清政府重新谈判有关越南事宜;8月25日,法越《顺化和约》签字,越南承认为法国保护国;11月29日,越南发生政变,主战派阮福昊为越王,否认《顺化和约》;12月21日,云贵总督岑毓英带兵入越抗法。是年,3月14日,马克思逝世;8月25日,法军占领顺化,越南被迫签订《顺化条约》。
1884年		光绪十年	3月10日,李鸿章奏请设立海军部以筹办海军;4月25日,岑毓英面对法军的节节进逼,请求从越南撤军,退守边境;5月4日,清政府命李鸿章负责中法议和事宜;5月11日,清政府承认法国对越南的保护权;6月23日,法军进攻凉山,挑起凉山事件;7月15日,法国舰队强行驶入福建水师基地——马尾军港;8月5日,法军进攻台湾基隆;8月16日,法国政府决定扩大对华战争;8月19日,中法关系正式破裂;8月23日,中法马尾海战爆发,福建水师损失惨重;8月26日,清政府下诏对法宣战;9月7日,清政府任命左宗棠为钦差大臣,督办福建军务;10月5日,香港华工举行反法、反英的罢工。11月17

续表

公元	朝代	帝王年号	大事
			日,清政府设新疆行省,湘军将领刘锦棠为第一任巡抚;12月15日,清军包围法军占领的宣光城。是年,6月19日,柬埔寨被法国兼并;12月4日,朝鲜再次发生兵变。
1885年		光绪十一年	2月23日,法军攻陷凉山;3月1日,法军舰进犯镇海招宝山,被击退;3月22日,清政府派李鸿章为议和全权大臣,负责与法使谈判;3月24日,老将冯子才在镇南关大败法军,取得镇南关大捷;3月29日,冯子才率军攻克凉山;4月4日,中法在巴黎签订《停战协定》;4月6日,清政府诏令前线停战撤军;6月9日,《中法新约》在天津签订,中法战争结束;7月18日,中英《烟台续约》签订;10月12日,清政府改台湾府为台湾省,淮军将领刘铭传为第一任巡抚;10月13日,清政府成立海军衙门,奕譞为总理;10月30日,清政府任命袁世凯为驻朝鲜总理交涉通商事宜大臣。是年,12月,日本建立内阁制。
1886年		光绪十二年	1月1日,英国将缅甸合并于印度;1月12日,中英就缅甸问题进行交涉;7月24日,中英签署《缅甸条约》;9月2日,续修《大清会典》书成;同年,刘铭传在台湾兴建台北到基隆的铁路。
1887年		光绪十三年	2月7日,光绪帝行亲政礼;3月26日,中葡签订《里斯本议定书》;6月26日,中法续订《越南界务专条及商务专条》,增开龙州、蒙自为商埠;9月29日,黄河决堤,下游大水成灾;10月9日,福建台湾海底电线开通;12月1日,中葡《和好通商条约》在北京签订。是年,英国在伦敦召开第一次殖民帝国会议,法国建立印度支那联邦,葡萄牙从中国获得澳门正式租借权。
1888年		光绪十四年	1月17日,李鸿章在黑龙江开办漠河金矿;3月19日,英军挑起隆吐山战役;同月,慈禧太后开始挪用海军经费重修颐和园;10月1日,美国总统批准限禁华工入境案;12月17日,北洋海军建成。是年,10月29日,苏伊士运河会议召开。

续表

公元	朝代	帝王年号	大事
1889 年		光绪十五年	3 月 4 日,慈禧太后宣布归政,光绪帝开始亲政;8 月 27 日,张之洞奏请修建汉口至卢沟桥铁路;10 月 29 日,西安至嘉峪关电线架设完工;11 月 29 日,云南个旧锡矿工人发生暴动。是年,7 月 14 日,第二国际在巴黎宣告成立,并决定每年 5 月 1 日为国际劳动节。
1890 年		光绪十六年	3 月 17 日,中英签订《藏印条约》;4 月,康有为开始在广州聚徒讲学;8 月 8 日,余栋臣在四川大足县举行反洋教起义;10 月 28 日,吴兆泰奏请停止颐和园工程;12 月 4 日,张之洞创办汉阳铁厂与枪炮厂。是年,德国首相俾斯麦被解职,日本举行首次大选,德国民主党通过马克思主义纲领。
1891 年		光绪十七年	4 月 25 日,开平煤矿工人举行罢工;5 月 13 日,安徽芜湖发生教案;6 月 11 日,中国海军举行第一次会操;8 月,康有为在广州开办万木草堂学馆,并刊行《新学伪经考》一书;9 月 2 日,湖北宜昌发生教案;10 月 19 日,英国允许中国在香港设立领事;11 月 11 日,热河金丹道教在敖罕旗发动起义。
1892 年		光绪十八年	3 月 8 日,杨衢云等在香港成立以开民智与反清为宗旨的辅仁文社;8 月,沙俄出兵帕米尔地区,强占萨雷阔勒岭以西地区;9 月 18 日,湖南醴陵、临湘等地的哥老会在江西萍乡起义;10 月 10 日,四川大足余栋臣再举反洋教大旗。
1893 年		光绪十九年	7 月 1 日,湖北麻城发生教案;11 月 29 日,汉阳铁厂竣工;12 月 8 日,李鸿章在天津开办总医院西学堂。是年,英国工党成立,美国吞并夏威夷,老挝成为法国保护国。
1894 年		光绪二十年	3 月 1 日,中、英订立《续议滇缅界务、商务条款》;3 月 17 日,中美在华盛顿签订《限禁来美华工保护寓美华人条约》;6 月 9 日,清政府应朝鲜政府请求,派直隶提督叶志超率淮军 1 500 人抵达朝鲜牙山,而日军 8 000 人则在仁川登陆。6 月,孙中山在天津上书李鸿章,论中

续表

公元	朝代	帝王年号	大事
			国兴革之事;7月23日,日军包围朝鲜王宫,组织傀儡政府;7月25日,日舰在牙山口外的丰岛偷袭中国军队,中日甲午战争爆发;7月26日,清政府派刘永福黑旗军进驻台湾,加强防务;8月1日,中、日相互宣战;8月7日与9日,英、俄先后宣布在中日战争中保持中立。8月26日,日、朝订立《攻守同盟条约》;9月14日至16日,日军猛攻平壤,总兵左宝贵等战死,统帅叶志超败逃,清军退守国境;9月17日,中、日海军在黄海激战,管带邓世昌等死难;10月6日,英国向美、俄、德、法等国提出联合调停中日战争的建议;10月20日,日第一军跨过鸭绿江,入侵中国;10月25日,日第二军在辽东半岛花园口登陆,进犯旅顺;11月5日,金州守将徐邦道与日军激战;11月19日,清政府派天津税务司德国人德璀琳赴日议和,遭拒;11月22日,日军攻占旅顺;11月24日,孙中山在檀香山成立兴中会;该年,广西按察使胡燏棻奉命在天津马厂训练定武军。是年,3月29日,朝鲜发生东学党起义;6月2日,日本政府决定出兵朝鲜;6月5日,日本成立指挥侵略战争的大本营;12月,朝鲜甲午农民战争失败。
1895年		光绪二十一年	1月5日,清政府派大臣张荫桓、邵友濂为全权大臣,赴日议和,后遭拒;1月20日,日军在山东荣成湾登陆;1月30日至2月1日,日军先后攻陷威海卫南、北帮炮台,北洋海军置于日军的包围之中;1月31日,日本政府任命伊藤博文与陆奥宗光为议和全权大臣,负责谈判事宜;2月13日,清政府派李鸿章为头等全权大臣,赴日议和;2月17日,经过多日激战,北洋海军全军覆灭;2月21日,孙中山在香港成立兴中会总会,准备发动广州起义;3月20日,李鸿章与伊藤博文在日本马关春帆楼开始议和;3月29日,日军攻占澎湖;3月30日,中、日签订《停战协定》;4月17日,中日《马关条约》签订,中国在同意增开通商口岸,允许日本人在通商口岸开设工厂外,还被迫割让辽东半岛、台湾岛及所属岛屿和澎湖列岛,同时赔偿军费2亿两白银,后俄、法、德三国强迫日本退还辽东半岛,清政府又追加3 000万两白银做"赎辽费"。

续表

公元	朝代	帝王年号	大事
			4月22日,康有为、梁启超等鼓动上京应试的举人上书都察院,请拒"和议";5月1日,严复《救亡决论》一文在天津问世;5月2日,康有为联合各省举人一千多人上书,提出"拒和""迁都""变法"的主张;5月28日,成都爆发反洋教斗争;6月3日,光绪帝阅康有为《上清帝第三书》,表示嘉许;6月20日,中法《续议界务专条》签字,允许法国人在中越之间修筑铁路;6月22日,日军攻陷新竹;7月5日,光绪帝发布《举人才诏》;7月22日,清政府命令京城各衙门,此后一切公文,不得提书"夷"字;8月1日,福建古田斋教发动反洋教斗争;8月17日,康有为在北京创办《万国公报》;12月8日,清政府筹设新建陆军,命袁世凯督练;12月16日,北京强学会创刊《中外纪闻》,以取代被迫停刊的《万国公报》;同月,孙中山在日本横滨设兴中会分会。是年,10月8日,朝鲜亲日派发动政变。

三、重点述评

1.内战尾声:各地反清起义的覆灭

自1864年7月天京被湘军攻陷以后,太平军作为一支有组织有信仰的整体性对抗清军的武装力量已不存在,清政府也自此消除了心腹大患,从而在继续追剿太平军余部的基础上,更能够调集军队镇压其他的起义军。

鉴此,对于江南太平军余部,清政府以湘军为主力,在苏、浙、皖、赣、闽、粤六省进行围剿和追杀。在江苏,湘军先后俘杀太平军列王李万材、章王林绍章、幼西王萧有和、巨王洪和元、崇王洪利元、定王洪钰元和忠王李秀成;在江西,湘军席宝田部先后俘获了干王洪仁玕、昭王黄文英、恤王洪仁政与幼天王洪天贵等;在福建,左宗棠亲督大军进行围剿,各路湘军屡败侍王李世贤、康王汪海洋的部队,迫使其退入广东境内;在广东,湘军最后把李、康残部包围在嘉应州一带,经过激战,在黄沙嶂地区太平军全部被围歼。至此,江南太平军余部全军覆灭,而作为太平军余部领袖的李世贤,此前被康王汪海洋部所刺杀,汪海洋则在战斗中受重伤而死。对于江北太平军,清政府先后调动了绿营、八旗、蒙古骑兵、湘军和淮军进行围剿。首先对扶王陈得才率领的太平军,清军自陕西一路追杀,期间经河南入湖北,多次激战,最后于1864年11月在安徽霍山,迫使陈得才部将马融和等率军投降,陈得才感到绝望,自杀殉难,余部溃散。对于遵王赖文光所率领的新捻军,清政府在蒙古王爷僧格林沁被击毙后,先后任命曾国藩、李鸿章负责围剿,同时调左宗棠率军支援,经过两年多的战斗,战场遍及鄂、皖、苏、鲁、豫、冀、陕诸省,虽然新捻军取得了许多胜利,但清军仍然凭借优势兵力,处于主动地位,最终先于江苏扬州剿灭了赖文光率领的东捻军余部,后于山东茌平南镇围杀了张宗禹带领的西捻军残余,这样到1868年8月,江北太平军余部与捻军反清斗争完全失败。

在镇压太平军余部与捻军的同时,清政府以湘军为主力,加大了对西南、西北少数民族起义镇压的力度。在西南,湘军大将刘岳昭、兆琛、周洪印、李元度、席宝田先后带兵进入云南与贵州,他们在当地驻军的帮助下,并通过周边各省军队的配合,在付出巨大伤亡后,先破黔西、黔中的义军,并俘杀其首领陶新春、陶三春兄弟,后灭黔东南张秀眉所领导的苗军,再灭杜文秀在云南领导的回军,直到1874年上半年,最后一支回军在云南一个叫乌索寨的地方被围杀。至此,历经近20年西南民族起义结束。此外,针对此起彼伏的陕甘回民起义,清政府在湘军名将多隆阿、刘蓉、杨载福先后镇压未果后,于1867年任命左宗棠为钦差大臣、陕甘总督,负责围剿事宜。经过近6年的征战,到1873年11月,当回军最后一个据点肃州被清军攻克以后,其反清起义也就走到了终点。

也许有人会问:为什么这么多支起义军在不到十年的时间内,就次第被清政府荡平呢?原因肯定不少,就要者而言,有以下诸端。

战略筹划上,清军是全国一盘棋,不仅所有军队在中央指挥下统一行动,而且各战场也得在中央统一调度下相互配合,如左宗棠所率领的平定陕甘回军的部队,除湘军外,还淮军、川军和豫军等;而各地义军虽有配合,如太平军与捻军合作,陕西回军对太平军的声援,但总体而言是各自为战,即便配合也是自觉的少,自发的多,宏观的少,微观的多。如是,在战场上,清军形成了先东南、后华北、再西南与西北的战略格局,战斗中,构成了一个绿营不行八旗上,八旗再败有淮湘的战术梯队。义军则一般是“各人自扫门前雪,休管他人瓦上霜”,如陕回与甘回本是一根藤上的两个瓜,但是当清军集中力量进攻陕回时,甘回则基本上是作壁上观;而且义军首领们也基本上把自己定位于反抗者的角色,而不是解放者的角色,个别甚至还停留在山大王的层面。故而难免缺乏未雨绸缪、居安思危的忧患意识与唇亡齿寒、户破堂危的战略识见,于是在得过且过中错失了许多稍纵即逝的战机。按理说,其他的各地义军在清政府集中力量镇压太平军的时候,就应该抱着一种同气连枝的精神,携起手来主动出击,使清军顾此失彼、投鼠忌器,这样既支援了太平军反清,也扩大了自己的影响和力量,然而这样一种共赢的结局直到太平天国灭亡都没有出现,相反,无论是西南的回民与苗民,还是西北的回民,一直把自己局限于生养于斯的土地上,最后,当清军平定东南以后,自然难逃被分别剿灭的命运。

战术运用上,清军在统一指挥下,采取步骑结合、就地兜剿与稳扎稳打的原则,对义军分割包围各个击破,同时附之实施擒贼擒王与分化瓦解的手段,来达到迫使义军上下离心、自乱阵脚的目的。此外,又在军事第一的原则下,不仅强令各战区政府要服务于军队作战的需要,而且非战区政府也得出人出物,支援军队作战,这样使自己作战时,即便远离中心区域,也可以反客为主出奇制胜。如左宗棠在陕甘平回的过程中,就采取先谋后动、力顾后路、节节推进、步步紧逼的战术,以达到渐次肃清的战略目的。而义军在战术上则相对贫乏,比如主动出击流动作战,结果却演变成流寇主义,其中以捻军最为明显,而深沟高垒以逸待劳,又往往误入死打硬拼的歧途,其中以西南的苗军最为突出。这种战术上的差距,对双方战争的胜负必然产生关键性影响。例如长期转战于华北有着几十万人之巨的捻军,之所以在清军的追剿下,人数越战越少,最后陷于绝境,跟其飘忽不定的战术有着紧密的联系,因为几十万人行军,在给养上难免不给当地百姓带来蝗虫过境的后果,在人员上又极可能产生叛逃与落伍的现象,在结局上又有把所有鸡蛋放在一个篮子里之虞。

组织制度上,清军内部虽然存在不同的派系与组织,如绿营、八旗、湘军、淮军与地方团练等,但都隶属于中央政府的统辖之下,同时,政府利用官位把所有的军队长官纳入整个行政系统之中,使彼此间有着明确的上下尊卑的隶属关系,以确保战斗中军令政令的畅通。而义军,大的方面是一盘散圈,因为不同地方的起义军不存在明确的隶属关系,换言之,就是在太平军、捻军、苗军、回军之间山头分明,小的方面是各义军内部也存在不同的派系,如同是太平军,中间就有李秀成部与陈玉成部的区分,而李秀成部又有李世贤部与汪海洋部的存在,同是陕甘回军,就存在四个中心,即宁夏金积堡马化龙部,甘肃河州马占鳌部,青海西宁马文义部,甘肃肃州马文禄部。此外,义军在各自的单元内,虽也有着自己的组织体系与相应的职位,如太平军就有王、侯、将、相官爵的设置,云南回民领袖杜文秀就自称"总统兵马大元帅",下设大都督、大司衡等官职,但相对于清王朝这家百年老店的贵族气质而言,义军所设的组织和职位难免有着浓厚的绿林与土豪气息,底气不足自不待言,名不正言不顺也就自在情理之中。所以,在义军内部,权威合法性的依据不是现有的组织与制度,而是"人多为强、有枪便是草头王"的丛林原则。如是,义军一盘散沙的现状与松散的组织制度,相对于统一领导的清军和高度集权的中央政府来说,自然更易被对手击破,事实上也是这样。

思想动员上,忠君爱国与光宗耀祖自古以来就是朝廷号召民众参军参战的两大法宝,清政府自然也不能例外。所以,在那样一个乱世,居然还有那么多人前赴后继地参加清军,自觉地充当起屠杀义军的刽子手,原因是:忠君爱国能够满足他们忠臣烈属的精神追求,光宗耀祖也相当符合他们封妻荫子的物质欲望,即使明知道成功者是牛头之角,追求者是牛身之毛,也在所不惜。而义军号召民众参加造反的思想工具,是在官逼民反口号的基础上,再添加一些诸如均田免粮、替天行道、救民水火、建立新社会等主张,希望从物质上和精神上刺激人们造反的欲望,所以洪秀全在发动太平天国起义时,在舆论上就包含着上述内容,其他诸如捻军起事、苗民回民起义,在宣传上也不同程度地涉及这些内容。不过,就实效而言,两种不同的思想动员模式,人们在实践中很快发现,前者有伸手可及之感,而后者有高不可攀之虞,因为在起义与反起义过程中,镇压者因战功不仅升官发财飞黄腾达,而且封妻荫子光宗耀祖,而造反者则因失败不仅原来的理想变成了空中楼阁,而且身败名裂家破人亡。如此巨大的反差,何去何从? 人们在趋利避害的原始本能下,自然会做出理性的选择。因此,自太平天国后期开始,义军中投降的事例之所以会连续不断,其原因固然有情势所迫的成分,但也离不开义军将士们在思想上已开始怀疑和疏远了原有信仰与追求的事实,因为在生死关头,相对于那些为功名而搏杀的镇压者们,他们已没有战斗的激情与献身的勇气,这也是为什么晚清义军覆灭的重要原因所在。

武器装备上,清军与义军之间也存在明显的差别,前者除了大刀、长矛、土炮与弓箭外,还装备了大量的洋枪洋炮,后者除拥有少量现代武器外,基本上停留在冷兵器水平,故而在战斗中,面对清军的进攻,尽管义军进行了殊死抵抗,并取得不少的胜利,如新捻军在山东曹州高楼寨全歼僧格林沁所率的骑兵精锐,贵州苗军在黄飘全歼湘军劲旅七八千人,云南回军甚至兵围省城昆明等,但武器的劣势常常使他们功败垂成，并最终决定了他们失败的命运。

由于上述诸差距的存在，清军与义军的强弱胜负，随着时间的推移而益发明显，最后自然难逃赢者通吃而输者全无的结局。当然，义军反清的失败，原因是复杂的，但上述诸因无疑是决定性，对此，诚如有人在分析江南太平军余部败亡原因时所说："时江南太平军余部合计 30 万人，且侍王李世贤部为忠王李秀成军之主力，实力不为不雄厚。但其群龙无首，各自为政，无统一组织指挥调度，更缺乏战略计划于奋斗目标，东奔西突，已成流寇。特别是在危殆之际，不能精诚团结以对敌，互相猜忌，甚至并吞、残害，卒至全部被消灭。"①诚哉斯言！其实其他几支义军的败因，又何尝不大同小异呢？

2. 半新半旧：中兴名臣们的洋务实践

两次鸦片战争的惨痛教训和"华洋会剿"太平军的亲身经历，以奕䜣、文祥、曾国藩、左宗棠、李鸿章等为代表的一批"中兴名臣"越来越意识到西方船坚炮利的"长技"，对安内攘外所具有的重要意义。如曾国藩就主张在购买洋人船炮以后，"访募覃思之士，智巧之匠，始而演之，继而试造"，从而达到"勤远略、剿发逆"的目的。② 左宗棠则认为："中国自强之策，除修明政事、勤练兵勇外，必应仿造轮船，以夺彼族之所恃。"③李鸿章则强调："中国但有开花大炮、轮船两样，西人即可敛手。"④故而，他们以"自强""求富"为旗号，在中国掀起了轰轰烈烈的洋务运动，其内容包括编练新式海陆军，制造枪炮轮船，建立外交机构，兴办近代工矿企业，发展交通通讯，设立新式学堂，派遣留学生等。具体说：

编练新式军队方面：1861 年，恭亲王奕䜣与军机大臣文祥就开始在天津训练新军。1866 年，恭亲王还支持直隶总督刘长佑从绿营中抽调人马组成练军。在此前后，曾国藩、李鸿章、左宗棠在各自的军队中开始准备大量的新式武器，同时聘请外国的军事教官，使部队在器物上向现代化迈进。1885 年，出于强固海防的需要，清政府在北京成立了海军衙门，统一指挥南洋、北洋、福建、广东水师。1888 年，李鸿章在北洋水师的基础上建立起拥有两艘铁甲舰、七艘巡洋舰、六艘炮艇和六艘鱼雷艇的北洋海军。此后，中国海军虽有一定的发展，但鉴于

① 南炳文主编：《清史》（下编），天津：天津人民出版社，2011 年，第 144 页。
② 《曾文正公全集·奏稿》第 14 卷，第 11 页。
③ 《左文襄公全集·书牍》第 7 卷，第 25 页。
④ 《李文忠公全集·朋僚函稿》第 3 卷，第 19 页。

大笔军费被慈禧挪用重修圆明园的原因,发展的速度与质量已大打折扣。故而到 1894 年甲午中日战争前夕,尽管从数字统计上看,海军实力仍居亚洲第一、世界第八,却仍避免不了惨败于日军炮舰之下的命运,并从此而一蹶不振。不过,就当时而言,中国海军的成立和发展,无疑是洋务运动在建军方面的一大成绩。

兴办军事工业方面:作为中国近代军工的先声,1861 年曾国藩在安庆设立了安庆军械所,李鸿章随后于 1862 年又在上海设立了洋炮局,但由于二者事属草创,设备简陋,且多手工操作,故而在洋务运动中影响不大。1865 年,曾国藩、李鸿章在丁日昌的建议下,在上海创办了江南制造总局,该局后来经过不断的扩建与发展,成为中国当时最大的兵工厂。它不仅生产枪支、大炮和弹药,而且能够炼钢和造船,据不完全统计,截止到 1895 年,该局共生产各种枪支 57 000 余支,各类大炮 300 余尊,火药 450 余万镑,炮弹 130 余万发,水雷与地雷 1 000 余个。[①] 所以,就规模与影响而言,应该说江南制造总局是洋务运动中军工业内一面旗帜。当然,随着江南制造总局的建立,在中兴名臣们的推动和带领下,其他的军工企业也纷纷建立起来,其中规模与影响较大的有:李鸿章的金陵制造局、左宗棠的福州船政局、崇厚的天津机器局和张之洞的湖北枪炮厂。由于这些军工企业的建立和发展,使得清朝的军队在装备上向现代化迈了一大步,并且在安内攘外方面也发挥了不可替代的作用。比如湘军、淮军之所以能够在镇压太平天国起义以后,很快平息捻军及西南、西北少数民族起义,洋务派所兴办的军事工业,无疑在其中发挥了重要作用。此外,洋务运动的军事工业对民用工业的兴起和商办企业的出现,也起到了一种示范与引导作用。

兴办民用工业方面:到了 19 世纪 70 年代,中兴名臣们又在"求富"的口号下,兴办了一批涉及工矿、交通、通讯、纺织等领域的民用企业,其中代表性的企业有:轮船招商局、开平矿务局、电报总局、上海机器织布局与湖北织布局等。这一系列企业的兴办,尽管其经营效益一般,甚或有劳民伤财之弊,但在一定程度上抵制与打破了外国商人对中国近代工商业的垄断,并为中国军用工业的发展提供了必要的资金、器材与原料,特别是为近代商办企业的出现创造了契机。正因为如此,一些官僚、地主、买办与商人,也纷纷投身到民用工业中去。据考察,在 1894 年甲午战争爆发前出现的 100 多家商办企业中,就涉及船舶修造、机器缫丝、棉纺织、火柴、面粉、造纸、印刷、采矿等多个行业,其中较著名的有方

---

① 南炳文主编:《清史》(下编),天津:天津人民出版社,2011 年,第 165 页。

举赞在上海成立发昌机器厂,陈启源在广东南海设立继昌隆缫丝厂,黄佐卿在上海开办公和永缫丝厂,1882 年徐鸿复、徐润在上海兴办同文书局等。

发展文教事业方面:为了更好地学习西方科学技术和培养通晓洋务的人才,中兴名臣们在大力发展近代军用、民用工业的同时,对文教事业的兴办也非常注重。据现有材料统计,自 1862 年恭亲王奕䜣奏请创办北京同文馆培养翻译外语人才开始,到 1894 年创办烟台海军学堂止,30 多年时间内,他们共创办新式学堂 24 所,其中语言类 7 所,军工类 11 所,通讯类 3 所,其他 3 所。而在 24 所学堂中又以 1862 年奕䜣奏请创办的京师同文馆、1866 年左宗棠开办的福州船政学堂、1880 年与 1885 年李鸿章在天津分别建立的水师学堂和武备学堂最为著名。期间,一部分中兴名臣还主张向国外派遣留学生。其中,在曾国藩、李鸿章、丁日昌的建议与奏请下,清政府先后于 1872、1873、1874、1875 年派了四批幼童赴美留学,后来成为杰出铁路工程师的詹天佑,就是当中的幼童之一。几年后,清政府又在福州船政大臣沈葆桢的建议下,于 1877 年从船政学堂选派了 35 名学生赴英、法留学,后来的海军名将刘步蟾、萨镇冰以及著名思想家严复,就是其中的杰出代表。不久,又在李鸿章的建议下,清政府又先后于 1881 年和 1886 年派出两批共 48 名学生赴英、法留学。此外,在中兴名臣的倡议和组织下,以同文馆为代表的一批新式学堂和译书机构,还翻译了许多有关法律、经济、历史与科技方面的西方著述和文献。如同文馆在 1888 年以前,就译辑各类书籍 22 种;上海广方言馆从 1871 年到 1880 年,已刊印译书 98 种、235 册,译成未印者 45 种、140 余册,另外尚有 13 种未全部译完。[①] 这些新兴文教事业的兴办,对洋务运动的发展与中西文化的交流,其积极意义是自不待言的。

对外关系方面:自《北京条约》签订后,中国政府同西方列强建立正式外交关系,已成为不可避免的事实。所以,1861 年 1 月,咸丰帝在恭亲王奕䜣的奏请下,批准成立总理各国事务衙门,负责外交、通商与关税等事务,其后,还兼管开矿、筑路、制造枪炮军火等事务,其首任大臣除奕䜣外,还有支持洋务的大学士桂良与户部左侍郎文祥等。不久,总理衙门内部还设立了南、北洋事务通商大臣,直接管理各通商口岸的通商事务。1866 年和 1868 年,清政府为了增加对列强的了解,在总理衙门的主持下先后派斌椿使团与蒲安臣使团出使欧美。到了 70 年代又开始在英、法、美、日、俄等国派驻公使,并与列强们正式建立外交关

---

① 李侃等著:《中国近代史》,北京:中华书局,1999 年,第 164 页。

系,其中力主向西方学习、重视在中国大力发展洋务的中兴名臣郭嵩焘、曾纪泽就曾先后出任驻英、法公使。清政府对外关系的发展,尽管每前进一步都隐含着某些被动的因子,但毕竟打破了自绝于世界的封闭状态,使大清王朝开始从天朝的虚骄中醒悟过来;并且既为中兴名臣们的洋务实践提供了某种便利,也让自身成为其洋务实践的一部分。

不过,中兴名臣们的洋务实践虽然取得了有目共睹的成就,但离他们自强求富的目的却有很大的距离。因为在他们30多年的实践中,就所办的军用、民用工业而言,仅有几十家企业,这些企业的生产效益与规模暂且不论,单凭数量就很难让一个拥有四万万人口的泱泱大国,从弱小与贫困的状态中挣脱出来;就其所组建的新式军队来说,其中最有成就最为人称道的北洋海军,在甲午战争中,不仅没有承担起捍卫国家边防的重任,而且自身还落得个全军覆灭的结局;就其所兴办的文教事业而言,尽管在培养洋务人才、促进中西文化交流方面,取得了一定的成绩,但基本上停留于器物的层面,对彼此间的制度与精神方面等深层次的东西,则缺乏必要的关注和反省,且不时地纠结于"西学中源""西体中用""中体西用""中西相合"等歧义性命题之中。故而在此情形下,中兴名臣们又怎能实现他们自强求富的宏愿呢?

当然,中兴名臣们的洋务实践之所以让人如此失望,究其原因,主要来自两个方面。[①] 其一,自身方面。中兴名臣们在进行洋务实践时,因为囿于自身的识见和时代的局限,并没有意识到洋务本身的复杂性,而是抱着一种头痛医头、脚痛医脚的心态投身到运动之中,所以不难发现,消极性与被动性特征贯穿其整个的实践过程:首先是学西方的船坚炮利技术,后来是培养通晓船坚炮利的人才,再次鉴于资金不足等原因,又不得不创办一批民用工业,以辅佐军工业的发展,最后海防形势吃紧,又集中力量发展海军。其实,洋务实践是一项复杂的系统工程,它牵涉到政治、经济、军事、思想与文化等多个方面的内容,而不是中兴名臣们所理解的一种纯军事与经济方面的东西。因此,在实践中,举步维艰的

[①] 关于造成中兴名臣们洋务实践理想与现实差距的原因,李侃等认为:外国资本帝国主义不愿意也不可能允许中国通过兴办洋务富强起来;洋务派的某些重要首领,对于外来压力多是采取妥协退让的办法;清朝统治集团内的顽固势力囿于既得利益的得失,而在政治上、经济上和舆论上对洋务运动进行多方钳制与阻挠;洋务派本身的封建性和腐朽性,也使得洋务运动缺乏应有的生机与活力。(李侃等著:《中国近代史》,北京:中华书局,1999年,第166~167页。)徐中约认为:缺乏协调;眼界狭窄;资本匮乏;外国帝国主义;技术落后和士风日下;社会和心理惰性。(徐中约著:《中国近代史》(上册),计秋枫、朱庆葆译,香港:中文大学出版社,2001年,第285~287页。)

情况与事倍功半的效果,成为一道经常困扰中兴名臣们的难题。是以著名历史学家蒋廷黻在分析中兴名臣们洋务实践差强人意的原因时说:"自强运动的领袖们并不是事前预料到各种需要而定一个建设计划。他们起初只知道国防近代化的必要。但是他们在这条路上前进一步以后,就发现必须再进一步;再进一步以后,又必须更进一步。其实必须走到尽头然后能生效。近代化的国防不但需要近代化的交通、教育、经济,并且须要近代化的政治和国民。半新半旧是不中用的。"①同时,中兴名臣们在洋务实践中所用非人,也是束缚其发展的重要原因,如李鸿章在北洋海军的用人方面就存在明显的失误,他辞退英国有经验的海军军官,而代之以德国陆军的骑兵军官来做北洋海军总教官和副司令;他用全然不知海军的淮军马队将领丁汝昌来做北洋海军的领袖,而不大胆起用留学英、法的船政学堂的高才生。是故在甲午战争中,尽管北洋海军的将士们作战勇猛,但"将帅无能,累死三军"的古训还是在此得到了印证。可是怨谁呢?李鸿章们就是这半新半旧的水平与识见!

当然,洋务企业中办事官僚化、衙门化特质,也严重地影响了它的发展。因为作为企业,追求的是公平竞争,讲究的是市场效益,而官僚与衙门看重的则是头上的顶戴与人生的资历,可是在洋务企业中处于支配地位和拥有话语权的人,却偏偏是一些头戴红顶子的官僚政客或者跟官僚政客接近的人。如轮船招商局的首任总办朱其昂就是一个候补知府,其继任者唐廷枢、盛宣怀等也都是官场之人。再如出任开平矿务局的主要负责人,先后就有唐廷枢、黎兆棠、丁寿昌、张翼等,他们无一不是官场中人,特别是张翼,不仅有江苏候补道的头衔,而且有醇亲王府侍役的身份。所以这一类人办企业,即使他们想遵循市场规则,把企业办好,但官场规则使他们身不由己地陷入官僚主义的泥坑中去,从而结党营私、行贿受贿、欺上瞒下、任人唯亲、玩忽职守等一系列官场陋习,也就自然产生了。这样,企业的效益何能提高?然而,中兴名臣们又能如何呢?大环境如斯,也只好如此罢了。因为身处一个大变局的时代,旧的积习毕竟非短时所能改变,而人才难得却是迫在眉睫,如求全责备,则只能是一事无成;并且在被官僚体制严重沙化的整个社会,作为该社会中的洋务企业又如何能独善其身,有道是"覆巢之下,岂有完卵"!

其二,外在方面,保守派的阻挠和反对。保守派士大夫们针对中兴名臣们

---

① 蒋廷黻著:《中国近代史》,上海:上海古籍出版社,1999年,第46页。

所提倡的学习西方语言文字、引进近代科学技术、开办新式学堂、采用机器生产和训练新式军队等措施,认为是"用夷变夏",有违"祖宗成法"与"圣人古训",于是就处处为难、百般抵制。如1867年,当奕䜣提出在同文馆招收科甲正途人员学习天文算术时,保守派代表人物御史张盛藻站出来反对说:科甲正途人员都是"明体达用"之士,知识分子的精华,何必要自失身份去学习外人的"奇技淫巧";大学士倭仁跟着发难道:如果让科甲正途人员"师事夷人",就会产生"正气不伸,邪氛弥炽"的后果。1880年,当李鸿章、刘铭传等建议修筑铁路时,曾经随郭嵩焘出使过英、法的刘锡鸿则认为修筑铁路有百害而无一利;御史屠守仁则讥笑道:"自强之道,不务修道德、明刑政,而专恃铁路,固已急其末而忘其本。"①保守派对事如此,对人同样求全责备。当时主张学习西方的郭嵩焘出使英、法做公使时,他的保守派湖南老乡就写对联骂他道:出乎其类,拔乎其萃,不容于尧舜之世;未能事人,焉能事鬼,何必去父母之邦。继郭嵩焘做驻英、法公使的曾纪泽,尽管凭自己杰出的外交才能从沙俄手中收回了伊犁,但由于主张洋务,卸任回国后自然遭到保守派的诋毁,最后只得忧愤而死。正因为保守派士大夫们作为一种强大反对势力的存在,中兴名臣们洋务事业的推行,不得不在磕磕绊绊中蹒跚前行。所以,仅就铁路而言,尽管中兴名臣们弄了近二十年的铁路,可是到光绪二十年,拿得出手的也只有天津附近的一小段,其中还别提英国人在上海修了铁路、清政府却花钱收购拆毁了事的笑话。可见,保守派对洋务实践的阻力之大。

此外,列强们的侵略也在很大程度上延缓和遏制了中兴名臣们的洋务实践。综观洋务实践的全过程,可以说是边患不断,英、法、美、日、俄等国分别从不同的方向对中国边境进行侵略。如1867年,美国人入侵台湾;1874年,日本人侵略台湾并强迫清政府赔款;1875年,英国人试图打开云南的大门而制造马嘉里事件;1871—1881年,俄国人强占伊犁;1884—1885年,法国人为攫取越南和打开中国西南门户而挑起中法战争;1894—1895年,日本人为控制朝鲜和谋取在华特权而挑起甲午中日战争;在此期间,英、俄两国还加大了对西藏的渗透。这一系列侵略性事件的出现,不仅分散了中兴名臣们从事洋务实践的精力,恶化了中国近代化的环境,而且还招致了巨额的军费开支和赔款,直接吸走了大量本可用于洋务的资金;特别是甲午一战,更是让中国的洋务实践遭受了

---

① 转引李侃等著:《中国近代史》,北京:中华书局,1999年,第131页。

毁灭性打击。与此同时,列强对华经济入侵的加深,从另一方面影响了中国的洋务实践。因为在此期间,列强除了在华进行商品倾销和输出廉价原料外,还在华开办工厂和银行,进行资本输出。所以尽管列强经济的入侵,对刺激中国近代工商业的发展具有某种积极意义,但它的侵略性本质与强势性特征决定了它对中国经济掠夺和压榨的必然性,并且把其对华有限的积极意义消解于无形。

至此,虽然中兴名臣们所进行的洋务实践并没有得到一个体面的结局,更没有在"自强""求富"的旗帜下,让清王朝这棵没落腐朽的百年老树再发新芽,但毕竟在军事、工矿、纺织、交通运输、电信通讯和文教事业诸领域,兴办了一批近代企业与新式学堂,对中国城市的发展,社会风气的开化,人们思想的解放,现代化人才的培养,新的职业人群的出现,自然科学的进步,生产工具的改进,中西文化的交流,具有相当重要的作用。并且它成功与失败的经验,对中国日后现代化事业的发展,无疑具有某种借鉴性意义。

当然,如果跳出功业成败与道德是非的窠臼,从大历史、大时代的视角来看待中兴名臣们的洋务实践,也许人们不能不叹服他们的识见、勇气与任事精神。因为在当时条件下,兴办洋务既是一种前无古人且有违圣教的事业,也是一种反抗外来侵略却又须向侵略者学习的事业,更是一种不满于现状却仍要维护现状的事业,是以个中的矛盾与困难、妥协与抗争,也许只有当事人才能体会到其中的酸辣苦甜。正因为这样,二十多年前魏源所提出"师夷长技以制夷"的主张,才迟迟停留在纸上谈兵的层面,成为当时士大夫们可望而不可即的目标。故而,洋务实践更显示出中兴名臣们的可敬、可叹与可贵。因此,尽管中兴名臣们在洋务实践中或许存在这样那样的毛病与失误,甚至其洋务实践的动机也值得批判与商榷,但如果从当时的实际出发,人们对其举措和结局,即使不会同情,也应给予原谅,即使不能原谅,也要给予理解,因为他们的思想与识见就是那个半新半旧的水平,而且在实践中,他们已表现出足够的开明与大度,并且相对于时人,他们已远远地走在时代的前列!

3. 顾此失彼:中国边疆的新危机

虽然自第二次鸦片战争结束以后,清政府通过《北京条约》等一系列和约的签订,跟列强们维持着一种难得的和平局面,但由于该和局不是建立在双方平等自愿的基础上,而是建立在清政府同意割地、赔款、开口通商等牺牲大量国家权益的前提下,所以,自60年代后半期开始,得到暂时满足的列强又从不同方向和地域向中国扑来,企图从清王朝这个"唐僧"身上再割一块长生不老之肉。具体说:

在西北:英国借浩罕国军官阿古柏侵占新疆的事实,不断地派遣官员、间谍入疆活动,笼络收买阿古柏;1874年春,双方干脆签署了"英阿条约",英国正式承认阿古柏在南疆的统治地位,借以换取在南疆通商、驻使、免税等特权。与此同时,沙俄也趁机把侵略的魔爪伸向新疆。从1866年至1868年,沙俄与阿古柏约定,彼此互不干涉对方行动,互给对方追捕逃犯的权力,从而为自己进入新疆打开了方便之门;1871年5月,为了扩大自己的新疆的影响与遏制英国人在新疆的扩张,则公然出兵进占伊犁,并扬言伊犁永归其管辖;1872年6月,又挟其军事威势,又强迫阿古柏签订了"俄阿条约",其中以承认阿古柏为"哲德沙尔"(七城国)领袖,来获取自身在南疆通商、建立牙行、商队过境、低关税等特权。英、俄两国这种借他者之名而行自己侵略之实的行径,无疑是一种虚伪的强盗行径,同时以牺牲中国的利益来满足他者的侵略欲望,肯定也是一种极端的利己主义行为。所以,英、俄两国尽管没有赤裸裸的入侵新疆,但那种在不光彩的外衣下所遮掩的龌龊勾当,无论如何也能证明它们与侵略者同列!然而,沙俄对新疆的侵略并没有就此而罢手,它在1881年中俄《伊犁条约》签订以后,不仅利用几个边界议定书割占了中国7万多平方公里的领土,而且进一步加紧对中国西部帕米尔地区的侵略。据考查,从1876年至1890年的15年间,沙俄不顾中方的反对,以游历、考察作幌子,就11次派出武装探险队非法越境,最远达到帕米尔地区东部的塔什库尔干谷地;1894年,沙俄干脆凭武力强占了中国萨雷阔勒岭以西2万多平方公里的帕米尔土地。不过,对于沙俄的强盗式行径,清政府反复申明:不予承认。

在东南:1867年,美国政府借口一艘军舰在台湾南部触礁沉没与人员被杀事件,悍然派海军入侵台湾,后经当地人民的抗击而撤退,不过美国人觊觎台湾之心并没有因此而放弃;是以,其后日本人侵略台湾,美国人则在当中扮演了很不光彩的角色。1874年5月,日本借口琉球国渔民在台湾被杀等事件,在美国帮助下,派陆军中将西乡从道为远征军总指挥,率军3 000余人在台湾南部登陆;后经英、美、法等国的偏袒与调停,清政府被迫与日本签订了《台事专条》,赔偿日本军费白银50万两,并且为日本后来吞并琉球留下了依据。当然,美国人之所以如此,因为早在19世纪50年代,美国人就意识到台湾岛对其东方扩张政策,所具有的军事与经济意义。当时的驻华专使巴驾在给国务卿麻西的秘密报告中写道："从商业及政治的观点来看，特别是从美国的立场来看，该岛的位置也是很符合理想的。当我们发展从加利福尼亚至日本及中国的航线时，这一煤的供应来源将予我们以无上的利益。该岛不会长久留在中国统治下是可能的事情；如果该岛一旦与中国断绝政府关系，如同其断绝地理关系一样，则美国显然应该占领该岛，特别是从势力均衡的原则来看应该如此。"①而日本在得到美、英等国偏袒与纵容后，更是肆无忌惮地加快了侵略台湾、琉球的步伐。1879年，当做好一切准备之后，日本便强行吞并琉球，并改名为冲绳县，对此清政府只能在外交抗议中承认既成的事实。不过，日本有如一条喂不饱的恶狼，对于清政府的退让，不是见好即收，而是得寸进尺，准备着更大的阴谋。②

所以在东北，日本针对清政府在台湾与琉球问题上的忍让，加快了对朝鲜的侵略，并计划以朝鲜为跳板，入侵中国东北。1876年，日本海、陆军进入朝鲜，以武力胁迫朝鲜政府签订《江华条约》，企图争夺中国在朝鲜的宗主权。1882年，又趁朝鲜发生"壬午兵变"之机，胁迫与其签订了《仁川条约》。1884年，乘中法战争爆发清政府无暇顾朝之际，又策划朝鲜亲日派官员发动"甲申政变"，从而获得了在朝鲜同中国对等的权利，也为日后发动甲午中日战争埋下了伏笔。1894年，经过充分准备的日本，借口镇压"东学党起义"，大举进兵朝鲜，并且趁机偷袭入朝清军，悍然挑起甲午中日战争。于是，以丰岛、牙山之战为开端，中日之间的军队在平壤、黄海、辽东半岛、山东半岛等地区进行了激烈的战斗。遗憾的是，鉴于双方在战略、战术与士气方面的差距，清政府不得不接受惨败的事实，最后只得以签订丧权辱国的《马关条约》而作结，从而把中国的边疆危机推向顶点。因为根据该条约，中国不仅完全失去了在朝鲜的宗主国的地位，使得东北边境门户洞开，而且割让了辽东半岛、台湾与澎湖列岛等土地，并赔偿军费白银两亿两。

在西南，英国在缅甸得手以后，开始窥视云南，并希望经云南开辟出一条通

---

① 卿汝楫编：《甲午战争以前美国侵略台湾的资料辑要》，《近代史资料》，1953年，第3期，第173页。

② 为了实现打败中国军队、夺取台湾，甚至统治中国的野心，1884年，日本趁中法战争之机，又派军舰到台湾窥伺；1885年起，开始十年扩军计划，期间用于扩充军备的费用，一直保持在每年财政预算支出总额的25%以上，最高时竟然达到41%强。为了便于指挥作战，1893年6月，日本政府成立了战时大本营；并且为了更清楚地了解清政府，日本政府还派遣大量间谍潜入中国刺探军情、政情，其中一个受命于日本参谋本部叫小川又次的间谍，在对中国进行全面调查的基础上，回国后向军方提交了《讨伐清国策案》的报告，提出了如何侵略、肢解、统治中国等方案。（陈孔立著：《台湾历史纲要》，北京：九州出版社，1996年，第164页。）

往中国内地的捷径,因此早在1863年和1868年就曾派出"勘探队"企图进入滇境,由于遭到当地军民的反对而未得逞;1874年,英国人又组织近200人的"远征队",从缅甸出发,计划到云南探测路线,并且英驻华使馆特派翻译官马嘉里前往接应,但在过境时,同样遭到当地民众的阻挠,结果双方发生了暴力冲突,马嘉里因开枪击杀多名群众而被群众打死,酿成了所谓"马嘉里事件"。英国以此为理由,除了向清政府提出"抚恤""赔款""惩凶""道歉"等无理条件外,还趁势提出了多项侵略要求,其中包括允许英人开辟印藏交通,并前往中国西部的西藏、甘肃、青海和云南等省游历,增开宜昌、芜湖、温州、北海为商埠,扩大领事裁判权等。清政府迫于军事和外交压力,只得命李鸿章在烟台同英国代表签署了体现上述内容的中英《烟台条约》和《入藏探路专条》。这样,英国人不仅打开了通往云南的门户,而且也为其进入西藏设置了法律依据。事实上,果然如此,1884年,英国人马科雷根据以上条约,就率领一支大约300人的武装从锡金越境进入西藏;1886年,又派出大批军队集结于亚东以南的边境,进行武力挑衅。然而西藏僧俗各界群众为保卫祖国的领土,并不畏惧英人的武力威胁,当1888年英军向隆吐山哨卡发起进攻时,他们协同当地驻军进行殊死的抵抗。但是清政府采取绥靖政策,力主与英国罢兵议和,并先后于1890年、1893年跟英国政府分别签订了《藏印条约》和《藏印续约》,承认锡金归英国保护,开放亚东为商埠,英国在亚东享有治外法权及进口货物五年不纳税等特权。如是,更加有利于英国对西藏的侵略。在英国进窥西藏的时候,沙俄也不甘人后,19世纪七八十年代,就几次派所谓的"调查团"潜入藏境,进行非法活动,甚至还派遣间谍,长期潜伏西藏,发展亲俄势力。

针对英国在中国西南地区的扩张,法国自然不能无所作为。故而为了加强同英国在中国西南地区的竞争,于1880年下半年增兵越南,希望以越南为跳板打开中国西南的大门,确立起法国在该地区的霸权。1883年8月,法国扩大侵越战争,武力胁迫越南政府签订了《顺化条约》,取得了对越南的保护权;以此为契机,法国便把侵略矛头直指中国,一面封锁东京湾,命令侵越法军向北推进,一面要挟清政府撤退在越南北部的中国军队,并开放云南边界。面对法国政府的无理要求与武力进逼,清政府中的妥协派奕䜣、李鸿章等则主张大事化小撤兵议和,用李鸿章的话说,中国"兵单饷匮""海防空虚",即使"一时战胜,未必历久不败,一处战胜,未必各口皆守","断不可轻于言战",而应知难而退,力保和局;主战派左宗棠、曾纪泽等则认为只要中国海、陆军相互配合,扬长避短,持久作战，未必没有胜算。于是在战和不定中，清政府一面决定增兵西南，对法作战，一面派李鸿章寻找外交途径，与法议和。然而，事实上清政府无论是以战求和还是以和罢战，都没有达到既定目标。原因是战场上，中国军队不仅没有在越南取得抗法战争的胜利，反而是连遭失败，把战火引向中越边界和东南沿海一带；因为法军趁越南战场的得胜之势，兵锋直逼中国边境，并于 1885 年 2 月 23 日占领中越边境上的重镇镇南关，使得西南局势危急；同时，法国海军为配合陆军的进攻，又在中国东南沿海一带挑起事端，于 1884 年 8 月先后侵略台湾与福建，并趁机偷袭马尾军港，使福建水师遭受严重损失，此后在封锁台湾岛的基础上，还企图入侵浙江的镇海。外交上，尽管李鸿章、曾国荃受命先后与法国代表进行谈判，并且其中还邀请了英、德两国的外交官参与调停，但法方是漫天要价，提出了中国政府难以接受的条件。这样从西南边陲到东南沿海，中法之间处于全面的战争状态。不过，在这场战争中，法国虽然在海上取得了统治性的战略优势，但在陆地并没有表现出应有的强势，尤其是老将冯子才率领清军取得镇南关大捷后，法军基本上在中越军民的反攻中节节后退。[①] 最后，法国在军事胜利无望的情况下，接受了英、美、俄、德的调停，于 1885 年 6 月 9 日同清政府签订了《中法新约》，取得了它在战争中没有得到的东西，即法国取得在中越边界修建铁路的优先权，清政府同意在云南、广西、广东三省的中越边界开埠通商。如是，该条约无疑使得我国西南边疆的危机雪上加霜。

当然，面对一系列的边疆新危机，尽管就总的趋势而言，清政府基本上以妥协而告终，但为了抵御外侮，中华儿女涌现出一大批奋战在祖国的边疆和海防的勇士。其中年过花甲的左宗棠，为了收复新疆，粉碎英、俄侵略中国西北的野心，以一种马革裹尸的情怀抬着棺材率军西征，经过几年的苦战，不仅平息了新疆各地的叛乱收复新疆，而且为积极开发新疆做了许多工作，鉴此，其部下杨昌浚写诗赞扬左宗棠道："大将筹边尚未还，湖湘子弟满天山；新栽杨柳三千棵，引得春风渡玉关。"年逾古稀的冯子才在镇南关上面对法军的猛攻，手执长矛身先士卒冲入敌阵，迫使法军夺路而逃，从而一举扭转了战局。定远舰管带邓世昌在炮弹用尽舰身严重倾斜的危急关头，仍开足马力驾舰冲向日军最猖獗的吉野号军舰，希望与其同归于尽；经远舰管带林永升在日舰的环攻中，仍指挥手下官

---

① 镇南关大捷后，冯子才率大军乘胜追敌出关，在越南军民配合下，接连光复文渊、谅山、谷松、威坡、长庆等地，刘永福的黑旗军也乘势在临洮大败法军，并接连光复广威、黄岗屯、鹤江、老社等地。

兵勇猛战斗死战不退,直至该舰中弹起火沉入大海;辽东陆战中,金州总兵徐邦道率孤军与日军激战近 20 天,杀伤了大量日军,最后以身殉国。在反割台的斗争中,徐骧、姜绍祖、吴汤兴等领导台湾民众积极配合驻台官兵坚决抗击日军的入侵,他们从台北到台南进行大小 100 余次战斗,先后击毙日军少将山根信成和与中将北白川能久亲王,打死打伤日军 32 000 余人,最后都在激烈战斗中壮烈牺牲。可见,在那样一个外患频频的年代,炎黄子孙中并不缺少捍卫神圣领土与国家尊严的勇士,面对来犯的侵略者,他们毅然用自己的热血与身躯来铸就守护中华民族的万里长城。不过,由于生逢衰世,勇士们留给历史的,更多的是一种无奈与悲壮。也许这是他们的不幸,更是国家与民族的不幸!

4.怨人须责己:清政府被凌辱的背后

可见,自同治帝以来,中国边疆危机不断,期间因此还爆发了两次大规模的对外战争,然而无论是战是和、是胜是败,受害的一方总是代表中国的清政府。至此,清政府也许扪心自问:我究竟做错了什么? 为什么受伤的总是我?! 如果要寻找其中的原因,主要有以下几个方面:

第一,落后必然挨打。自世界进入近代以来,中国已开始落后于西方,到了18 世纪,随着工业革命的兴起,中西方之间的差距进一步拉大,虽然当时的中国并没有感觉到自己的落后,并凭借祖宗留下的余威和地大物博的身躯,继续在东方做着天朝上国的迷梦,但落后的事实无可更改,且因此而带来更为严重的后果。所以,当大不列颠王国用它的炮声向世界证明,大清王朝落后得竟然不堪一击时,古老的中国也就陷入了落后挨打的困局之中。因此尽管自第二次鸦片战争后,一部分开明的官僚与学者在"师夷长技以制夷"的理想与"数千年未有之变局"的惊恐中开始投身于洋务运动,并因之而兴办了一批近代军用、民用工业,武装了一批近代化的军队,建立了一批新式学堂,希望借此改变落后的面貌,让中国变得强大起来。可是这些救亡图存的新举措,因其西方文明的色彩,而让一部分保守的中国人觉得难以容忍,所以,阻挠与破坏接连而至。其实,洋务派学习西方的这些举措,在守旧派眼中似乎是一种全新的文明,但列强们观之,仍然是些半新半旧、不中不西的东西。因为就质的方面来说,这些近代化的新事务仍处在中世纪的文化、风俗和制度的掌控之中,难以充分发挥其先进作用;就量的方面来说,它们仍置身在中世纪事物的汪洋大海当中,难以凸显其对社会的主导性;同时,它们自身也带有大量旧制度、旧文化的遗毒,使得其具有浓厚的中国特色;此外,洋务派所采用的技术、学习的知识、装备的武器,相对于于西方,大部分都是过时的甚或是行将淘汰的东西。因此,洋务派的所谓"西化",本质上只是中国现代化的开端,而保守派眼中所谓的"西化",其实是由于自己太过落后。

事实上也是这样,19世纪后半期的英、法、美等国,不仅建立起资本主义的民主制度,而且已完成了第一次工业革命,并迎接第二次工业革命的到来;德、俄、意诸国也正在进行或即将完成第一次工业革命,并且其政制也慢慢向资本主义蜕变;即使是后起的日本,经过明治维新,不仅建立起一大批近代的工商企业,进行工业革命,而且逐步实现了社会形态的更替,让自己踏入到资本主义社会的行列。鉴此,即使洋务派自60年代开始就掀起了中国近代化运动,但西方列强并没有因此而存敬畏之心,相反却接二连三地挑起事端,施行其侵华故技;甚至连蕞尔之国日本,也居然踏浪东来,侵略中国台湾,挑起甲午战争。因此,几十年后的伟人毛泽东,在总结近代以来中国屈辱史的原因时说:落后就要挨打!真的是一语中的,发人深省。

第二,妥协退让。如果说鸦片战争前的清政府留给世界的感觉,不免有点狂妄与守旧的话,但其外观毕竟还有几分令人不可冒犯的天威与尊严;但战争后随着一系列不平等条约签订,清政府几乎变成了一头谁都可以驱使和宰割的羔羊,或者说是一只一经打压就能生产金蛋的母鸡。因为自第一次鸦片战争到第二次鸦片战争,英、法、美、俄等国的侵华步骤基本上是先外交后军事,而清政府的对策是一推二阻三拒绝,但最后在列强的军事压力下,不仅几乎满足了它们提出的所有要求,而且承担起在冲突中所有的损失。如第二次鸦片战争,其起因就是列强们所提出的修约要求多次遭拒,结果当英法联军挑起第二次鸦片战争,兵临京津时,清政府只得在妥协中跟列强签订了《天津条约》,但所付出的代价则远大于修约的要价;随后,清政府希望在条约换文过程中挽回一些颜面,于是则单方面规定列强的进京路线,哪里知道胜利者是不受约束的,尤其是不受失败者的约束,最终清政府为之付出了更为惨重的代价。此故,针对清政府的行为,人们也许只能用"早知如此,何必当初"的箴言来"哀其不幸,怒其不争"。问题是,清政府就是只看"当初",而不顾"如此"。因而,在日后应对纷争不断的边疆危机时,清政府仍然是以退为主,妄想通过自己的忍让与大度来博取列强的怜悯和同情。所以,不难发现,从西北的对俄政策,到西南的对英、法政策,再到东南、东北的对日政策,无不包含着"退让"的因素。也许清政府自有其退让的理由，但一千个一万个理由，如果它们抵不上一个"不退让"的原因，那么就必须采取强硬的立场，因为无原则的退让，只能招来对手的蔑视与欺凌。比如在藩属的争夺上，纵然不能跟英、法争雄，但总不至于对蕞尔小国——日本也要退避三舍吧？然而清政府偏偏是一退到底：一让琉球，二让朝鲜。或许在清政府看来，这是一种丢掉车保帅的明智之举，可事实上又何尝不是一种自撤藩篱的自杀，有道是唇亡则齿寒，户破则堂危。故而可以推测，也许正因为清政府这种无原则的退让，才使日本军国主义找到了发动甲午战争的信心和勇气。又如在中法战争中，本来中国军队在镇南关大捷后，已扭转了整个战局，且使法军陷于进退维谷的境地，可清政府却抱着见好即收的心态派人求和，结果则是中国不败而败，法国则是不胜而胜。悲哉！遗憾的是，大清王朝已经完全陷进到一个从拒洋到亲洋、从鄙洋到畏洋的怪圈之中。

当然在外交、军事等冲突中，退让是一种必要的策略，但它的原则是：后退即是为了前进，让与即是为了获得；即使不这样，退也须退得有骨气，让也须让得有尊严，那种败家子式的退让，那种窝囊废式的退让，是万万不可取的。因为败家子式退让，即使万贯家财也会化为乌有，而窝囊废式的退让，即使退让出自己应该拥有的东西，也不会赢得对方的尊重。然而令人扼腕的是，检视清政府在处理边疆危机时退让政策，其行为与性质，基本上属于后者而非前者。故此，清政府即使有抬棺西征的左宗棠，有外交折冲的曾纪泽，有奋勇杀敌的冯子才，有运筹帷幄的李鸿章，列强们也仍会抱着一种把整个中国吞下去也满足不了的饥渴，时不时地撕咬清政府一口，以满足自己难填的欲壑。

第三，群狼战术。在制造中国边疆新危机的过程中，列强们基本上是联袂而上，环而攻之，并且在时间上是前后相接，此起彼伏。在西北，英、俄两国借手阿古柏侵略新疆；在西南，英、法两国分别以缅甸和越南为跳板，进窥云南与广西；在东南，美国暗助日本侵略侵略台湾。列强们这样一种群狼式侵略格局，一方面使清政府陷于一种顾此失彼、疲于应付的困境中，另一方面给自己造就一种攻守同盟的关系，达到以列强整体的力量来对抗清政府的目的。鉴此，清政府在处理边疆危机时，往往是一波未平一波又起，如新疆的边患尚未平息，日本人又借故在台湾挑起了事端；当刚把日本人安置好，英国人又在云南制造了麻烦；就这样，清政府整日周旋列强之间，成了一个十足的任人玩弄的对象。而列强们针对清政府的妥协退让，则在相互利用中联合起来，进行勒索与讹诈，从而在牺牲中国的利益中，达到各取所需的目的。如1874年日本侵略台湾时，英、法、美等国站在日本的立场,强迫清政府赔偿日本军费 50 万两,并签署有利于日本的条约。再如在中法战争中,当中国在军事上占有优势时,美、英、俄、德等国则群起压迫清政府向法国妥协,特别是英国的赫德更是积极,建议立即与法国缔结和约。如是,列强们在与人方便与己方便的勾当中,把清政府玩弄于股掌之中,而中国的利益自然是在割地、赔款、开口通商中频频受损。

当然,也许有人会问:为什么列强在侵略中国问题上,往往会联合起来对抗清政府呢?首先,侵略者的身份决定它们必然会这样。有道是一损俱损,一荣俱荣,如果用其概述列强在华的利益得失,可谓形象而生动。因为当清政府反抗某个侵略者时,其他的侵略者就会感到同样的威胁,诚如英国驻华使馆参赞威妥玛在写给清政府的文章中说,如果侵犯了列强们在华权益,他们必然要进行干预,且一国干预,诸国从之。其次,片面最惠国待遇在某种程度上强化了列强间的团结。因为根据它的条文,任何列强在中国获得某种特权,其他列强也可能同样享有,所以,一般来说,列强只要在不危及自身利益的前提下,对他者的侵华行径基本上都持支持立场。事实上,中国大门的打开与内地的开放,很大程度上就是被列强们一波又一波的侵略挤开的,因为在侵略者们观之,其他列强的侵华,既给自己带来了在华的利益和特权,也为自己下一次侵华创造了条件。如日后沙俄在瓜分中国狂潮的事件中感谢德国强占胶州湾时所说:"因为有了胶州的占领,才使旅顺口、大连湾的迅速占领成为可能,否则在这方面就难于找到一个口实。"①最后,中国地袤广阔、人口众多的现实也使得任何列强都没有足够的实力进行强占和独吞。清政府虽然自鸦片战争以来,就沿着衰败的轨迹坠落,但瘦死的骆驼比马大,其一千多万平方公里的土地,四万万人口,却不是任何侵略者想征服就能征服的,正如后来的八国联军统帅瓦德西在书信中所说:"无论欧美、日本各国,皆无此脑力与兵力,可以统治此天下生灵四分之一也。""故瓜分一事,实为下策。"②因而列强只得在利益均沾、风险共担的无形原则下抱成一团,以群狼猎食的方式来共同对抗清政府这头东方的睡狮。因此,在当时情况下,面对成团成块的列强,已处衰世的中国,只能在屈辱中接受被宰割、被凌辱、被践踏的命运。

---

① 《德国外交文件有关中国交涉史料选译》第 1 卷,北京:商务印书馆,1960 年,第 230~231 页。
② 中国史学会主编:《中国近代史资料丛刊·义和团》第 3 册,北京:神州国光社,1953 年,第 244 页。

第四,策略失误。清政府在平息边患时,之所以受制于人、处处被动,跟其策略失误也有莫大的关系。其一,针对列强们对自己藩属的侵略,常采取"丢车保帅"的政策,如英国侵略缅甸与锡金,日本侵略琉球与朝鲜,法国侵略越南等,清政府基本上是隔岸观火,即便藩属国提出救援的请求,反应也并不非常的积极,而是用一种消极性的行动来敷衍塞责,最后在一切无望的情况下,才那么遮遮掩掩、羞羞答答地跟列强签订协议,承认自己保护国地位的丧失。清政府这样一种自利性政策的结果,所产生的负面性影响是相当深远的:不仅让自己以"软蛋"的形象出现列强们面前,而且以"自私"的面孔出现在藩属们面前,这样前者可以更加放肆地逼近,后者则可以更加无情地背离,而自己则落得个薄情寡义、众叛亲离的结局。其实在清代,跟中国建立封建宗藩关系的周边国家,就有越南、朝鲜、老挝、苏禄(今菲律宾一部分)、琉球、尼泊尔、锡金、泰国、浩罕国(今乌兹别克斯坦一部分)等二十几个,但是到19世纪末,这些国家无一不与清政府脱离了藩属关系而成为列强们的禁脔,究其因,不能说跟清政府的"丢车保帅"的政策没有关系。

也许有人会辩解说,在国家与国家之间,没有永恒的朋友,也没有永恒的敌人,只有永恒的利益。但是出兵保护自己的属国,无疑既是一种反抗侵略履行义务的行为,也是一种维护国家利益的举措,又何乐而不为呢?难道它不是国家的利益?因而,对清政府来说,当藩属国受到外敌入侵时,明智的办法就是根据双方的协议,承担起自己应有的义务,即使不这样,也不应该老是采取"丢车保帅"做法来逃避自己的责任。如是,即便不能在国际上营造出自己"硬汉"的形象,但也能够证明自己是一个负责任的国家,同时也能更好地遏制列强们对自己的侵略。遗憾的是,清政府没有做到。

其二,在处理与列强们的关系时,常诉诸"以夷制夷"的策略。无可讳言,以夷制夷自古以来就是中国当政者们处理对外关系时的一种常用性政策,但其前提是,自己的实力必须比夷人更强大,最低限度也得不弱于夷人,只有这样方能不为夷所制,所以在汉唐盛世时期,其效果则非常明显,而宋明时期,其效果则相对暗淡。因此当晚清的统治者在中华实力远低于夷人的前提下,仍祭起老祖宗"以夷制夷"的法宝来应对外患,就基本上注定了其自取其辱并为夷所制的结局。如第二次鸦片战争期间,俄国人不仅利用其调停人的身份为英法侵略者传递情报,而且以调停人的身份向清政府邀功请赏,结果既得到了列强们在华所享有的特权,也得到了列强们所没有得到的土地。中法战争时期,英、美、俄、德等国在清政府的请求下,纷纷出面调停,从而结果直接催发了"中国不败而败,法国不胜而胜"结局的出现。甲午中日战争爆发前夕,李鸿章消极备战,而积极奔走于俄、英、德、美、法诸国公使之间,希望他们出面,迫使日本从朝鲜撤兵,达到消弭战争的目的;然而在列强们表面敷衍而暗中怂恿日本侵略的情况下,清政府只得又一次接受为夷所制的事实。令人扼腕的是,清政府并没有因此而清醒,仍然执着于以夷制夷的政策,即使在甲午战争中为夷所卖,但在对日和谈中依旧让外国人做顾问。

也许清政府对"以夷制夷"策略的借重,在当时实属一种无奈之举,但这种与虎谋皮的做法,注定了自己的设想必然与现实相背离的结局。因为清政府总希望从列强中找一个最不坏的列强,其实从一个长时段来看,即使最不坏的列强,也跟坏的列强没有本质的区别,甚至比坏的列强更坏,比如多次以友善面孔出现的沙俄,就是典型。故而在一定意义上看,列强就是列强,侵略者就是侵略者,它不会替你火中取栗。只不过有时迫于现实的需要,它们不得不把自己装扮成一只披着羊皮的狼,甚至可以夸张地说,列强们为了实现各自侵华利益的最大化,在清政府面前把中国京剧中"生、旦、净、丑"的各种角色都演遍了。所以有史家分析在华列强的关系时说:它们既互相争夺,又互相够勾结,最后总是以牺牲中国主权来换取它们相互之间的妥协。[①] 诚哉斯言!如是,对清政府而言,列强中没有谁真正愿意为其两肋插刀甚或仗义执言,它们中之所以还有人愿意充当清政府"以夷制夷"的那个"夷",其目的并不是为了对清政府遭遇和处境表示同情,而是为了得到比作恶更多的东西或者说作恶得不到的东西;它们中之所以在华出现矛盾与纷争,其根源不是因为清政府利益的受损,而是它们彼此间在华分赃的不均。因此,清政府的以夷制夷政策,与其说是一种策略,不如说是一种失误。

也许正由于这一系列原因的存在,清政府受伤的命运,也自在情理之中。而如此的命运,又怨得了谁呢?除了责怪列强的无道,还需检讨自己的失策。

---

① 李侃等著:《中国近代史》,北京:中华书局,1999年,第221页。

第三章 改良与革命

一、简述

清政府在甲午中日战争中的惨败,不仅使中国完全陷入了半殖民地半封建社会的深渊,让自强运动所积累起来的一点点国际威望丧失无遗,而且进一步使列强们看清了大清王朝的懦弱与无能的本质,更激发其侵华的野心。是以从1895年起,俄、英、德、法诸国争先恐后地掠夺在华利权:强租海港,划分势力范围,到1898年更是掀起了瓜分中国的狂潮。其中,沙俄把东北与蒙古作为其势力范围,并强租旅顺与大连;德国则把山东当作其势力范围,且强租胶州湾99年;英国在把长江流域划为其势力范围的同时,又先后租借了威海卫与九龙半岛的新界;日本则强迫清政府宣布不把福建租让给其他国家;法国也不甘落后,在把云南和两广当成其势力范围的基础上,又强行租借了广州湾;美国由于迟来一步,于是向英、法、俄、德诸列强提出"门户开放,机会均等"的要求。诚如陈天华在《猛回头》中所写:"俄罗斯,自北方,包我三面;英吉利,假通商,毒计中藏。法兰西,取广州,窥伺黔桂;德意志,胶州领,虎视东方。新日本,取台湾,再图福建;美利坚,也想要,割土分疆。这中国,那一点,我还有份? 这朝廷,原是个,名存实亡。"[1]同时,列强们还加紧对华的经济扩张,一方面俄、法、意、英、德等国趁清政府无力偿还对日赔款的良机,对华进行巨额的政治贷款;另一方面,又在华攫取了大量的路矿开办权,据不完全统计,在甲午战后几年间,列强们在中国共夺取了长达19 000余里的铁路投资权和修筑权,所办企业由原来的80余家激增到933家。与外患相伴的是,甲午战后几年间,中国从北到南十几个省,先后发生严重的水灾或旱灾,如1897年,湖南出现数十年未有的大旱,而安

---

① 陈天华著:《猛回头》,北京:华夏出版社,2002年,第20页。

徽、江苏、广东、广西等省则因洪水泛滥,许多地方变成了一片汪洋。如此的内忧外患,无疑让本已危机四伏的清王朝更显得风雨飘摇。

鉴此,清政府将何以自处呢?中华民族将何以自存呢?当时的人们提出了改良与革命两种救国方案,希望借此能为朝不保夕的政府和迷失航向的国家指引出一条光明的道路。首先是以康有为、梁启超、谭嗣同等为代表的一批少壮派人物,奉光绪帝为领袖,发起了维新运动,其中 1898 年所进行的戊戌变法,把运动推向高潮;但由于康、梁等人处于权力的边缘,光绪帝又是一个没有实权的皇帝,因而尽管他们动机纯正,并且也颁布了一系列利国利民的法令,但在以慈禧太后为首的顽固派的阻梗下,不仅直接导致了变法的失败,而且变法者也因此付出了流亡国外或血洒刑场的代价。不过,流亡海外的康、梁并没有因变法的失败而放弃自己的主张,相反,继续在异国他乡宣传其改良变法的思想。是以康有为在加拿大等处建立了保皇会组织,梁启超则在日本创办《清议报》与《新民丛报》等刊物,并且为了抵制孙中山所领导的资产阶级革命,还与革命党人就"要不要反满与推翻清政府、要不要变更当前的封建土地所有制度、要不要实行君主立宪"等问题,进行长期而激烈的论战。其后随着清政府"预备立宪"上谕的颁布,康、梁为实现自己的政治主张,宣布从 1907 年元旦起,保皇会更名为国民宪政会,接着又在东京组织了具有资产阶级政党性质的政闻社,借此以完成自己 1898 年未能完成的夙愿。遗憾的是,直至 1911 年武昌起义枪声的响起,康、梁的改良方案仍然被悬置于理想与现实的鸿沟中。当然,康、梁戊戌变法的失败,并不意味着中国就不需要变法。所以在经过义和团运动与八国联军侵华事件之后,慈禧太后等顽固派也意识到了变法的紧迫性。于是自 1901 年起,清政府在慈禧太后的主导下,开始推行涉及政治、经济、军事、教育等领域的各项"新政",然而由于新政目的与现实需求相背离,几年以后,不仅没有取得预期的成效,而且在某种程度上加速了清王朝的灭亡。

在维新派、清政府进行改良的时候,以孙中山为代表的一群身处社会边缘的精英人物,则揭橥革命大旗,希望用暴力手段来推翻清政府,实现国家和民族的浴火重生。为此,孙中山 1894 年组建兴中会,提出了"驱除鞑虏,恢复中华,创立合众政府"的革命纲领;1905 年又在统一华兴会、光复会的基础上组建同盟会,以"驱除鞑虏,恢复中华,建立民国,平均地权"为革命宗旨,随后又把其完善成"民族、民生、民权"的三民主义学说,作为革命党人的指导思想。在革命组织不断壮大的同时,孙中山与其同志积极联络会党、军队等,不时发动起义,其中比较著名的起义有:1894 年的广州起义,1900 年的惠州起义,1906 年的萍、浏、醴起义,1907 年的安庆起义,1911 的黄花岗起义。此外,为建立革命组织和宣传革命思想,革命党人中还涌现了黄兴、宋教仁、陶成章、章太炎、陈天华、邹容等一批杰出的领导人与思想家,他们同孙中山一样,都为革命的发展做出了重要贡献。正由于孙中山和他的同志开展了一系列的革命工作,终于在 1911 年乘着武昌起义的炮火,把清政府这个有着近三百年历史的王朝送上了不归之路,而且在名义上把封建君主专制这个有着数千年积淀的偶像推进了历史废墟。但是,就其实质而言,孙中山与其同志的革命方案和行动如同康、梁的改良方案与实践一样,远没有达到预期的目标,他们的三民主义理想离现实还有一段漫长的距离。

不过,令人欣慰的是,虽然由于各种原因,19 世纪末清王朝所出现的改良与革命两种方案,没有达到预期目的,但它们毕竟宣传了资产阶级的民主、自由、宪政观念,描绘了未来中国社会的蓝图,为日后中国近代化事业的推进,提供了理论资源和历史经验。

然而,就在康、梁、孙、黄等有识之士为挽救民族与国家的危亡,而践行其改良和革命的理想时,一方面列强们借口中国的义和团运动,而发起八国联军入侵北京的战争,最后强迫清政府签订了包含巨额赔款、驻军、惩罚反帝官吏等丧权辱国内容的《辛丑条约》,使中华民族的灾难变得空前严峻。此后,俄、日、英、德等国还分别对东北、西藏和长江中游的两湖地区进行侵略,特别是日、俄两国为争夺东北,于 1904 年爆发大规模的军事冲突。不仅如此,列强们的在华经济侵略也大大加深了,如通商口岸由 1899 年的 45 个增加到 1911 年的 82 个,各通商口岸的外国商行也由 1901 年的 1 102 家增加到 1912 年的 2 328 家,1900 年贸易入超 5 000 多万两白银,6 年后则增至 1.7 亿多两白银;此外,外资还控制着中国 91.9% 的铁路里程,84.4% 的内外航运,76.6% 的棉纺生产,100% 的生铁生产(不含土法制铁)。[①] 另一方面,民族资本主义经济在中外反动势力的夹缝中仍有一定的发展,如从 1905 年到 1908 年间,新设资本达万元以上的厂矿就有 238 家,资本总额 6 121.9 万元,1901 年到 1911 年 10 年间,资本投入额达

---

① 　转引李侃等著:《中国近代史》,北京:中华书局,1999 年,第 311 ~ 312 页。

8.834 8亿元,超过前30年设立的厂矿资本额总数的两倍以上。① 但是农村经济的凋敝仍一如既往,诚如1904年清政府在公文中所说:"近年以来,民力已极凋敝,加以各省摊派赔款,益复不支,剜肉补疮,生计日蹙。"②1905年前后,全国每年受灾地区平均达三四百个州县,所以1906年有报道说:"今年中国饥馑之状,实为从来所未有。……灾荒之广泛,约八百平方英里,被灾民数有1 500万之多。"③这些数字难免有夸大之嫌,但对农村经济破败的叙述则是不争的事实。

所以,在改良与革命成为两大时代主题的背景上,帝国主义入侵、民族资本主义发展和农村经济破产,构成了清末社会的基本景观;但就其对改良与革命的作用而言,有如一柄双刃剑:既为其推进提供了必要的理由,也为其失败埋下了伏笔。因此,虽然1912年中华民国在辛亥革命的炮火中登上了历史舞台,但对持改良政治取向或革命政治取向的人来说,各自的任务都没有完成。故而在未来的政治舞台上,如何把国家与民族从帝国主义的魔爪中解放出来,发展民族经济,改善农村面貌,提高人民的生活水平和政治地位,改良者与革命者仍会继续对话。换言之,清王朝已经在革命的硝烟与改良的呼声中成为历史,可其遗留下来的社会政治问题,并没有在革命与改良中找到明确的答案。

二、年表

公元	朝代	帝王年号	大事
1896年	清朝	光绪二十二年	1月12日,上海强学会机关报《强学报》创刊;1月21日,清政府以植党营私的罪名封闭北京强学会;1月26日,两江总督张之洞以"论学不合"为由,下令解散上海强学会;2月7日,清政府下令各省督抚分别在省会筹设商务局;2月10日,李鸿章被任命为正使赴俄贺沙皇加冕;2月27日,张之洞获准在江宁创办陆军学堂;3月23日,清政府向英、德两国借款1 600万英镑;4月2日,义和拳首领赵三多、阎书琴等在山东冠县开始反洋教斗

---

① 参考汪敬虞编:《中国近代工业史资料》,第2辑下册,北京:中华书局,1962年,第649、第657页。
② 朱寿朋编著:《光绪朝东华录》,第5册,北京:中华书局,1958年,总第5251页。
③ 《时报》,光绪三十二年11月16日。

续表

公元	朝代	帝王年号	大事
			争;是月,清政府派遣了第一批赴日留学的学生;5月13日,袁世凯在天津创办武备学堂;6月3日,李鸿章在莫斯科与沙俄外交大臣签订了《中俄密约》;6月27日,李鸿章会晤德国首相俾斯麦,询以中国复兴之道;8月9日,《时务报》在上海创办;10月11日,孙中山在伦敦中国使馆被囚禁;10月20日,清政府成立铁路总公司;11月12日,清政府派盛宣怀负责招商兴办银行。是年,第一届奥运会在雅典举行。
1897年		光绪二十三年	1月12日,山东巡抚李秉衡认为《中俄密约》中国损失巨大,建议改议;2月4日,李鸿章与英国驻华公使订立《中英续议缅甸条约》;2月11日,商务印书馆在上海成立,康有为在桂林创立圣学会;3月3日,浙江群学会在杭州成立;4月8日,南洋公学在上海成立;4月22日,《湘学报》在长沙创刊;5月2日,上海成立不缠足会;5月10日,盛宣怀和比利时公司订立芦汉铁路借款草约,并于本月25日获得批准;6月12日,法国获得修筑滇越铁路、延长龙州铁路与开采滇、桂、粤三省矿藏的特权;9月,时务学堂在长沙成立;10月26日,严复主办的《国闻报》在天津刊行;11月1日,德国两个传教士在山东巨野被大刀会人员击杀;11月14日,德军借口传教士被杀案,强占胶州湾;12月4日,严复译《天演论序》在《国闻汇编》第二册刊载;12月5日,康有为向清政府呈递《上清帝第五书》,明确提出开国会、定宪法两大政治主张;12月14日,湖南南学会正式成立;12月15日,俄海军强占旅顺与大连;12月17日,德国承认俄国在中国华北的势力范围,12月17日,英国公使警告清政府,如以各种租借权让与他国,英亦将有所要求;12月30日,清政府命令山东巡抚严厉镇压群众反洋教斗争。是年,朝鲜改国号为"大韩帝国"。
1898年		光绪二十四年	1月9日,胶州湾群众自发开展反德军侵略的斗争;1月17日,光绪帝命各省督抚保举人才,训练新军,同时要求设法将上海制造局迁往湖南;1月22日,英、俄勾结瓜分中国;1月24日,康有为在总理衙门接受荣禄等人的问话,提出变法的具体措施;1月29日,康有为将《上清帝第六书》及《日本变政考》《俄大彼得变政记》等书呈

续表

公元	朝代	帝王年号	大事
			递总理衙门,恳请变法,获光绪帝的赞赏;2月5日,英国公使要求清政府不得把长江流域租借给他国;3月6日,中、德签订《胶澳租借条约》;3月7日,谭嗣同等在长沙创办《湘报》;3月27日,中、俄订立《旅大租地条约》;4月4日,中、法互换《关于越南邻省不割让》照会;4月12日,康有为在北京正式成立保国会;4月14日,使美大臣伍廷芳与美国合兴公司订立粤汉铁路借款合同;4月19日,英国声明不侵犯德国在山东的利益;5月7日,许景澄与俄国外交大臣签订旅大租借续约;6月3日与6月10日,清政府分别允许法国人承办北海至西江、北海至南宁的铁路;6月9日,清政府与英国签订《中英展拓香港界址专条》;6月11日,光绪帝颁布"明定国是"的诏书,宣布变法开始;6月15日,帝党领袖翁同龢被开缺回籍;6月22日,康有为代拟《请废八股以育人才折》;6月27日,袁世凯所训练的新建陆军归直隶总督节制;6月30日,山东巡抚张汝梅奏请将义和拳列入乡团之内,并改名为义和团;7月1日,四川大足县余栋臣发动反洋教起义,提出"顺清灭洋"的口号;7月8日,御史文悌因弹劾康有为而被革职;7月10日,光绪帝命各地书院改为兼学中学、西学之学校;7月15日,光绪帝严谕各省督抚切实裁兵练军,力行保甲,整顿厘金;7月25日,命将张之洞的《劝学篇》颁发各省,广为刊布;8月9日,京师大学堂成立;9月2日,英、德订立《英德协定》,相互承认各自在华的势力范围;9月5日,光绪帝令杨锐、刘光第、林旭、谭嗣同在军机章京上行走,参与新政事宜;9月14日,日本前首相伊藤博文访华;9月15日,光绪帝赐杨锐等"密诏",谕以政变危机;9月18日,谭嗣同夜访袁世凯,请袁助行新政;9月19日,慈禧太后由颐和园回宫;9月20日,康有为离京,袁世凯向荣禄告密;9月21日,慈禧太后宣布临朝训政,变法失败;9月28日,谭嗣同、林旭、刘光第、杨深秀、康广仁、杨锐六人被杀,史称"戊戌六君子";10月25日,赵三多、阎书琴等在山东冠县提出"扶清灭洋"的口号,发动起义;12月23日,梁启超在日本创办《清议报》,继续宣传变法主张。

续表

公元	朝代	帝王年号	大事
1899 年		光绪二十五年	1 月 2 日,谭嗣同的《仁学》开始在《清议报》刊载;2 月 19 日,山东郯城义和团攻打天主教堂;4 月 28 日,英、俄订立瓜分中国铁路权益的协议;是月,朱红灯在山东茌平率领拳众先后焚烧教堂多处,并提出"先学义和拳,后学红灯照,杀了洋鬼子,灭了天主教"的口号;5 月 8 日,袁世凯率所部新建陆军开赴山东德州镇压义和团;6 月 1 日,清政府答应俄国享有修筑自北京向北及东北铁路的优先权;6 月 6 日,兴中会代表杨衢云在日本横滨与梁启超商谈合作事宜;7 月 2 日,敦煌莫高窟石室藏经被发现;7 月 20 日,康有为等在加拿大组建保皇会;10 月,义和团开始进入京津地区活动;11 月 11 日,吴桥县令劳乃宣刊发《义和拳教门源流考》,力言义和拳是邪教;11 月 16 日,中、法订立《广州湾租借条约》,租期 99 年;11 月 23 日,义和团首领心诚和尚与朱红灯被押送济南,后被杀害;12 月 6 日,袁世凯任山东巡抚;12 月 15 日,直隶总督裕禄派提督梅东益率军镇压冀州、河南等地的义和团。是年,9 月 6 日,美国宣布在中国实行"门户开放"政策。
1900 年		光绪二十六年	1 月 9 日,裕禄致电袁世凯,提议两省合力镇压义和团;1 月 11 日,清政府颁布上谕,承认义和团是自卫身家的组织;1 月 24 日,慈禧太后诏立端王载漪子溥仪为大阿哥;1 月 27 日,美、英、法、德、意等国照会清政府,要求速下令镇压和取缔义和团与大刀会;2 月 25 日,唐才常在上海发起成立正气会;3 月 1 日,直隶总督裕禄发布严惩义和团首犯与禁止入会习拳的告示;3 月 2 日,各国公使要求清政府正式公布剿办义和团上谕;4 月 6 日,英、美、德、法四国照会清政府,要求在两个月内剿灭义和团,否则将派兵代为剿平;4 月 21 日,义和团开始潜入北京;4 月 28 日,梁启超建议孙中山举光绪帝为总统,使两党合作;5 月 1 日,清政府询请裕禄、袁世凯统筹复议,可否派员改义和拳为团练;5 月 21 日,英、法等 11 国公使联合照会清政府,要求镇压义和团;5 月 30 日,赵舒翘奏请招抚义和团;6 月 1 日,英、法、德、意等国军队抵达京津地区;6 月 5 日,慈禧派人到涿州一带招抚义和团;6 月 9 日,慈

续表

公元	朝代	帝王年号	大事
			禧决定招抚义和团;6月10日,英、美、法、德、意、奥、日、俄八国联军2 000余人在英国海军中将西摩尔的率领下,乘火车自天津向北京进犯,受阻于杨村;6月15日,英国驻沪代总领事提出"东南互保"的建议,受到刘坤一、张之洞等东南督抚的积极响应;6月19日,慈禧召开第四次御前会议,决定对列强宣战;6月23日,刘坤一等东南督抚力主剿杀义和团,与列强讲和;6月25日,慈禧赞成李鸿章等变战为和、变抚为剿的主张;6月29日,清政府向列强乞和;7月3日,清政府向俄、英、日递交国书,请求和议;7月4日,清军与义和团联合起来进攻天津租界;7月6日,沙俄派18万军队分6路入侵我国东北;7月9日,聂士成在天津八里台战死;7月12日,帮办北洋军务大臣宋庆命令所部在天津屠杀义和团;7月14日,天津被八国联军攻陷;7月17日,俄军制造海兰泡事件,第二天又制造了江东64屯惨案;7月26日,唐才常等在上海成立"中国议会",以容闳、严复为正副议长;8月4日,八国联军自天津出发向北京进犯;8月7日,李鸿章被任命为议和全权大臣;8月15日,八国联军攻陷北京城,慈禧太后率光绪帝西逃;8月20日,清政府下"罪己诏";8月21日,唐才常因自立军事泄,在汉口被捕就义;9月7日,清政府命地方官大力捕杀义和团;10月8日,革命党人郑士良等联合会党在惠州起义;11月6日,革命党人史坚如炸两广总督衙门,次日被捕,死难;11月13日,列强向清政府提出和议大纲;12月10日,八国联军成立"北京管理委员会";12月30日,中、俄订立《天津俄租界条约》。是年,12月24日,列宁在《星火报》创刊号上发表了《中国的战争》一文,揭露列强对中国的侵略事实。
1901年		光绪二十七年	1月2日,清政府派杨儒为全权大臣,与俄国谈判接受东北事宜;1月29日,清政府发布新政上谕;2月13日,清政府接受列强提出的和议条件;3月15日,上海各界人士集会,反对签订中俄密约;4月21日,清政府设立督办政务处;4月25日,袁世凯奏陈变法十事;6月20日,四川义和团在川东树立"灭清、剿洋、兴汉"的旗帜;7月24

续表

公元	朝代	帝王年号	大事
			日,清政府改总理衙门为外务部,列六部之首;8 月 8 日,八国联军全部撤离北京;8 月 29 日,诏令自明年开始,乡试、会试均废八股,改试策论;9 月 7 日,李鸿章与英、法等 11 国签订《辛丑条约》;9 月 11 日,清政府命各省设立武备学堂;10 月 4 日,各国划定北京使馆界址;12 月 21 日,《清议报》停刊,共出 100 期。是年,1 月,日本黑龙会成立;12 月 10 日,诺贝尔奖开始颁发。
1902 年		光绪二十八年	1 月 2 日,张睿正式创办通海垦牧公司;1 月 4 日,京师大学堂正式成立;2 月 8 日,梁启超在横滨创办《新民丛报》;2 月 10 日,清国留学生会馆在东京成立;4 月 27 日,蔡元培、黄炎培等在上海发起成立"中国教育会",借办理教育之名鼓吹革命;6 月 17 日,《大公报》在天津创刊;8 月 15 日,袁世凯从列强手中接收天津城;9 月 26 日,清政府颁布《钦定学堂章程》;10 月 17 日,清政府命令各省督抚仿照袁世凯所定警务章程办理巡警;11 月 24 日,黄兴、陈天华、杨笃生等湘籍留学生在日本东京创办《游学译编》;12 月,美国在上海设立花旗银行。是年,1 月 30 日,日本与英国缔结攻守同盟条约。
1903 年		光绪二十九年	1 月 28 日,革命党人李纪堂等计划在广州举行起义,事泄失败;1 月 29 日,湖北留日学生刘成禺、李书城等在东京创办月刊《湖北学生界》,后改为《汉声》;2 月 17 日,浙江留日学生在东京创办月刊《浙江潮》;4 月 27 日,天津中西学堂改为北洋大学;4 月 29 日,留日学生在东京举行拒俄大会,并成立拒俄义勇队,声讨沙俄侵占东北;5 月,邹容的《革命军》一书在上海大同书局出版;6 月 29 日,《苏报》案发生;8 月,孙中山在东京青山设立军事训练班,首次提出"驱除鞑虏,恢复中华,创立民国,平均地权"的口号;9 月 7 日,清政府组建商务部;10 月 5 日,孙中山抵达檀香山,与保皇派展开斗争;11 月 4 日,黄兴等在长沙秘密集会,决定成立华兴会;12 月 4 日,清政府正式成立练兵处;12 月 12 日,英国发起第二次侵藏战争;12 月 30 日,清政府电令各省,如日俄开战,严守中立。是年,7 月 30 日,俄国社会民主工党分裂成孟什维克与布尔什维克两派。

续表

公元	朝代	帝王年号	大事
1904年		光绪三十年	1月6日,清政府命各省筹饷编练新军;1月13日,清政府颁布《奏定学堂章程》,成为我国第一个正式试行的近代学制;2月15日,华兴会在长沙正式成立,黄兴为会长;3月11日,商务印书馆创办《东方杂志》;5月15日,西藏地方政府对英宣战;同月,孙中山在旧金山改组致公党主办的《大同日报》,宣传革命;6月29日,清政府加入万国红十字会;7月3日,吕大森、张难先等人在武昌成立科学补习所;9月7日,西藏班禅与英军代表签订《拉萨条约》,清政府不予承认;10月1日,英军退出西藏;同月,光复会在上海成立;11月4日,清政府命唐绍仪为议约全权大臣,与英国商议西藏事宜;12月,黄兴、程潜等在东京组织革命同志会。是年,2月8日,日本海军突袭俄国旅顺海军,日俄战争正式爆发。
1905年		光绪三十一年	1月14日,列宁在《前进报》发表《旅顺口陷落》一文,揭露日、俄在华的罪行;1月25日,中、美修订《华工条约》12款;2月15日,许雪秋等在潮州密谋起义失败;2月23日,邓实、黄节等在上海创刊《国粹学报》;2月25日,中国第一家女子中西医学院在上海开办;同月,革命团体岳王会在芜湖成立,陈独秀任会长;4月24日,清政府改订重刑律例,凡死刑至斩决为止;5月1日,军机处电令各省督抚查禁《新广东》《新湖南》《浙江潮》等革命刊物;4月10日,南非发生华工罢工;5月10日,上海总商会发起抵制美货运动,反对美国迫害华工;5月15日,清政府派张昭为京张铁路总办,詹天佑为总工程师,开中国人自建铁路之先河;6月3日,宋教仁等在东京创办《二十一世纪之支那》;6月27日,清政府讨论实行立宪政体;7月16日,清政府为筹备立宪,派载泽等五大臣分赴日本与欧美各国考察政情;8月20日,同盟会在东京成立,孙中山为总理,中国第一个资产阶级政党诞生;8月29日,中国收回了粤汉铁路权;9月2日,清政府决定自1906起废除科举制度;9月5日,日、俄两国在其他列强的调停下签订了《朴次茅斯条约》,共同瓜分中国的"满洲";10月8日,清政府设立巡警部,徐世昌为尚书;

续表

公元	朝代	帝王年号	大事
			10月23日,新建陆军在河间举行秋操,标志中国近代军队第一次军事演习的开始;11月17日,伊藤博文迫使韩国订立日韩保护条约,韩国名存实亡;11月26日,中国同盟会机关报《民报》在东京正式发刊,孙中山在发刊词中提出了三民主义思想;12月8日,陈天华在日本投海自杀。是年,韩国与日本签订《日韩保护条约》。
1906年		光绪三十二年	2月1日,清政府复与英国商议藏约;2月6日,北京警察改穿西式服装;是月,湖北日知会成立;3月5日,清政府命地方政府切实保护外国人在华财产及教堂;3月17日,台湾嘉义发生大地震,死伤严重;3月24日,中国加入万国邮政联合会;4月9日,清政府将绿营一律改为巡警;4月27日,中、英在北京签订《中英续订藏印条约》;5月8日,清政府陆军行营军官学堂在保定成立;6月7日,日本宣布设立南满洲铁道股份公司;6月29日,章太炎赴日,不久加入同盟会并担任《民报》主编;8月29日,天津设立自治局;9月1日,清政府颁布"预备仿行宪政"上谕;9月5日,日本革命志士宫崎寅藏、平山周等创办日文杂志《革命评论》,支持中国革命;10月27日,清政府命各省兴办图书馆、博物院、动物园等;11月6日,清政府颁布厘定官制上谕;11月9日,清政府改督办政务处为会议政务处;11月15日,孙中山在东京提出建立新共和政体,实行五权分立;11月26日,日本南满铁道会社在东京成立;11月30日,清政府颁布《禁烟章程》;12月2日,孙中山在举行《民报》周年纪念大会上提出"五权宪法"的主张;12月4日,同盟会员蔡绍南、刘道一等联合会党发动萍浏醴起义;12月16日,江浙绅商成立"预备立宪公会",郑孝胥任会长。
1907年		光绪三十三年	1月2日,美国在上海设裁判所;1月14日,秋瑾在上海创办《中国女报》月刊;2月7日,清政府命各省封禁烟馆,减种鸦片;2月13日,康有为改保皇会为帝国宪政会;2月19日,华侨革命党人许雪秋等在潮州起义失败;3月4日,孙中山被日本政府驱逐出境;4月2日,于右

续表

公元	朝代	帝王年号	大事
			任等在上海创办《神州日报》;4 月 20 日,清政府改盛京将军为东三省总督,同时设奉天、吉林、黑龙江三巡抚;5月 22 日,同盟会员陈涌波等发动潮州、黄冈起义;6月 1日,《天义报》在东京发行;6 月 2 日,革命党人邓子瑜在惠州七女湖发动起义;6 月 22 日,《新世纪》在巴黎创刊;6 月 29 日,京奉铁路通车;是月,章太炎、张继、陶成章等掀起倒孙风潮;7 月 6 日,革命党人徐锡麟在安庆起义失败;7 月 13 日,秋瑾在浙江绍兴大通学堂被捕,旋遇害;7 月 30 日,第一次《日俄密约》签订,划分在中国东北的势力范围;8 月 23 日,清政府命各省设法解散革命党;8 月 31 日,张继、刘师培在东京发起成立"社会主义讲习会",革命团体共进会也在东京正式成立,英、俄两国就侵略西藏签订密约;9 月 1 日,革命党人王和顺等在广东发动钦州、廉州、防城起义;10 月 17 日,梁启超在东京主持召开政闻社成立大会;10 月 24 日,江苏铁路公司反对苏杭甬铁路借款,苏浙各省纷纷组织拒款保路会;10 月 26 日,清政府为预备立宪而创刊《政治官报》;11月 20 日,《新民丛报》停刊;12 月 2 日,革命党人黄明堂等率部在镇南关起义;12 月 8 日,邮传部奏请设立交通银行;12 月 24 日,清政府严禁各省绅商士庶干预政事。是年,7 月 30 日,《日韩新协约》签字,韩国成为日本保护国。
1908 年		光绪三十四年	1 月 20 日,清政府收回英商福公司在晋省的采矿权;2月 17 日,户部银行改为大清银行;是月,盛宣怀组建汉冶萍煤矿有限公司;3 月 27 日,黄兴等发动钦州、廉州、上思起义;4 月 7 日,清政府设立禁烟总局;4 月 30 日,革命党人黄明堂、王和顺等在云南发动河口起义;6 月 2日,民政部咨请各省督抚设立地方议会,以为国会成立之基础;6 月 6 日,广东士绅代表至京呈递召开国会请愿书;6 月 30 日,上海预备立宪会发出速开国会电;7 月 12日,河南代表胡汝霖等呈递召开国会请愿书;8 月 7 日,美国正式照会中国外务部,减收庚子赔款;10 月 8 日,

续表

公元	朝代	帝王年号	大事
			邮传部与英、法两国银行签订 500 万借款合同,用以赎回京汉铁路修筑权;11 月 14 日,光绪帝去世,一天后,慈禧太后去世;11 月 19 日,革命党人熊成基在安庆起义失败;12 月 2 日,溥仪即位,年号宣统,其父醇亲王载沣为摄政王;12 月 3 日,清政府重申宣统八年颁布宪法;12 月 23 日,革命党人在昆明发动起义。
1909 年		光绪三十五年	1 月 1 日,清政府颁布《调查户口章程》,宣布普查全国人口;1 月 2 日,清政府以袁世凯患足疾为由,将其罢斥回籍;1 月 18 日,清政府颁布《城镇乡自治章程》与《城镇乡地方自治选举章程》。
1909 年		宣统元年	2 月 1 日,第二次万国禁烟会议在上海召开,清政府派代表端方参加;2 月 5 日,各省咨议局举行初选;2 月 17 日,清政府命各省于本年内成立咨议局,并筹办各州县地方自治;3 月 19 日,清政府要求日本人西泽吉次离开东沙岛;3 月 21 日,清政府颁布《大清国籍条例》;4 月 8 日,邮传部、农工商部呈递预备立宪逐年筹备事宜;5 月 15 日,学部奏准变通初等小学堂章程和中学课程;7 月 15 日,清政府诏谕宣统帝为海陆军大元帅;7 月 16 日,日军在延吉制造"和龙峪事件";8 月 23 日,清政府颁布《资政院章程》;9 月 9 日,学部奏准设立京师图书馆;9 月 21 日,旅美华工冯如驾驶自制飞机上天,成为中国第一位飞行家;9 月 25 日,京张铁路竣工;10 月 5 日,两广总督袁树勋与日领事签订东沙岛协定,日本承认该岛为中国领土;10 月 7 日,清政府命邮传部接办粤汉、川汉铁路;11 月 13 日,陈去病、柳亚子等在苏州成立革命文学团体南社;11 月 27 日,江苏咨议局议长张謇发起各省咨议局代表集合上海共商速开国会的大计。是年,10 月,伊藤博文在哈尔滨被刺杀。
1910 年		宣统二年	1 月 12 日,西藏达赖派使者赴圣彼得堡觐见俄皇;1 月 16 日,各省咨议局代表孙洪伊等进京呈递速开国会的请愿书,遭拒;1 月 22 日,各省咨议局赴京代表组成"请速开国会同志会";1 月 30 日,清政府下谕称 9 年预备期

续表

公元	朝代	帝王年号	大事
			满再召开国会;2月6日,清政府颁布《府厅州县地方自治章程》与《府厅州县议事会议员选举章程》;2月12日,广州新军起义失败,川军进驻拉萨,达赖喇嘛出逃印度;2月25日,清政府革除达赖名号,命驻藏大臣另立新达赖;4月2日,汪精卫因谋刺摄政王载沣被捕;4月13日,长沙发生抢米风潮;5月15日,清政府颁布《大清现行刑律》;5月21日,山东莱阳饥民在曲诗文领导下,发起抗捐暴动;7月4日,日、俄第二次签订瓜分中国东北的秘密协定;10月3日,清政府成立资政院;10月5日,云贵总督李经羲、湖广总督端澂联电各省督抚征求设内阁开国会的意见;10月18日,第一次全国运动会在南京开幕;10月28日,清政府声明不丹、尼泊尔为中国藩属;11月4日,清政府谕令宣统五年实行开设议院和组织内阁;12月2日,奉天学界发动第四次国会请愿运动;12月4日,清政府改海军处为海军部,改陆军部尚书为陆军大臣。是年,8月22日,日本兼并朝鲜。
1911年		宣统三年	1月2日,奉天、直隶、四川等省学生停学罢课,要求速开国会;10日,上海《国粹学报》停刊,共出82期;1月25日,清政府颁布《大清新刑律》;1月30日,蒋翊武等将湖北振武学社改名为文学社;2月24日,清政府申谕停止刑讯,永远革除私刑、非刑;4月8日,革命党人温生才刺杀广东水师提督李准不成,误毙广州将军孚奇;4月9日,游美肄业馆改名为清华学堂;4月27日,同盟会在广州发动黄花岗起义;5月8日,清政府成立皇族内阁;5月9日,清政府宣布铁路国有政策;5月20日,盛宣怀与英、法、美、德四国银行团订立借款合同,导致保路运动爆发;6月15日,外蒙活佛哲布尊丹巴呼克图于库伦召集蒙古王公密议独立;7月31日,中国同盟会中部总会在上海成立;8月9日,江亢虎在上海组织"社会主义研究会";9月7日,四川总督赵尔丰诱捕保路同志会领袖省咨议局局长蒲殿俊等人,枪杀请愿群众,造成成都血案;9月8日,同盟会会员龙鸣剑、王天杰等组织保路同志军在荣县起义;9月25日,同盟会会员吴玉章、王天

续表

公元	朝代	帝王年号	大事
			杰等在荣县宣布独立,建立革命政权;10月10日,武昌起义爆发;10月11日,湖北军政府决定黎元洪任都督,用黄帝纪元,改国号为中华民国;10月14日,清政府启用袁世凯,袁以足疾托病不出;10月17日,湖北军政府通过《中华民国军政府条例》,加强都督集权;10月18日,沙俄唆使外蒙宣布独立;10月22日,湖南、陕西两省先后宣布独立;10月23日,九江宣布光复;10月28日,黄兴抵达武昌,被推为革命军总司令,指挥军队抗击清军;10月29日,太原新军起义,成立军政府,以阎锡山为都督,新军统制张绍曾在滦州发表通电,要求清政府组织内阁,制定宪法,否则举兵进攻北京;10月30日,云南新军起义,建立军政府,以蔡锷为都督;10月31日,湖南立宪党人发动政变,刺杀都督焦大峰,以谭延闿继任;11月1日,清政府授袁世凯为内阁总理大臣,督军扑灭武昌起义;11月3日,清政府颁布《宪法重大信条十九条》;11月3日至11日,上海、贵州、浙江、江苏、广西、安徽、广东、福建等省先后宣布独立;11月15日,杨度、汪精卫在北京组织国事共济会,请清政府停战,召开临时国会,讨论君主民主问题;11月16日,袁世凯组成责任内阁;11月17日,各省都督府代表聚集上海,承认湖北军政府为中华民国中央军政府;11月18日,张謇电告袁世凯内阁,主张共和,清帝退位;11月27日,四川独立;11月30日,各省军政府代表会议先后通过了《中华民国临时政府组织大纲》及"如袁世凯反正,当公推为大总统"等决议;12月1日,外蒙活佛哲布尊丹巴在沙俄怂恿下,于库伦宣布独立,建立大蒙古国,驱逐清政府办事大臣;12月2日,江浙联军攻克南京;12月7日,清政府命袁世凯为议和全权大臣,袁世凯则以唐绍仪全权代表直接与南方代表伍廷芳谈判;12月20日,驻沪英、日、德、美、俄、法六国领事发出照会,敦促南北尽快议和,停止冲突;12月25日,孙中山自海外回国,抵达上海;12月29日,各省代表联合会选举孙中山为中华民国首任临时大总统;12月31日,各省代表会议决定改用阳历。

三、重点述评

1. 风雨飘摇:内忧外患的加深

甲午中日战争的失败,清政府失去的不仅仅是更多的权力,更重要的是国家的尊严和人们对它的希望与信任。因为《马关条约》的内容虽然满足了日本军国主义者的贪欲,但更刺激了其他列强侵华的野心,同时条约中丧权辱国的条款,不仅严重伤害了中国人的自尊,而且大大加重了人民的苦难。故而可以说,清政府尽管在甲午战争后用妥协退让换取了暂时的苟安,但无疑让自己陷入更加凶险的内忧外患之中。

外患方面:沙俄为了实现自己独霸中国东北的企图,针对清政府把辽东半岛割让给日本的事件,伙同德、法两国强迫日本退还辽东半岛;随后又趁李鸿章参加沙皇加冕庆典的机会,与其签订了中、俄《御敌互相援助条约》,即《中俄密约》,[①]从而大大便利其势力对东北地区的渗透,同时也加强了其对中国的影响与控制,诚如其财政大臣维特所说:中东铁路的修建,使俄国在任何时间内,都能用最快的速度把自己的军事力量运到海参崴,或集中于满洲、黄海海岸及中国首都的附近。不过,俄国并没有因此而满足,在日后帝国主义瓜分中国的狂潮中,更是强迫清政府与其签订了《旅大租地条约》,并续订了《旅大租地条约》,妄图把整个东北置于自己的掌控之中。

俄国的侵华行为,自然进一步加剧了列强对中国的争夺。德国于1897年11月,借口两个传教士在山东巨野县被杀,派军舰强占胶州湾和青岛炮台,不久,又强迫清政府订立了《胶澳租借条约》,使自己的强盗行为合法化,并以此为契机,把山东变成了自己的势力范围。法国则加强了对中国西南地区的侵略,如强迫清政府同意不得将海南岛割让他国,租借广州湾99年,修建从越南到云南、广西和广东的铁路,把两广和云南变成自己的势力范围。英国更是不甘人后,为了保持其在长江流域的传统优势,于1898年2月迫使清政府宣布不将长江沿岸各省让与和租给他国;在法国强租广州湾后,又立即要求租借九龙半岛,

---

① 密约的主要内容有:日本如侵略俄国、中国与朝鲜,中、俄应以全部的海、陆军互相援助;战争期间,中国的所有口岸均对俄国军舰开放;中国允许俄国通过黑龙江、吉林两省修筑一条铁路抵达海参崴,即中东铁路;俄国根据需要,可以随时通过该铁路运送军队和军需品。

并于 1898 年 6 月逼迫清政府签订了《拓展香港界址专条》,把深圳河以南、九龙半岛界限街以北及附近岛屿的中国领土强行租借;为阻止俄国势力的南下,又于 1898 年 7 月与清政府签署了《订租威海卫专条》,取得了威海卫湾连同刘公岛在内及沿岸十里宽的地段租借权。日本在甲午战后经过短暂满足后,也步其他列强的后尘,把福建变成了自己的势力范围。美国由于对西班牙战争,错过了瓜分中国的最佳时机,最后不得不提出"门户开放"政策,希望借此达到既保护美国在华的现有利益,又保障美国在华的未来利益,并使美国与其他列强争夺在华利益时始终处于有利的地位。

就这样在列强的瓜分狂潮中,世纪之交的中国已没有一块属于自己的完整净土,如果用陈天华的话来说:"这中国,那一点,我还有份?这朝廷,原是个,名存实亡。"不过,列强们并没有因此而满足。1900 年,借口义和团事件,组建八国联军入侵北京,最后迫使清政府签订了丧权辱国的《辛丑条约》。俄国则趁机出动近 20 万人的军队,兵分六路入侵中国东北,企图把东北变成它统治下的"黄俄罗斯"。日本出于其在华利益的考虑,于 1904 年 2 月 6 日以突袭的方式进攻驻旅顺口的俄国舰队,正式加入对东北的争夺。英国则自 1903 年 8 月起,开始派军队侵略西藏,直至 1906 年跟清政府在北京签订和约。德国在 1904 年派军舰驶入长江,要求租借洞庭湖与鄱阳湖地区。

伴随着在华政治、军事侵略的加深,列强们也加大了对华经济的掠夺。趁着甲午战后清政府无力承担对日巨额赔款的机会,俄、德、英、法四国以苛刻的政治条件与高额的利息偿还,强迫清政府先后三次向其借款,如第一次款项中,清政府向俄、法两国借款 9 800 余万两白银,折扣 94 125,年息 4 厘,以海关税作为担保,分 36 年还清,同时规定在中国海关职员中增加俄、法两国人员的名额;在第二次款项中,清政府向英、德两国借款 9 700 余万两白银,折扣 94,年息 5 厘,以海关税作为担保,分 36 年还清,并要求在借款偿还期内,中国海关总税务司一职须由英国人担任。如此的条件,无疑为列强进一步掠夺中国的财富,控制中国的海关与内地的部分盐税、厘金、外贸与运输,打开了方便之门。其后因庚子赔款,列强们不仅趁机控制了中国的关税与盐税,而且从中国劫走了数亿两白银,因为根据条约,清政府须赔偿各国白银 4.5 亿两,由于短期内无力支付,只得以关税、盐税和常关税做担保,分 39 年还清,年息 4 厘。

列强们除去这种赤裸裸的经济掠夺外,还通过贸易与直接投资,来加强对中国经济的渗透与控制。就贸易掠夺而言,据不完全统计,自 19 世纪 70 年代以来,在正式贸易中,中国一直处于入超地位,而且越到后来,入超越严重,其中在 1890 年至 1894 年间,平均年入超额 3 000 多万两海关银,1895 年至 1900 年间平均年入超额增至 6 000 多万两海关银,到 1906 年,年入超额为 1.7 亿多两白银。这种贸易入超的日趋严重,必然导致中国白银的大量外流与物价的直线下跌,同时亦为列强掠夺中国资源提供了方便。就直接投资而言,列强们争先恐后地在中国建立工厂、开采矿山、修筑铁路等,希望利用中国廉价的人力物力,来攫取中国的财富。据粗略统计,1895 年前,列强在华工厂仅 80 余家,到1900 年,则增至 933 家;甲午战后几年间,列强共夺取了长达 1.9 万余里的铁路投资权和修筑权。列强们的直接投资,无疑既为其过剩资本找到了出路,也为其榨取巨额利润提供了途径,更为其拓展势力范围以及扩大政治、军事、文化侵略披上了合法的外衣。正如日本《朝日新闻》鼓吹在华投资铁路的好处时说:"铁路所布,即权力所及。凡其他之兵权、商权、矿权、交通权、左之右之,存之亡之,操纵于铁路两轨,莫敢谁何。故夫铁道者,犹人之血管机关也,死生存亡系之。有铁路权,即有一切权;有一切权,则凡其地官吏,皆吾颐使之奴,使其地人民,皆我刀俎之肉",是"亡人国"而"亡之使不知其亡","分人土"而"分之使不知其分"的好方法。[1] 投资铁路如此,其他方面的投资在本质上亦是大同小异,都是服务于列强对华侵略的目的,并使中国更深地陷入半殖民地半封建社会中。

此外,西方一部分传教士随着列强在华权益的扩大,在武力与炮舰的护卫下,撕去其传播上帝福音的伪善面具,以征服者的姿态在中国包揽讼词,袒护教民,霸占民产,侵夺百姓生计,甚至刺探政治军事情报,直接参加列强的武装侵略活动等。所以针对传教士这种以文化为幌子行侵略之实质的勾当,四川大足县余栋臣在反洋教檄文中挞伐道:海舶通商,夺小民生计;耶稣传教,废中国伦常;贩卖鸦片,煽惑人民;侮慢朝廷,把持官府;占据都会,巧取银钱;残害婴儿,奸淫妇女……[2]尽管某些言辞有夸大或不确的成分,但基本上是正确的。就传教士占有民产来说,到 19 世纪末叶,仅耶稣会在江南拥有地产就达 200 余万

---

① 宓汝成编著:《中国近代铁路史资料》第 2 册,北京:中华书局,1963 年,第 684 页。
② 李时岳著:《中国近代反洋教运动》,北京:人民出版社,1985 年,第 79 页。

亩,天主教在中国的地产价值达3 700万法郎,在有些地区,往往整个村落,大片乡场,乃至周围数百里地方,均属于某一教堂的势力范围。① 因此,传教士的侵华行径,无形中再次证明列强的侵略本性,同时也说明清政府的外患危机在加深。

内忧方面:政治上,甲午惨败与战后危机,清统治者内部矛盾开始激化,一部分相对开明与处于权力边缘的官员,围集在光绪帝的周围形成帝党集团,主张变法图存,反对慈禧大权独揽,认为中国之所以外患日深,太后与守旧官僚难辞其咎;另一部分比较保守与处于权力核心的官员,则集结在慈禧的旗下形成后党集团,主张稳中求变,反对急剧变更现状,觉得贸然变法,不仅无助于眼前危机的缓解,反而有可能招致亡国灭种的危险;因此在变与不变、急变与缓变之间,统治者内部出现不同的意见。经济上,由于巨额的战争赔款,贸易入超的增长,列强对华的资本输出,使得中国大量的农民与手工业者破产和失业。如庚子赔款一项,户部把赔款额分摊到各省,而各省督抚为了凑足分配之数和如期汇解,不得不迅速增加田赋、粮捐、房捐、卖税及其他各种巧立名目的苛捐杂税。这样老百姓破产失业、生活艰难,也就自在意料之中。再加上本国地主、官僚、富商及高利贷者的盘剥,无异于给经济上本已困顿不堪的老百姓雪上加霜。所以有一个叫胡思敬的御史针对社会捐税过多的现状,在奏折中写道:"业之至秽至贱者灰粪有捐,物之至纤至微者柴炭酱醋有捐,下至一鸡一鸭一鱼一虾,凡肩挑背负、日用寻常饮食之物,莫不有捐"。② 所以,清末社会,真可谓捐税遍地。

除去人祸,天灾也在很大程度上加剧了中国经济的萎缩和萧条,如甲午战后几年间,从北到南,奉天、直隶、四川、广东等十几个省相继发生严重的水旱灾害,使得全国遍地饥荒,然而清政府却无力救助。

鉴此,一部分社会精英之士,面对外患日深、内忧益剧而清政府却无所作为的现实,从而从各自的角度来思考民族的前途与国家的出路,并以救亡图存为起点提出自己的主张:其中一部分实业界人士及其思想家,提出了实业救国的主张;一部分教育工作者及其知识分子,提出了教育救国的主张;一部分农民则与一批保守的地方士绅合流,以反洋教斗争的方式来表达他们对现实的强烈不

---

① 参见王先明主编:《中国近代史(1840—1949)》,北京:中国人民大学出版社,2011年,第257～258页。

② 胡思敬:《极陈民情困苦请撙节财用禁止私捐疏》,《退庐疏稿》,卷1。

满,同时希望以此为起点,来实现驱逐外国势力出中国和恢复原有社会秩序的目的;而以康有为、梁启超为代表的资产阶级改良派与一部分相对开明的旧式知识分子一起,则掀起了维新变法运动,希望通过政制的改良,来达到救亡图存的目标;以孙中山为代表的资产阶级革命派,则联络会党、运动军队、组建革命团体,期望借助武装斗争来推翻清政府,建立起资产阶级民主共和国,实现中华民族的新生。此外,农民抗捐抗税的斗争与会党起义,在全国各地也时有发生。

可以说,甲午战后的晚清社会,各种矛盾层出不穷,并且因为清政府的无能和腐败,而变得愈发尖锐。比如,农民的反洋教斗争,本是一些地方性单纯的反教会事件,即使发生于1870年震动世界的天津教案,也基本上局限在宗教领域,政治色彩平淡,但甲午战后,山东、广西、四川、湖北等省人民则自发地把反教会侵略与反列强瓜分逐步结合起来,政治色彩日趋鲜明。其中四川大足县的余栋臣提出了"顺清灭洋"的口号,并以"剪国仇、维圣教、除民害、雪沉冤"为起义目标,山东义和团则在"保清灭洋""助清灭洋""兴清灭洋""扶清灭洋"等旗帜下,发展成为全国性的反教会反列强的斗争,虽然后因八国联军入侵北京而遭到中外反动势力的联合绞杀,但其蔓延于各地的反洋教斗争,不仅没有改变自己原有政治诉求,而且把卖国求存的清政府也当作斗争的对象。孙中山所领导的资产阶级革命,刚开始时并没有多大的影响,即使1895年他在广州策划了一场不成功的起义,也没有为其革命赢取到多少同情,相反在一般人的心中,其革命仍然是叛乱的同义语,而孙中山也只能是一个洪秀全式的人物,但随着清政府不得人心政策的推行,以及资产阶级革命思想的传播,孙中山不仅赢得了世界声望,获得了世界同情,而且赞成和参加革命的人也越来越多,此后成为主导中国发展方向的决定性力量。康有为、梁启超所领导的维新运动,尽管因戊戌变法的失败而遭到重大挫折,但流亡海外的变法者继续宣传维新改良的主张,并通过建立组织、创办报刊的方法,来扩大自己的影响,所以,当历史的车轮进入到20世纪,维新变法主张如同资产阶级革命思想一样,成为影响中国知识分子的两大思想潮流。

如是,甲午战后的清政府在内忧外患的交困中,再也不能按原来的方式统治下去,那么古老的中华民族将何去何从呢?

2.一厢情愿:康梁与维新运动

自1840年鸦片战争失败后,古老的中华帝国就面临着"路在何方"的历史

90

拷问,对此,一部分具有远见卓识的中国人提出了自己的应对方案,它们中既有魏源的"师夷长技以制夷"的主张,也有曾国藩、左宗棠、李鸿章们的"自强""求富"的洋务运动,更有王韬、冯桂芳、郑观应们的"中本西末"的洋务思潮,但是随着甲午战争的失败,越来越多的人意识到此前的各种方案都难以挽救国家民族的危亡,只有进行一场更为彻底的变革,才能真正解救身处亡国灭种困境中的祖国,同时给迷失方向的中华民族指引一条走向独立、富强、自由、繁荣的复兴之路。故而资产阶级维新派知识分子群体顺应历史潮流,借助西方资产阶级进化论与社会政治学等工具,向传统的封建专制制度与落后的思想文化进行猛烈的抨击,并顺势提出自己救亡图存与富国强兵的主张。在此过程中,康有为与梁启超始终走在时代的前列,积极充当起宣传者、组织者与领导者的角色,推动着维新运动向前发展。

康有为,广东南海人,出生于封建官僚地主家庭,青少年时代受过严格的儒家传统教育,崇尚治国安邦与经世济民之学。1888 年,到北京参加顺天乡试时,鉴于民族危机日益严重的现实,便向国子监递呈了一篇长达 5 000 字的"上皇帝书",阐述变法图存的必要性与紧迫性,由于人微言轻,此书被拒绝转呈给皇帝,不过,康氏却因此而声名鹊起。1890 年,康氏为宣传自己维新变法的主张,在广州举办"万木草堂",开始聚徒讲学,从而培养了梁启超、陈千秋、麦孟华、徐勤等一批日后维新运动的骨干。其后,康氏为了给自己的维新主张制造理论依据,又写作了《新学伪经考》与《孔子改制考》两本小册子。通过它们,康氏一方面指陈当时士大夫们所信守的儒家经典,并非真正的经典,而是西汉的刘歆为王莽夺取政权提供理论依据而伪造的经书,故而作为真正的儒家知识分子没有必要信奉它;另一方面,鼓吹孔子是改革变法的先驱,其所著的六经都是为改变现状服务的。然而,就效果而言,这两本小册子尽管在舆论上为康氏制造了一种轰动效应,但实质上把康有为及其主张置于众矢之的的地位,某种程度上亦为其日后变法种下了失败的隐患。甲午战发,面临着军事上一系列失利的消息,康氏更是心急如焚,不仅联合各省参加会试的 1 300 多举人联名上书皇帝,提出"拒和、迁都、变法"的主张,而且此后多次上书皇帝,痛陈变法的主张和必要。稍后,康有为还联合一批志同道合的朋友与赞成变法的官员,在北京、上海、长沙等地建立强学会、保国会、南学会等维新团体,创办《万国公报》《中外纪闻》《强学报》《时务报》《湘学报》《国闻报》等维新报刊,来推动和宣传维新变法的主张。当然,康有为为维新变法所付出的努力,并没有白费,其主张在获得知识界人士呼应的同时,也初步赢得了帝党人士的赞同与赏识,并且在经过身为帝师与军机大臣的翁同龢的推荐后,康有为更是拉近了与光绪帝的距离,从而为把自己的变法主张上升为国家的意志创造了条件。

梁启超,广东新会人,康有为的得意门生与主要助手,自万木草堂拜师以后,他就追随在康有为的左右,充当起宣传维新变法的急先锋。在主编《时务报》期间,他就发表了《变法通议》《论中国积弱由于防弊》《论君政民政相嬗之理》与《说群》等一系列著名文章,痛陈变法的利弊得失,明确提出中国要变法图强,就必须学习西方资本主义国家的政治与文化制度,并对守旧者发出了"法者,天下之公器;变者,天下之公理"的震耳发聩的呼声。① 其后,又出任长沙时务学堂中文总教习,积极推动湖南维新变法事业的发展。

此外,严复与谭嗣同也为宣传和推动维新变法做出了重要贡献。严复,福建侯官人,早年由福州船政学堂而留学英国,留学期间,通过对西方文化与英国社会了解的加深,逐步意识到中国的现有制度远落后于资本主义制度,回国后,特别是甲午战争后,更是坚定和加强了此种认识。因而在痛感民族危机加重的基础上,在天津的《直报》上,相继发表了《原强》《辟韩》《救亡决论》《论世变之亟》等政论性文章,痛批落后的封建传统观念,倡言西方先进的学术思想和政治观点,极力鼓吹维新变法与救亡图存的必要。同时为了让自己的主张得到更广泛的认同,并催发人们维新变法的紧迫感和使命感,特意把英国生物学家赫胥黎的《天演论》一书翻译成中文,强调"物竞天择,适者生存"的生物进化原则,不仅适用于生物界,而且适用于人类社会。谭嗣同,湖南浏阳人,出身于官宦之家,由于深受国家贫弱与人民苦难的刺激,在甲午战后,和当时许多进步知识分子一样,走上了救亡爱国的道路。在探索与追求救国救民真理的过程中,他不仅结识了梁启超等维新派志士,而且在学习西方近代自然科学知识和社会政治学理论的基础上,对中国的传统文化与封建专制制度有了更为深刻与透彻的认知,认为它们才是导致中国落后挨打的罪魁祸首,故而在其所著《仁学》一书中,对封建纲常名教进行无情地鞭挞与抨击,如其在书中写道:"俗学陋行,动言名教,敬若天命而不敢渝,畏若国宪而不敢议。嗟夫! 以名为教,则其教已为实之

---

① 梁启超:《变法通议》,《饮冰室合集》文集一,北京:中华书局,1989年,第8页。

宾,而决非实也。又况名者,由人创造,上以制其下,而不能不奉之,则数千年来,三纲五伦之惨祸烈毒,由是酷焉矣!君以名桎臣,官以名扼民,父以名压子,夫以名困妻,兄弟朋友各挟一名义相抗拒,而仁尚有少存焉者得乎?"①同时发出"冲决封建之网罗"的呼声。此外,谭嗣同还回到自己的家乡湖南,在以巡抚陈宝箴为首的一些开明的地方官支持下,与一批志同道合的朋友创办了《湘学报》与《湘报》,兴办时务学堂和南学会,使保守的湖南一跃成为全国维新活动最为活跃最有声势的省份。鉴此,谭嗣同因之而成为继康、梁、严后又一宣传维新变法的主将。

　　经过康有为、梁启超、严复、谭嗣同等一批人对维新变法的宣传和推动,维新运动在全国慢慢地高涨起来。1898年6月11日,光绪帝鉴于来自帝国主义瓜分中国狂潮的压力和维新变法运动不断高涨的鼓舞,在康有为的建议下,颁布了"明定国是"的诏书,揭开了戊戌变法的序幕。随后光绪帝发出了一系列变法的诏书,其主要内容有:政治方面,允许官民上书言事,严禁官吏阻挠;裁撤冗员,取消重叠的行政机构;澄清吏治,倡导廉政之风;准许旗人自谋生路,取消其靠国家供养的特权。经济上,设立农工商局,保护并奖励农工商业的发展;鼓励垦荒与私人兴办实业;奖励发明创造;成立路矿总局,发展铁路与采矿业;举办邮政,裁撤驿站;改革财政,建立国家银行,编制国家预算。军事上,裁汰绿营,训练海陆军;改练洋操,使用洋枪;实行团练,力行保甲制度;筹建海军与武备学堂;改革选拔军官的考试制度,采用西洋兵制。文化上,废除八股取士制度,改试策论;开设经济特科,选拔经济建设人才;举办京师大学堂,节制各省学堂;取消各地书院,改设现代学校;鼓励私人办学;设立译书局,翻译国外新书;允许民间自由办报和成立学会;派人出国留学和游历。在不断颁发维新诏书的同时,光绪帝为了保证政令的畅通和落实,在中央将阻碍新政实施的礼部尚书怀塔布、许应骙等六人一并革职,并随之任命谭嗣同、林旭、刘光第、杨锐等为军机章京,参与新政,以加强变法的力量,不久又将阻挠新政的李鸿章等人逐出总理衙门。所以,随着光绪帝一系列维新诏令的颁发,以及对维新派人士的重用,从而把维新变法运动逐步地推向高潮。

　　然而就在维新运动逐步推向高潮的时候,一股反维新变法的暗潮则在不停

---

① 谭嗣同著:《仁学》,北京:华夏出版社,2002年,第23页。

地涌动，且随着变法的深入而愈发汹涌澎湃，最终当袁世凯泄密事件的出现与慈禧太后宣布重新训政的开始，这股暗潮也就乘势冲出水面，重新占据主导中国发展方向的河床。早在康、梁等维新派人士宣传变法主张的时候，当权的顽固派与一批封建守旧势力就予以阻挠和反对，双方并为之在"要不要变法""要不要兴民权""要不要行新学"三个议题上展开了激烈的争论，其中顽固派提出了"君臣之义，与天无极""民主万不可设、民权万不可开、议院万不可通"等反动观点；①湖南保守士绅王先谦、叶德辉、孔宪教等则不仅在湘抵制维新思想的传播，还运动同乡京官向朝廷上奏，攻击湖南维新派和支持变法的官员；康有为发起为变法而成立的保国会，因顽固势力的诽谤与攻击，在短时间存在后不解而散。变法过程中，在中央，慈禧太后于 6 月 6 日强迫光绪帝一日内连发三道谕旨：免去帝党领袖翁同龢本兼各职，勒令回籍；规定凡授任新职二品以上的官员，必须到太后面前谢恩；任命荣禄理署直隶总督，统帅北洋三军。在地方，光绪帝颁发的诏令，除湖南巡抚陈宝箴尚能认真执行外，其他督抚或消极对待或置若罔闻，即便光绪电旨催问，也常以部文未到来敷衍。此外，一部分满洲贵戚如直隶总督荣禄、内务府大臣立山、庆亲王奕劻、端王载漪等纷纷活动，策划政变，企图以此来中断变法。所以，从此意义上看，维新派的戊戌变法基本上处在保守派的掌控之中，它的生命长度跟保守派容忍度的大小成正比。

故而，随着变法的深入，当其触及以慈禧太后为首的保守派容忍的最大限度时，也就意味着维新运动的高潮——戊戌变法即将终结，而袁世凯的泄密事件则恰好为保守派终结变法提供了绝妙的理由，故而当老佛爷宣布重新训政的话音刚落，那股反维新变法的暗流也就冲出水面，覆盖在刚才看起来还浩浩荡荡的维新潮流的上面。随后保守派在逮捕变法领袖康、梁未果的情况下，将谭嗣同、刘光第、杨锐、林旭、杨深秀、康广仁六人鼓吹变法的著名人物斩杀于北京菜市口，时人称他们为"戊戌六君子"；接着将热心于维新的官员张荫桓、徐致靖、张元济、宋伯鲁等分别做了流放与革职的处分；同时将新政实施的措施，除京师大学堂外，基本废除。

至此，戊戌变法无疑是失败了，但其失败的原因是什么呢？也许是一个令人感兴趣的话题。首先，从变法者角度来分析。虽然自甲午战争失败后，改变

---

① 叶德辉：《翼教丛编》第 3 卷，第 14 页，见沈云龙主编：《近代中国史料丛刊》第一编，第 65 辑。

现状越来越成为所有士大夫们的共识,正因为这样,当康有为、梁启超揭橥维新大旗的时候,不仅得到一批相对开明的士大夫的支持,即使比较保守的士大夫也乐观其成,甚至参与其中,比如后来成为维新死敌的张之洞、李盛铎、王先谦等就是如此。但是在如何变法,变到什么程度,士大夫们并没有达成一个共识。如是,士大夫们根据各自的学识渊源和利害得失,在对待变法的立场上日趋分化为保守与维新两大阵营,并最后演化成后党与帝党之争。所以,随着维新运动的推进与发展,那些保守的士大夫们越来越多地走向维新的对立面,并最终成为维新的敌人,如张之洞就亲自下令关闭宣传维新变法的重要喉舌——《时务报》,李盛铎这个保国会的组织人则反戈一击成为保国会的批评者。当然,这些维新派昔日的同盟者之所以如此,因为对他们而言,站在传统的角度,维新派的某些观点与主张是大逆不道的。如康有为在《新学伪经考》中指陈刘歆伪造六经之说与《孔子改制考》中肯定孔子托古改制之论,在他们看来,不仅有信口雌黄之实,而且有皮里春秋之嫌,以至于湘籍著名学者叶德辉,就撰文批评康有为"假素王之名,行张角之谋"。①而谭嗣同在其《仁学》一书中把万岁爷当成"大盗"、把读书人当作"乡愿"的言论,更是让笃信传统的保守者感到愤怒。此外,站在既得利益的角度,戊戌变法的某些政策与措施也难以让士大夫中的保守派接受,如裁汰冗员,撤并机构,改革科举等,无一不是影响其饭碗与衣食之举。

更为关键的是,康、梁等维新派领导人,针对来自保守派士大夫们的批评和指责,不是静下心来想办法去消解彼此的对立与冲突,以谦卑的姿态去寻求对方的谅解与支持,从而建立其最低限度的共识来达到共存的目的;而是以道义的面孔与拯救天下苍生的情怀挑起了"要不要维新变法"的论战,同时在时机未熟的情况下,推动光绪帝发布了变法的诏书,于是使得彼此的矛盾变得愈发不可调和。在此情形下,保守派士大夫们即使明知国家民族的危亡已到"瓜分豆剖,渐露机芽"的程度,也明白康、梁等维新志士是一心为国,但出于对安身立命东西的捍卫,以及对个人权位的维护,反对维新也就成了他们本能的选择,甚至不惜提出让亲痛仇快的"宁可亡国,不可变法"的情绪化言辞。因此,当最大的保守派慈禧太后越来越对维新变法表示不满的时候,保守派士大夫们也就趁机

---

① 叶德辉:《翼教丛编》第4卷,第35页,见沈云龙主编:《近代中国史料丛刊》第一编,第65辑。

一哄而起,借太后的权威实现把维新派打落台下的目的,并且毫不留情地捕杀和关押那些铁杆的变法者。其实,戊戌变法本是一场士大夫们携起手来,共同拯救国家民族危亡的维新运动,结果却演化成一场你死我活的权力斗争,这不能不说是一场完完全全的民族灾难。故而,以慈禧太后为首的保守派对维新运动的反对,固然是戊戌变法失败的重要原因,但维新派自身的失误无疑是导致戊戌变法失败的关键因素。

其次,从变法本身来分析。变法的本质,原是一种体制内的改良,它既需要来自体制外道义的支持,也需要来自体制内权力的引导,所以它不像革命,只要有足够的实力,通过砍杀政策就可以达到目标。故此,在变法过程中,作为变法者,不仅需要协调未得利益集团的矛盾和既得利益集团的矛盾,而且需要协调两者之间的矛盾,是以相互对话与妥协是变法中常用的手段。诚如有人在比较革命与改良的相异之处时说:革命不是请客吃饭,而改良就是请客吃饭,原因是只有坐下来通过协商方式,才能使不同的利益集团在尽量保留各自既得利益的前提下,达成最大限度的共识;美国政治学者亨廷顿曾感慨道:改良远比革命更需要智慧,原因就是在此。可见,改良需要的是耐心与容忍,是技巧与智慧。只有这样,才能给反对者以纠错的机会,给误解者以醒悟的机会,给怀疑者以认同的机会,如果仅有良好的心愿与火热的激情,是远远不够的。

遗憾的是,康、梁等维新派在改良中,不仅显得过分地焦虑、自信与狂妄,而且抱着一种"但行吾心所安,他事非所计"的书生式泛道德主义情怀,如在变法的深度与广度上,强调小变不如大变,大变不如全变,全变不如现在就变;在对于保守派所信守的"祖宗之法"的处理上,简单地把其置于新旧对立的框架中,认为"新则壮,旧则老;新则鲜,旧则腐;新则活,旧则板;新则通,旧者滞"。为督促光绪帝树立变法的决心,康有为上书皇帝说:"若徘徊迟疑,因循守旧,一切不行,则幅员日割,手足俱缚,腹心已刲,欲为偏安,无能为计。"[①]维新派如此自负而激进的立场,招来的自然是保守派士大夫们更为猛烈的反击。在此情形下,即使维新派那些看起来不错的主张,也难免成为保守者批评的对象,如他们攻击维新派兴办新式学校的主张是散布"邪说",是"坏风俗而害人心"。所以,变法作为一种实践,它有属于自己的路径和方法,而此种路径和方法,绝不是变法

---

① 汤志钧编:《康有为政论集》(上册),北京:中华书局,1981 年,第 209 页

者那种"捧着一颗心来,不带走半根草去"的德性主义情怀所能取代的。

最后,维新派那种亲皇帝而远太后的政治策略,可以说在很大程度上直接招致了变法的失败。根据皇权体制,光绪帝固然是体制内的最高权威;但根据晚清的政治实情,慈禧太后才是最大权力的拥有者。故而,康、梁等维新派,把光绪帝当作变法的旗帜当然不错,错误的是即使不把慈禧太后当作变法的堡垒,也绝不能把她当成变法的敌人,以至于最后密谋于袁世凯去清除她,这样就把这个大清王朝中最有权势的人物完全推向反对者的阵营。因此,当保守派簇拥着慈禧从颐和园返回皇宫宣布亲政时,不仅光绪帝变成了自身难保的泥菩萨,而且变法失败也就成了意料之中的事情。

当然,维新派所进行的戊戌变法是失败了,但不能说他们的路径取向出了问题,也不能说他们改良的内容是错误的,其实他们改良的内容是好的,变法的动机也不坏。也许正因为如此,康、梁诸人并没有因为其失败而放弃其改良的政治理想,其后仍然继续在国内外宣传维新变法的主张,为此他们还创办报刊,组建政党,反对革命,鼓吹和推动立宪活动,希望以此为危亡中的中国,寻找一条冲出困境走向富强的新路!不过在当时,由于时代的局限和自身的原因,康、梁等维新派的主张,既难为当政者所接受,也难为主流社会所认同,从而注定了其所有的努力只能是一厢情愿的白忙活。这是康、梁等维新派的不幸,更是中华民族的不幸!

也许有人会问:如果以慈禧太后为首的保守派不破坏戊戌变法,维新派又是否真能达到预期目标呢?乐观地说,也许有此可能。因为它毕竟是清政府实现自我救赎的最后一次机会,当时尽管危机四伏,但社会秩序还处在政府的可控之中,反皇权的思想在强大的守旧思潮中也只能算星星之火,并且它顺应时代的趋势,得到了社会新兴势力的支持。特别是假如它不被破坏,那么,中国不仅可以避免义和团与八国联军侵华事件的发生,而且可以继续沿着改良的路径前进,最终像日本一样在君主立宪的政治生态中摆脱民族危亡。

悲观地说,答案是否定的。首先,一群激情有余而理性不足的变法者,是不可能承担起领导变法的重任的。因为变法的内容是一项系统工程,变法的方法是一门艺术,单凭一腔热血、满身正气是解决不了当中错综复杂的矛盾的。其次,过分强调制度层面的更新,极有可能出现"淮橘成枳"的后果。毋庸置疑,戊戌变法的内容,基本上是近代西方的政治经济制度,但这些制度的生命力是建立西方文化与经济基础之上的,并且正因为该基础的存在,它们才发挥出应有的作用。如是,戊戌变法在推进过程中必然会面临着文化经济适应的问题,即所谓"水土气候"问题,而此问题的消解与否又直接关系到它的成败。遗憾的是,在当时条件下,此种问题短期内显然是难以消解的,因为世纪之交的中国思想界,人们正陷于"中体西用""西体中用""中西会通""全盘西化"等命题的争论之中;同时,经济领域,占统治地位的仍然是自给自足的小农经济。其三,缺乏足够的权力作为支撑。成功的改革,固然需要正确方法的导引,但更需要足够的权力为其保驾。因为改革在本质上是一种对现有权利的重新分配,改革者如果拥有足够大的权力,既能保证改革的成果不至于得而复失,也能应对来自因改革而利益受损的集团的挑战,从而推动着改革向前发展,并为其最终取得圆满成功提供强大的后盾。但是纵观康、梁所领导的戊戌变法,就权力而言,无疑是其最大的软肋,因为它主要依靠一个没有实权的皇帝和一批处于权力边缘相对开明的士大夫,所以变法百余天中,尽管光绪帝发布许多变法的诏令,但绝大多数是官样文章,即便他为之罢免了一批官员,但仍没有改变受到普遍抵制的格局。在此情形下,即使慈禧太后不宣布亲政,变法也会因保守派的反对而举步维艰,最后要么是因阻力过大而被迫中止,要么因相互妥协而变质变味。

当然,历史是不能假设的。但无论如何,康、梁的戊戌变法毕竟给过苦难中的中国以无限的希望,也因为这种希望,让更多的中国人投身到寻找救国救民的真理中去,同时也正因为这种希望,在一年多后,使得那些昔日反对和破坏戊戌变法的人,不得不回过头来沿着戊戌变法的新政之路,去寻找挽救大清王朝的良方。

3. 迟来的觉醒:清末新政

以慈禧太后为首的保守派在镇压康、梁等维新派领导的戊戌变法后,并没有使清政府走出困境,相反因义和团事件和八国联军入侵北京,而使国家陷入更加危险的境地。因而在遭受重创之后,流亡到西安的清朝统治者意识到旧的统治方式,已经无法维系其有效的统治,求变之需已刻不容缓;并且"庚申之变"所产生的社会震撼更有甚于甲午战争。鉴此,1901年1月29日,慈禧以光绪帝的名义在西安发布了变法上谕,要求内外臣工参酌中西政治,举凡朝章、国政、吏治、民生、学校、科举、军制、财政等方面,当因当革,当省当并,或取诸人,或求诸己,各举所值,各抒己见,以求推行新政。同年4月,清政府成立了督办政务处,作为施行新政的中央办事机构,任命奕劻、李鸿章、荣禄、王文韶等人为督办政务大臣,刘坤一、张之洞、袁世凯等人为参与政务大臣,共同负责新政推行工作。其后,为了适应新政改革的需要,清政府又对中央机构做了相应的调整,如1901 年 8 月,将总理衙门改为外务部,列六部之首;1903 年 9 月设立了商部;1905 年 10 月设立巡警部;这些机构的调整与设置,在某种程度上既为新政的推行提供了必要的组织系统,也反映了改革中国社会的理念与思路。所以,为了响应朝廷新政的号召,一些地方大员与社会名流就如何变法,纷纷提出各自的看法,其中代表性的有:袁世凯奏陈《变法十事》;张謇发表了《变法评议》;张之洞与刘坤一联署提出了《江楚会奏变法三折》等。

这样,从 1901 年起直至 1911 年灭亡,清政府进行了长达 11 年的新政运动。从其新政内容的侧重点来看,可以以 1906 年为界,前一阶段主要是政制改革,后一阶段主要是宪政改革。具体说政制改革主要集中在四个方面:其一,改革官制,整顿吏治。先后设立了外务部、商部(后与工部合并,改为农工商部)、练兵处(后与兵部合并,改为陆军部)、巡警部(后改为民政部)、学部等政府部门;同时先后裁撤了河东道总督,滇、鄂、粤三省巡抚及詹事府、通政司等“冗衙”,停止捐纳授官,废除勒索性“陋规”等;其二,改革兵制。停办武举,裁汰绿营和防勇,编练新军与筹办新式军校。其三,改革学制。废除科举考试;兴办新式学堂;鼓励出国留学。其四,奖励工商。制定与颁布有利于工商业发展的立法和条例;给工商界著名人士以相应的名誉和地位;鼓励私人资本的自由发展。此外,清政府还先后发布了禁止缠足和鸦片、废除酷刑,以及允许满汉通婚的命令。

1906 年,清政府迫于来自各方的压力,不得不发出“预备仿行宪政”的上谕,从而标志着中国宪政改革的开始。1907 年,清政府下令各省成立咨议局,以作为推行地方宪政的领导组织,同时为成立资政院储备人才。1908 年到 1909 年又先后颁布了《各省咨议局章程》与《资政院章程》,分别就其功能、性质、宗旨、成员构成与选举等做出详细的规定。为了表示对立宪党人国会请愿的回应,清政府于 1908 年 9 月宣布预备立宪期限为 9 年,同时颁布《钦定宪法大纲》《议院法选举法要领》与《逐年筹备宪政事宜清单》等重要文件,使宪政改革工作进一步具体化。1910 年,随着立宪机构咨议局与资政院的成立,清政府在立宪党人的推动下宣布缩小预备立宪期限,于宣统五年召开国会。1911 年,当武昌起义爆发后,清政府又制定了《重大信条十九条》,以示宪政的决心与诚意。

在此期间,清政府还制定与颁发了《城镇乡地方自治章程》《城镇乡地方自治选举章程》《府厅州县地方自治章程》与《府厅州县议事会议员选举章程》等法律文件,开展地方自治工作。

不过,清政府所有宪政改革的努力,随着其满族内阁与皇族内阁的先后出台,而付之东流,因为它们证明其改革的宗旨与宪政的本质背道而驰,它的动机与人民的希望南辕北辙。所以尽管其1911年在革命党人的枪炮声中撤销了皇族内阁,并颁布了《重大信条十九条》,但再也难以改变其在人们心目中所留下的借立宪以固专制的形象。并且正因为其宪政改革的不成功,使得其早年所进行的政制改革在成效上也大打折扣。如是,也就意味着清末新政的失败,当然它也就不可能承担起挽救大清王朝灭亡的重任,更不可能承担起挽救中华民族危亡的重任;甚至可以说,正因为它的出现与存在,大清王朝才加速了自己败亡的命运!因为通过新政,人民更看清了其反动与无能的本质,使得残留在心中的最后一缕希望也消失在绝望之中。如一直对清政府抱同情态度的梁启超,在国会请愿运动屡次失败后,不禁破口大骂清政府为"麻木不仁之政府","误国殃民之政府","妖孽之政府",绝望之情溢于言表。

应该说清政府中的当权派,自"庚申之辱"后顺应时代的潮流学习西方的先进制度,无疑是历史进步,即使它所承接的是19世纪末维新派所没有走完的路,也不能否认其具有的积极意义。问题是这样一种进步性举措,为何带给其实施者却是一种失望的结局?如果把其置于当时的时代背景中,从内外两个方面进行分析,不难发现此种结局出现的必然性。

就外在因素而言,《辛丑条约》签订以后,中外格局似乎又恢复到从前的状态,但民族危亡更甚于从前,因此变更现状成为更多有识之士的共识。故而当历史的车轮进入20世纪,无论是赞成维新变法的改良派,还是主张武装暴力的革命派,其队伍都得到不同程度的壮大,特别是革命派更是成为当时新式知识分子的大本营。然而,清政府由于保守派对戊戌变法的阻挠和破坏,使得自己给国人留下一个守旧反动的印象,同时又因在庚子事变中对义和团的镇压与事变后对列强的屈服,导致自己在守旧反动印象的基础上又增加了一副卖国求荣的嘴脸。所以在此情况下,清政府所推行的新政若想取得成功,并掌握新政的主动权,不能不面对以下几个挑战:历史的挑战,即清政府在实行新政时,必须对过去一系列政策的失误做出反思与检讨,显示出改革的诚意和维护国家权益

100

的决心,让人们相信自己是一个开明的爱国的政府。维新派的挑战,即清政府在新政的内容上必须顺应时代的潮流,实施那些有利于国富民强的政策与主张,表明自己在变法图存这一点上跟维新派并没有本质的不同,同时尽快地把政策落到实处,体现出自己在行动上比维新派更加务实。革命派的挑战,即在新政过程中,清政府应针对革命派所提出的各种问题,从政策上做出必要的回应,让革命的理由消失于无形,并且尽量用事实来说明革命相对于改良是弊大于利。遗憾的是,清政府在实际行动上并没有对上述三种挑战做出足够的回应,相反仍囿于统治集团的利益得失,既不对自己过去的错误做实质性的反省,也不对维新派正确的主张予以有条件的认同,更不对革命派合理性要求给予必要的满足,而是继续固守"普天之下,莫非王土,率土之滨,莫非王臣"的价值观念,用暴力和愚民政策来维持自己的统治。鉴此,在清政府的新政过程中,人们根据当时的现实,既有理由怀疑其动机,是不是为了挽救民族危亡?也有理由怀疑其效能,是否能够挽救民族危亡?如果答案是肯定的,为什么当政者不时重犯过去的错误?维新派还要不停地宣传自己的维新主张?革命派则仍继续自己的革命事业?如果答案是否定的,自然也就没有拥护和忠诚它的必要,相反,应走向它的对立面,即使不能成为一个革命者,也得成为一个维新派。

就内在因素而言,清政府所推行的新政存在两个矛盾,即日本模式与中国现实之间的矛盾、新政内容与新政目的之间的矛盾。就前者言之,学习日本的维新模式,自甲午战争失败后,一部分中国人在痛定思痛中就觉得不失为一种挽救民族危亡的方法,其中维新变法的领导人康有为就是代表,所以在戊戌变法的内容中不难发现明治维新的影子。其后自义和团事件的发生,特别是日本在日俄战争中的胜利,向日本学习更是成为中国士大夫们的一种共识。故而清政府在新政中对日本模式尤其推崇,其中新政后期的宪政改革简直就是日本宪政改革的翻版,如改革的程序、宪政的筹备、宪法的内容、中央机构的设置等方面,存在明显雷同或重合的特征,清政府借此希望取得跟日本相同的效果,但事实上却落了个画虎不成反类犬的结局。原因何在呢?因为清政府在新政过程中,既没有日本明治维新时期所具有的高效廉洁的官僚队伍,也没有富有权威的中央政府,更没有和平稳定的社会环境,所以,尽管日本模式本身不存在问题,但其在与中国现实对接的过程中,问题就出现了,那就是本身责任内阁的宪政,结果却异化成皇族内阁的宪政。当然,清政府之所以对日本模式情有独钟,之所以不顾中国实际而一意孤行,某种程度上还是为自己在新政中能够保留君主专制,制造合法性依据。

就后者言之,新政的内容主要是学习西方近代的先进制度,使中国在摆脱民族危亡的基础上,走上资本主义的发展道路,故而,政治上崇尚民主与自由,经济上追求市场与竞争,文化上强调开放与多元。可是,清政府新政的目的,则是为了维护和稳定现有的社会政治秩序,让既得利益集团在新政过程中权益得到最大限度的保护或扩充。于是现实中许多跟西方资本主义制度相冲突的东西,自然就不同程度地成为新政者所保存的对象,如君主专制的政治制度、儒家思想主导的文化制度、地主阶级剥削的经济制度等。如是,新政还未推行,但其内容与目的之间的矛盾冲突,则意味着不可避免。那么如此矛盾的存在,清政府是否就完全没有意识到呢？回答是否定的,因为早在此前,一部分体制内的士大夫们,就参与了思想界在学习西方文化时如何处理中西文化之间关系的争论,为此还出现了"西学中源""西体中用""中体西用""中西会通"与"全盘西化"等观点,而这些观点中,又尤以开明派官僚张之洞在《劝学篇》所提出的"中体西用"观点最为著名。是以,根据清政府新政的动机与内容来判断,其新政路径显然已落入了中体西用的窠臼之中。然而,清政府出于维护自己统治的目的,仍然无视此种矛盾的存在,甚至不惜让其激化,其中最明显的例证是在全国性国会请愿运动中,仍一意孤行地组建皇族内阁。

此外,新政中的一些措施在某种意义上也促使着新政的失败。比如,清政府对科举制度的废除,就是典型的例子。站在历史的角度,废除科举,无疑具有进步意义,并应该得到人们尤其是知识分子的支持,可事实上不仅普通人难以理解,而且知识分子也普遍难以接受,因为根据传统的人才流通机制,科举的废除,不仅意味着堵死了下层民众通往社会上层的道路,而且破灭了中国传统知识分子那种"朝为田舍郎,暮登天子堂"的梦想。故此,在全国对新政的不满声中,那些因废科举而心生怨恨的人们,也趁势加入进来,要么反对新政本身,要么反对废除科举的清政府。所以不难理解,为什么进入 20 世纪,在越来越多赞成和参加革命的知识分子中,就包含着许多因废科举而不得不另谋出路的人们。当然,随着广大知识分子的疏离,清政府的新政进一步削弱了社会基础。

这样在内因与外因的共同作用下,清政府新政的失败也就不可避免。不过,应该肯定的是,清政府在新政中所采取的诸多措施,对日后中国现代化事业的发展仍具有积极作用。

4. 无奈之举：清末资产阶级民主革命

革命，尽管被赋予很强的道义色彩，是所谓顺乎天而应乎人之举，但在革命真正爆发之前，也许并没有多少人愿意革命，因为它毕竟是事关国之兴衰与存亡及人之死生与祸福的大事，不可不慎。即使是作为中国资产阶级民主革命先行者的孙中山，最先也不是主张用革命的手段来改变现状，而是希望通过改良的途径来促使清政府兴利除弊、奋发图强，从而达到摆脱民族危亡的目的。故而在1894年，孙中山北上天津上书清廷重臣李鸿章，提出"人尽其才，地尽其利，物尽其用，货畅其流"的治国大计，但是孙中山不仅没有得到李鸿章的接见，而且他的主张也没有被李鸿章采纳，于是在无奈中，孙中山一气之下跑到檀香山，组建兴中会，走上了革命的道路。其后随着清政府在甲午战争中的失败、维新变法中的反动、义和团事件中的卖国，更激发了孙中山及其同志的革命意志与豪情，并使更多的有识之士加入到革命的洪流之中。

同时为了唤起更多的人参加革命，革命者们纷纷创办报刊、撰写文章来宣传革命，其中比较著名的刊物有：《开智录》《国民报》《游学译编》《大陆》《浙江潮》《童子世界》《江苏》《国民日报》《党民》《女子世界》等，影响较大的宣传品有：孙中山的《敬告同乡书》、邹容的《革命军》、章太炎的《驳康有为论革命书》与陈天华的《猛回头》和《警世钟》等。其中特别值得一提的是《革命军》一书，它不仅在揭露清政府腐败无能的基础上，热情地讴歌革命与民主，而且大力赞扬与鼓吹西方的天赋人权和自由平等学说，并率先提出了建立"中华共和国"的主张。

为了把分散的革命力量集合起来，从1904年开始，一些革命者以地域为单位纷纷组建十多个革命团体，其中比较重要的有：黄兴、宋教仁、陈天华等人在长沙成立的华兴会，吕大森、张难先、刘静庵等人在武昌成立的科学补习所，蔡元培、陶成章、章太炎等人在上海成立的光复会，陈独秀、柏文蔚等在芜湖成立的岳王会等。随着革命思想的广泛传播与国内革命形势的迅猛发展，1905年8月20日，孙中山在黄兴、宋教仁等人的支持下，把分散的各革命团体联合起来，于日本东京正式组建中国同盟会，作为领导资产阶级革命的总机关。同盟会的成立，既标志着中国第一个全国性的资产阶级革命政党的诞生，也意味着清末资产阶级民主革命进入了新阶段。为什么说同盟会的成立，就意味着清末资产阶级民主革命进入了新阶段呢？

首先，同盟会的成立使得革命组织得到了进一步完善。为了保证同盟会对革命的领导，立本部于东京，以孙中山为总理，黄兴为庶务，按三权分立的原则设执行、评议、司法三部；国内分设东、西、南、北、中五个支部，支部下面以省为单位设立分会，海外分设南洋、欧洲、美洲、檀香山四个支部，支部下面以国家、地区为标准组建分会。这样从组织上看，同盟会把革命的触角伸向国内外每一个可能起来赞成和支持中国资产阶级革命的华人社区，同时也为更好地团结各种反清力量创造了条件。

其次，同盟会的成立使得革命目标变得更加鲜明与清晰。孙中山除了在同盟会成立时以"驱除鞑虏，恢复中华，创立民国，平均地权"作为革命纲领外，其后又在同盟会的机关刊物《民报发刊词》中，将此前的十六字纲领归结为民族、民权、民生三大主义，从而把宏观上的民族独立与富强和微观上的人民当家做主与生活美满有机结合起来，给革命者指明了前进的方向。

再次，同盟会的成立使得革命行动更加富有战斗力。针对来自康、梁为代表的改良派的攻击与批评，革命党人以《民报》为主要喉舌，就"要不要反满和暴力推翻清政府，要不要实行民主共和，要不要废除封建土地制度"三个基本问题，与改良派展开了长期而激烈的论战。最后，在论战中，革命主张得到了进一步传播与肯定，并逐步成为社会的主流思想。革命党人在大力宣传革命思想的同时，也积极地组织反清斗争，自1906年到1908年，就曾联络会党与新军发动了多次起义，主要有：1906年12月，刘道一、蔡绍南等联络会党首领龚春台，在湘、赣交界的萍浏醴地区发动了"革命军"起义；1907年5月到1908年4月，孙中山在华南沿海沿边地区先后领导潮州黄冈起义、惠州七女湖起义、钦州廉州防城起义、广西镇南关起义、钦州马笃山起义与云南河口起义；1907年7月，徐锡麟在安庆起义；1908年11月，熊成基在安庆起义。由于清政府的镇压与革命者本身的原因，所有这些起义都先后失败了，但它们在沉重打击清统治者的同时，所留下的经验与教训无疑是一种宝贵的财富，并且烈士们在革命中所表现出来的视死如归的精神和气概，也激励着更多的人加入到革命的大潮之中。

可见，同盟会成立后，资产阶级革命组织、力量、目标及局面，都得到了很大的改观。

但鉴于一系列起义的失败，以孙中山、黄兴等为首的同盟会领导人，开始检讨起义失败的原因,最后认为会党不服从领导是造成起义失败的重要原因:因为起义成功时,会党就变得嚣悍难制;失败时,又徒滋骚扰。于是,革命党人开始把工作重点从运动会党逐步转移到运动新军中来。所以随着革命党人在新军中宣传与组织工作的展开,不仅使越来越多的战士与中下级官佐加入到革命的阵营中,而且使革命思想在军营中也得到了广泛的传播。如是,当1910年革命党人在广州发动起义时,新军已取代会党成为革命的主力;特别是在1911年10月爆发的武昌起义,新军更是充当了绝对主力;此后,在南北方纷纷宣布独立的各省中,无一不是新军在其中发挥了关键性作用;即便是清帝退位,也跟新军的背向有着莫大的关联。

不过,尽管新军在反清起义中发挥了主力作用,但不能否认革命党人在其中的核心与领导作用。如打响武昌起义第一枪的是革命党人金兆龙与熊秉坤,率先声援武昌起义的是革命党人焦达峰与陈作新所领导的湖南起义,率军誓死保卫武汉三镇的是革命党人重要领袖黄兴。可以说,正因为新军对革命的广泛参与,才使得孙中山及其所领导的同盟会,终于推翻了中国有着两千年历史的君主专制制度和有着近三百年历史的大清王朝,并在此废墟上建立起亚洲第一个资产阶级共和国——中华民国;正由于革命党人的核心与领导作用,才使得本是一盘散沙的新军战士团结起来,并从反动营垒中分化出来成为推动历史前进的力量。但就实效而言,不仅孙中山及其同志所笃信的三民主义信念远没有变成现实,而且所建立起来的共和国也逐步沦为军事强人袁世凯用来镇压革命和愚弄人民的工具,也许这是清末以来革命党人的遗憾,也是资产阶级民主革命在清末没有完成其历史使命的明证,更是孙中山及其同志仍将继续革命的最好理由。

在此,令人深思的是:为什么孙中山所领导的清末资产阶级民主革命在即将成功的时候,其胜利果实却被袁世凯所盗取呢?原因固然是多方面的,如传统的观点认为,是由于资产阶级的妥协性、反革命力量的强大性以及袁世凯本人的狡猾性使然。其实,如果从革命党人自身来寻找根源,不难明白孙中山让权的必然性。

其一,革命是一种无奈之举。尽管革命党人在舆论上不乏对革命进行讴歌,如孙中山在《敬告同乡书》中写道:"革命、保皇二事,决分两途,如黑白之不能混淆,东西之不能易位。革命者志在扑满而兴汉,保皇者志在扶满而臣清,事理相反,背道而驰,互相冲突,互为水火,非一日矣。"①章太炎在《驳康有为论革命书》中说:"然则公理之未明,即以革命明之。旧俗之俱在,即以革命去之。革命非天雄大黄之猛剂,而实补泻兼备之良药矣!"②而邹容更是对革命无比赞叹,他在著作中写道:"革命者,天演之公例也。革命者,世界之公理也。革命者,争存争亡过渡时代之要义也。革命者,顺乎天而应乎人者也。革命者,去腐败而存良善者也。革命者,由野蛮而进文明者也。革命者,除奴隶而为主人者也。"③但对大多数资产阶级革命党人来说,他们之所以参加革命,主要是因为清政府在应对内忧外患危机的挑战上,显得十分的懦弱与无能,同时在感知世界潮流与历史趋势方面,不仅特别的迟钝与无知,而且非常的保守与固执;于是用革命来推翻清政府,成为他们挽救民族危亡和改变苦难现实的唯一工具。

故而当清政府在辛亥革命的炮火中行将灭亡成为不可避免的趋势时,对许多革命党人来说,革命已取得了成功,"革命功成,革命党消"的思想,也随之在革命党人中蔓延。所以早在袁世凯指挥北洋军向武汉三镇猛攻的时候,南北和谈已开始悄悄地进行,当袁世凯答应赞成共和与逼迫清帝退位的条件时,革命党人则以中华民国的大总统职位相赠,如黄兴在致袁世凯的信函中明确表示:如果袁世凯像华盛顿、拿破仑一样,不仅两湖人民拥护他,而且南北各省也无不拱手听命。当孙中山主张继续北伐时,不仅招来了革命党下层的不满,而且受到了革命党上层的批评,其中汪精卫就公开批评孙中山动机不纯,有恋权思想。原因是大家认为既然革命的最大敌人已经消灭,和平与建设就是当前中国最大的需要,并且如果一味地强调革命,则无疑违背了革命的宗旨,使其堕落成争权夺利的一种工具,也使得中华民族陷入亡国灭种的危险当中。尤其是俄、英、法、德、日、美等列强借口中国革命而不停地放出威胁烟幕,以及立宪派与旧官僚危言耸听地进一步宣扬列强干涉所引发的严重后果,更坚定了革命党人终止革命的决心。

因此,当军事强人袁世凯答应满足革命党人所提出的基本条件时,对革命党人来说,既收到了不战而屈人之兵的效果,也找到了终结革命的最好理由。诚如孙中山与黄兴分别在解释让权的理由时说:"谓袁世凯不可信,诚然;但我

---

① 广东省社科院历史研究室等合编:《孙中山全集》(第一卷),北京:中华书局,1981年,第232页。
② 章炳麟:《章太炎政论选集》(上册),北京:中华书局,1977年,第204页。
③ 邹容:《革命军》,北京:华夏出版社,2002年,第8页。

因而利用之,使推翻260余年贵族专制之满洲,则贤于用兵十万。纵其欲继满洲以为恶,而其基础已远不如,覆之自易,故今日可先成一圆满之段落。"[1]"吾辈十余年兢兢业业以求者,真正之和平,圆满之幸福。今目的已达,掉臂林泉,所得多矣。"[2]相反,如果不让权,则意味着革命的继续。如是,摆在革命党人面前的:不仅革命原有的道义性已成问题,而且能否战胜袁世凯所代表的反革命势力就更成问题,当然就更不用说革命过程中给国家人民所带来的不可避免的灾难。所以在审时度势中,让权成为孙中山的明智选择。

其二,孙中山个人威望的不足。孙中山在革命党人中,其威望无疑是最高的,但并没有取得绝对性优势,比如1907年7月同盟会东京总部在张继、章太炎、谭人凤等领导下,就掀起了一股"倒孙"风潮;1909年9月,在陶成章、李燮和领导下再次掀起了"倒孙"风潮;并且,鉴于孙中山有时口惠而实不至的毛病,一部分革命党人还私下给其冠以"孙大炮"的外号,以示对孙的蔑视。党内如此,党外就更等而下之了。不用说那些封建势力对孙中山持敌视立场,就是很多主张改良的资产阶级人士与置身局外的列强,也对孙中山持否定态度。如有一外国报刊直言不讳地说:"孙逸仙不知军事,就任以来,颇为人所反对,决不能与各省革党连合无间。"[3]相反,却把袁世凯吹捧为"强健有为之大政治家""将来中国之真主人"。所以,尽管孙中山在武昌起义爆发两个月后回到了中国,且被推选为中华民国临时大总统,但就其实际威权而言,不独非革命党政治集团对其并不认同,就是那些被其任命为政府阁员的人也对其采取不合作态度,如实业总长张謇、财政总长陈锦涛、交通总长汤寿潜、内务总长程德全等就没有去南京就职,其中张謇还吃里爬外,他密电袁世凯说:"甲日满退,乙日拥公,东南诸方一切通过","愿公奋其英略,旦夕之间勘定大局"。[4]

孙中山威望不足的客观实际,在那样一个群雄并起、逐鹿中原的年代,对一个开国元首而言显然是致命的,因为他不仅难以整合内部的各种力量,而且更难以获得外部各种政治集团的认同。是以,当其对手袁世凯宣布拥护共和的言论一出,全国一片叫好,如当时的《民立报》发表时论说:"袁世凯,中华民国之骄

① 《近代史资料》总第45号,1981年,第2期,第53页。
② 黄兴著:《黄兴集》,北京:中华书局,1981年,第133页。
③ 中国史学会编:《辛亥革命》(第8册),上海:上海人民出版社,1959年,第508页。
④ 《张季子九录·政闻录》,第4卷,第1页。

子也。彼挟其天生之聪明,政海之经验,强有力之军队,出山以来,决意停战,力主议和,百余日间,兵不血刃,遂使清帝退位,民国成立……雄才大略,震烁今古,虽比之华盛顿、拿破仑,又何多让。"①所以在这样一种"非袁不可"的声潮中,即使孙中山想把民主革命的成果握在自己手中,也是孤掌难鸣,从而只得把革命的成果拱手相让。

当然,就当时情况而言,人们亲"袁"而疏"孙"并非全无道理。因为作为开国领袖,其威望的树立,固然离不开其品德与思想,更离不开其事功,可是孙中山恰恰在事功方面相对薄弱。不用提在武昌起义前革命党所发动的历次起义中,他很少直接参与一线战斗,就是参与战斗也是屡战屡败;而且在革命党人直接推翻清政府的起义过程中,他也远在国外。鉴此,当时很多人把以孙中山为首的很少直接参加起义的同盟会领导人,嘲讽为"远距离革命党人"。或许孙中山这种事功方面的缺陷,对于了解他的人而言不成其为缺陷,但对不理解或敌视他的人而言,无疑是贪生怕死与无能的明证。故而,当南北议和成功后,袁世凯凭借其军事强人的身份与逼清帝退位的功劳,理所当然地把辛亥革命的成果据为己有,并在众望所归中成为中华民国的大总统。

其三,革命党力量的不够。在清政府灭亡过程中,毋庸置疑革命党人发挥了领导、先锋与主力军的作用,但也不能否认其他政治集团在其中所起的重要作用,换句话说,没有革命党人的努力,就不可能有清政府的灭亡,只有革命党人的努力,清政府也不可能那么迅速的灭亡。因此,清王朝的覆灭,是各种反清力量共同作用的结果。比如在武昌起义前,革命党人发动了多次起义,却无不以失败而告终,特别是1911年4月发生的黄花岗起义,更是损失惨重,不仅牺牲了党内许多杰出而优秀的人物,而且大大地挫伤了革命者的士气;其原因不是革命党人缺少为国赴死的勇气,而是缺少振臂一呼应者云集的社会效应。相反,武昌起义之所以取得成功,一方面是此前立宪党人所领导的全国性国会请愿运动,已让清政府陷入离心离德的困境中;另一方面是此后袁世凯所掌控的北洋军反正,让清政府失去了镇压革命的基本力量;同时全国性的保路风潮、抢米风潮和抗捐抗税斗争,也在很大程度上束缚了清政府镇压革命的手脚。从此意义上看,革命党人固然对清政府的灭亡发挥了决定性作用,但其他反清力量

---

① 空海:《袁世凯》,《民立报》,1912年2月22日。

108

也功不可灭。

　　并且,革命力量在清政府灭亡后虽然有了巨大的发展,但相对于非革命力量而言,实力仍然有限,据当时国外一些军事观察家研究分析,尽管革命军在数量上优于袁世凯的北洋军,但在指挥、训练与装备方面,明显劣于后者,如果北洋军全力支持清政府,革命军将不是其对手。对此,胡汉民也深有同感,他在回忆中说:"南京军队隶编于陆军部者,号称 17 师,然惟粤、浙两军有战斗力⋯⋯其他各部,乃俱不啻乌合,不能迎敌。"并且胡氏还探讨其中的原因道:"盖当时党人对于军队,不知如法国革命及苏俄革命时所用之方法,能破坏之于敌人之手,而不能运用之于本党主义之下。由下级干部骤起为将,学问经验,非其所堪。又往往只求兵数增加,不讲实力,此为各省通病,而南京尤甚也。"①

　　此外,清政府灭亡后,全国绝大部分地区仍控制在非革命党人手中,如东北、华北诸省区就基本上被袁世凯控制,南方的浙江、湖南、湖北、广西、贵州、云南、四川等省,要么被立宪党人所掌握,要么为旧官僚所占有,并且广大的社会基层一如从前,仍牢牢地为封建士绅与豪强地主所掌控。所以,实事求是地说,革命党人的力量既没有单独推翻清政府的实力,也没有单独控制整个国家的实力,明智的办法,也许只能与各种政治力量在相互妥协中最大限度地去保留革命果实。相反,作为革命党人最大的对手袁世凯,不仅拥有战斗力强大的北洋军,而且跟各种非革命政治集团有着密切的关系,在当时情况下,也许只有他才具有把各种政治集团整合起来的实力。

　　因此,根据上述原因,袁世凯获取辛亥革命的胜利果实有其必然性。

　　或许有人会因此而责备孙中山领导的清末资产阶级民主革命,不仅中断了清末以来的改良运动,使得中国社会的和平转型成为不可能,而且把国家政权送到了野心家袁世凯的手上,种下了日后各种政治势力为夺取中央政权而纷争的隐患。从特定的角度上看,此种责备有其合理性。但是诚如前面所述:孙中山所领导的资产阶级民主革命的起因,是由于清政府的顽固与守旧,是因为国家与民族的危亡,所以,革命的目的不是出于私利,而革命的行动更是一种无奈的选择。并且,孙中山及其同志,也不是完全主动地把革命成果拱手相送,而是迫于来自立宪党人、旧官僚与列强的压力。因此,袁世凯获取辛亥革命的胜利

_____

① 《近代史资料》总第 45 号,1981 年,第 2 期,第 59 页。

成果,与其说是革命党人相让,不如说是非革命集团的相助。同时,袁世凯在获取国家最高权位时,也同样发表了忠于共和、涤荡专制的宣言,并且社会各界也基本上众口一词地恭祝他出任中华民国临时大总统。故而,袁世凯是否反对共和,跟孙中山等革命党人的让权行为并不存在直接的关联,而且孙中山及其革命党人的最终目的,也并不是为了权力。

退一步说,即使孙中山等不发动资产阶级民主革命,清末以来的改良运动是否就一定能够延续下去并获得成功呢?成功后,又是否能够保证不出现袁世凯式的人物来执掌国家大权呢?对此,没有谁能给出准确的回答。不过,就当时改良的实际情况看,无论是康、梁的维新,还是清末的新政,也许很难取得他们想要的结果,而且由于二者改良目的上的大相径庭,也难免不引发相互火拼的结局。所以有人说,成功的改良也许的确能平息革命的怒火,但不成功的改良往往是孕育革命的温床。事实上,孙中山所领导的资产阶级民主革命之所以发生、成长与壮大,跟清末不成功的改良运动有着紧密关联。所以,清末改良运动的中断,其根本原因并不是孙中山领导的资产阶级民主革命的存在,而是其自身的原因。

鉴此,孙中山所领导的资产阶级民主革命因其缺陷与不足,固然应该受到相应的批评,但不能因其缺陷与不足,而对与其并存的改良运动寄予过高的希望;同时,它固然跟民国早期混乱不堪政局存在一定的联系,但绝对不能因此联系,而把其当成军阀专权的罪魁祸首。其实,就其本质而言,孙中山所领导的资产阶级民主革命,就是为把中国人民从满洲贵族的专制中解放出来,就是为把中华民族从列强的奴役中解救出来,建立一个"民族、民权、民生"的三民主义共和国。所以,孙中山领导的资产阶级民主革命在最后结局上,尽管是功亏一篑,但其所产生的历史作用,毕竟是不可抹杀的。

5. 举步维艰:晚清现代化困境

自第一次鸦片战争失败后,现代化问题就提上了中国的历史日程。在此,一部分具有远见的地主阶级知识分子,如林则徐、魏源、姚莹、徐继畲等率先主张向西方学习,其中魏源的《海国图志》一书在介绍和评说西方民主制度的基础上,提出了"师夷长技以制夷"的著名观点;姚莹的《康輶纪行》一书除了强调要学习西方的自然科学外,还对英国的议会政治做了特别的介绍。尽管这些晚清早期的地主阶级思想家提出的主张与看法,显得比较肤浅,但无疑发出了中国现代化的先声,同时也为世人打开了一扇了解西方的窗口。不过,鉴于"夷夏之防"铁幕的存在,他们的观点与主张长期只停留在文字层面,直到第二次鸦片战争的结束,曾国藩、左宗棠、李鸿章等一批在镇压太平天国起义中崛起的地方大员,掀起轰轰烈烈的自强运动时,才开始与中国的实践结合起来。从此意义上看,自强运动无疑是中国现代化的继续。

然而,尽管在长达三十几年的自强运动中,曾、左、李等人以"自强""求富"为旗号,创办了一批近代的军事与民用工业;同时民族资本主义工商业也因时而生,并得到初步的发展;而且为推进自强运动,洋务派既兴办了一批新式学堂,也开始派遣留学生出国学习,使得中国现代化运动向前迈进了一大步。但是,一场甲午战争,无疑宣告了自强运动式的现代化,既不能实现其"自强""求富"的原初目的,也难以真正推动中国的现代化。

所以,甲午战后,以康、梁为代表的维新派,出于挽救民族危亡的需要,在吸取自强运动经验的基础上,开始主张从制度层面上学习西方的政治、经济、思想与文化等先进东西,从而使中国的现代化从"师夷长技以制夷"的器物层面上升到制度层面,并且开始向文化层面渗透。正因为维新派的鼓吹和推动,不仅政府实行了取法日本、全面维新的戊戌变法,而且民间也掀起了一股"开民智、鼓民力、新民德"的风潮。其中,康、梁等维新志士在批判旧思想、旧文化的基础上,大力提倡西方的先进文化,如梁启超提出了"史学革命""诗界革命"与"文学革命"的口号,谭嗣同发出了"冲决封建之网罗"的呼声,严复引进了"物竞天择,适者生存"的进化论观点。此外,维新志士还提倡戒鸦片、禁缠足、剪发辫、易服装、反跪拜、讲卫生等移风易俗的主张。鉴此,相对于甲午战前,此时的中国现代化随着维新运动的推进有了长足的发展。

其后,虽因戊戌变法的失败,康、梁所揭橥的维新事业受到了巨大的挫折,但庚申之辱的发生,以慈禧太后为首的保守派不得不回归现代化道路上来,从而在"新政"中除了再次推行戊戌变法中许多政策与主张外,还增加许多现代性措施,尤其是 1906 年宪政改革的实行,更是在制度层面上使得中国现代化质量有了很大的提高。同时,为推进中国制度层面的现代化,一方面以康、梁为代表的维新派,继续在海外宣传维新的主张;另一方面以孙、黄为代表的革命派,除了举行武装起义外,还在国内外宣传革命的思想,其中尤以孙中山的三民主义建国方案影响深远。至此,应该说20世纪的前十年,制度层面上的中国现代化,无论是理论上还是实践上仍然向前发展。

当然,此阶段器物层面上与文化层面上的两个现代化也随着制度层面上现代化的推进有了相应的发展。就前者来说,资本主义工业特别是民营性工业有较大发展,如甲午战前,民营资本共设 53 家,资本额 474 000 元,占资本总额等 22%,战后到 1913 年,新设厂矿 463 家,资本额 90 821 000 元,占资本总额的 75%。① 其他方面,如西方式的银行业、房地产业、旅游业、慈善业等新兴事物也慢慢发展起来。就后者来说,认同西方文化的中国人越来越多,其中在衣、食、住、行等方面表现得相当明显,如剪辫易服,在当时接受新式教育的青年学子中成为一种普遍现象,以至于时任湖广总督的张之洞不得不承认:"近年来各省学堂冠服一端,率皆仿西式短衣、皮靴,文武无别。"②其他如西式建筑与花园,也受到沿江沿海都市中中国官绅富商的羡慕和欢迎,西方的汽车、电车、马车等也开始在上海、天津等通商口岸成为主要的交通工具。此外,女权思想与民权思想也慢慢地深入人心。

然而,综观晚清 70 年历史,尽管中国在现代化进程中取得了诸多成果,但现代化在中国却处于困境之中。那么是什么原因造成的呢? 对此,有必要做出正面的回答。

其一,统治者的顽固。自近代以来,现代化问题本是一个涉及国家兴衰与民族存亡的问题,按理说,作为统治者应该积极地投身现代化运动中去,充分发挥领导、组织、宣传与推动作用。让人痛心的是,自现代化提上历史日程,清统治者不仅没有承担起自己应有的责任,相反,还不时地扮演起绊脚石的角色。其中最典型的莫过于以慈禧太后为首的当权派,阻挠与破坏康、梁所领导的维新变法运动,从而使得一场很有希望的现代化运动变成了一个导致中国回归保守与反动的借口。其后,尽管后来当权派在耻辱中幡然悔悟,沿着维新派走过的路实行"新政",宣称要把中国建立成一个资产阶级的君主立宪制国家,可是在宪政改革中,当权者又把许多有违宪政的封建专制机构如军机处、宗人府、内务府、内阁、太监、翰林院等保留下来,尤其是在全国掀起轰轰烈烈的宪政运动的时候,它却推出有违宪政的"皇族内阁"。可见,正由于统治者的顽固,现代化

① 南炳文主编:《清史》(下),天津:天津人民出版社,2011 年,第 316 页。
② 刘锦藻主编:《清朝续文献通考》(2),北京:商务印书馆,1955 年,第 8623 页。

进程在中国变得磕磕绊绊也就成为一种常态。

当然,清统治者之所以对现代化抱如此矛盾的态度与立场,一方面是担心现代化会威胁自己的统治,另一方面又要利用现代化来维护自己的统治。故而,因为前者,它不惜把戊戌变法扼杀在摇篮之中,甚至针对维新派所提出的"法者,天下之公器;变者,天下之公理"的变法理由,蛮横地用"祖宗之法不可变,宁可亡国,不可变法"来反驳;因为后者,它可以在现代化的幌子下,做出反现代化的决策,其中出于"皇位永固""外患渐轻"与"内乱可弥"的政治动机,在"预备仿行宪政"的外衣下,先后推出了"满族内阁"与"皇族内阁"。

故此,就在统治者为维护自己私利的动机中,中国现代化既浪费了宝贵的时机,也延缓了前进的脚步。或许有人为清统治者开脱说,由于传统文化的惰性才使得当政者在现代化问题上举措失当。不能否认,传统文化在消极方面确实是现代化的天然敌人,可积极方面无疑也是助现代化走向成功的阶梯。问题是清统治者为什么在现代化问题上老是被传统文化的消极面所蒙蔽而不为其积极面所开启呢? 最根本的原因,是因为它的合法性依据主要来自于传统文化的消极面,故而出于维护自身利益的目的,清统治者就不自觉地站到现代化的对立面,而文化的惰性恰好成为掩盖其真实目的的外衣。

可以这么说,对一个开明与负责的政府而言,过往的历史与传统固然是其维护现状变得保守的理由,但绝对不是构成其怀疑未来变得顽固的原因,因为保守的目的,不是为了维护过去的东西,而是过去的东西有用于现实才去保守。以此对照,清政府显然是一个既非开明也非负责的政府。不过,如果因此而断言清政府对现代化完全持排拒立场也是不公正的。事实上,清政府也直接或间接地为中国现代化发展做了一定的工作,不用说曾、左、李等人领导的自强运动,就是慈禧所发动的清末新政也基本上处在现代化的范畴之中,但毋庸置疑,他们推进现代化的目的跟现代化的本质是格格不入的。

其二,列强的侵略。统治者的顽固与保守,固然是导致现代化进程在中国举步维艰的重要原因,但列强的侵略也难辞其咎。一方面列强的侵略,恶化了中国现代化的环境;另一方面巨额战争赔款,吸干了中国现代化的资金。具体来说,自第一次鸦片战争以来,大规模的对外战争有:第二次鸦片战争、中法战争、甲午中日战争、八国联军侵华战争,区域性冲突有:中日在台湾的冲突、中英在云南的冲突、中英在西藏的冲突、中俄在新疆的冲突,这一系列的战争与冲突,对短短70年的时段而言,可以用硝烟不断来形容。而为了应对这持续不断的外来侵略,作为政府,清统治者在政策的制订上必须围绕军事与战争而展开;作为人民,则不得不承受因战争带来的各种痛苦和灾难。

同时,又因为军事上的不断失利,为消弭战争,清政府只得在签订丧权辱国的和约中,对侵略者进行大量的战争赔款。如1842年的《南京条约》,赔偿英国2 100万元;1858年的《天津条约》,赔偿英、法两国白银600万两;1860年的《北京条约》,又把赔偿英、法两国的军费增加到1 600万两;1881年的《伊犁条约》,赔偿沙俄白银500万两;1895年的《马关条约》,赔偿日本白银2亿两,再加3 000万两"赎辽"费;1901年的《辛丑条约》,清政府又赔偿侵略者4.5亿两白银。如果再加上利息与其他的小额赔款,清政府对外赔款远不止这些数额。这些巨额战争赔款,给中国现代化发展所带来的伤害无疑是致命的。

此外,列强的经济掠夺与扩张也影响了中国现代化的发展。如大量的商品倾销与鸦片走私,既造成中国工农商业的破产,也吸走了巨额资金,更摧残了中国人民的身体与精神,使中国在贸易入超与鸦片吸食中变得民穷财尽、民气颓废。而开办工厂、建立银行、开采矿山、修筑铁路等对华的直接资本输出,更是挤压了中国近代工商业发展的空间。故而在此情形下,中国人即使想一心一意地去推进现代化,不仅不可得,而且不可能。因为现代化不是一个空洞的名字与口号,而是一种实实在在的建设运动,它既需要一个和平、稳定与安宁的环境,也需要革旧立新、兴利除弊所必需的资金。

当然,如果从肯定的角度来观照列强侵略的话,自然不能否定其在某种程度上对中国现代化有一定的推动作用。一则它的侵略所引发的中华民族危机,使越来越多的中国人痛感现代化的必要,如魏源在《海国图志》中所提出的"师夷长技以制夷"的主张,梁启超在《变法通议》中所高呼"穷则变,变则通,通则久"的观点,无不是在民族危亡面前发出的现代化的呼声。二则在它的侵略过程中,西方许多现代化东西也大量地传入中国,如报刊、学会、学校、铁路、银行、工矿企业、慈善事业等器物文明,以及民主、自由、人权等先进观念等,而这些东西无疑为中国现代化发展方向提供了学习的路径与范式。虽然如此,但绝不能因此而肯定其对华的侵略,因为它侵略的目的是为了奴役和掠夺中华民族,而不是为了中华民族的现代化,并且它对中华民族现代化所产生的消极作用远大于其所带来的积极作用,这正好比强盗与贼,固然有助于人们警觉能力与自我防卫能力的提高,但绝不能因此而欢迎他们的存在。

其三,领导者的功利性。现代化是一项系统工程,涉及器物、制度与文化三个层面,并且此三个层面存在着相互影响与制约的关系,故而,现代化不是一个简单地学习与模仿近代资本主义先进东西的过程,而是一个在学习与模仿的基础上逐步消化和创新的过程,也许只有这样,现代化才能取得真正的成功与进步。不过,检视整个晚清现代化的进程,不难发现其领导者基本上局限于功利的范式中,从魏源的"师夷长技以制夷",到曾国藩、左宗棠、李鸿章自强运动中的"自强"与"求富",再到康有为、梁启超维新变法运动中的"救亡图存",最后到慈禧太后清末新政中的"皇位永固"与"消弭内乱",无一不打上鲜明的功利烙印。因此,自19世纪60年代开始,一直到1912年清政府被推翻,中国现代化基本上停留在"器物"与"制度"两个层面。是以在此阶段,中国虽然出现了一批近代的军用、民用工业,而且清政府在组建新式军队与兴办新式学堂的基础上,也对原有的官制、兵制与学制进行了某种程度的革新,特别是宪政改革的出现,更是把现代化向前推进了一大步。但是,现代化并没有如人们所希望的那样在中国顺顺利利地发展起来,也没有承担起挽救国家民族存亡的重任。其原因何在呢?

领导者过分功利性,使得中国在现代化过程中,侧重于学习近代西方器物与制度层面上的东西,而忽视了学习作为其基础与渊源的文化,同时又欠考虑这种舶来品与中国本土文化的冲突性。于是,因为前者,中国的现代化虽有近代资本主义文明的形式,但缺少其内涵,如自强运动领导人兴办的近代军用、民用工业,管理上却衙门化与封建化,慈禧太后搞宪政改革,结果却催生出"皇族内阁"这个怪胎。因为后者,一些保守的士大夫们则站在本土文化的立场上,对西方文化进行攻击和排斥,如把西方的船坚炮利与声光化电斥之为奇技淫巧,把西方的民权之说污蔑为是以下犯上与乱民之说。其实,如果当时中国现代化的领导者在学习先进文化的过程中,注重事功的同时,也适当注重价值方面的东西,使得人们在思想上对西方文化产生真正的认同感,而不是悬浮在"有用的才是真的"功利性层面;如果再进一步,把其与本土文化进行对照,按照"取长补短"与"求同存异"的原则来消解彼此间的对立与冲突,让双方共同构建起中国现代化的基石;那么,现代化在中国的进程肯定会顺利得多,或者至少不会变得如此艰难。不过,如果因此而一味责难现代化领导者的功利性,无疑有求全责备之嫌,因为功利性在某种程度上,既是现代化推进的动力,也是其存在的合法性依据;并且,清当政者学习西方文化的功利性倾向,并非晚清时才出现,其实早在康熙朝就出现了,当时所编的《四库全书总目提要》中明确提出"节取其技能,禁传其学术"的主张,就是例证。①

至此,由于上述三个方面的原因,直接导致了晚清现代化困境的产生。不过,如果没有这些原因,是否意味着现代化在中国与困境无缘呢? 回答是否定的。因为现代化自身的原因,使其在实践中陷入何去何从的歧路之中。详言之,现代化是一个非常复杂的问题,就其内容来说,它涉及器物、制度与文化三个层面,就其对象来说,他必须面对中国有着 5 000 年历史的文明,所以,如何现代化,嘴上说说,也许不是问题,可一旦与具体实际结合起来,问题就会层出不穷。

故而早在 19 世纪 60 年代,洋务派思想家们就开始思考中国现代化的原则与路径问题。其中冯桂芬结合中国现实,提出了"以中国之纲常名教为原本,辅以诸国富强之术"的主张。郑观应则站在尊崇传统文化的立场,提出了"中学其本也,西学其末也。主以中学,辅以西学"的观点。② 其后到了 90 年代,一个叫沈寿康的人在《匡时策》一文中写道:"夫中西学问,本自互有得失,为华人计,宜以中学为体,西学为用。"③梁启超却觉得:"舍西学而言中学者,其中学必为无用;舍中学而言西学者,其西学必为无本。无用无本,皆不足以治天下。"④张之洞则认为:"今欲强中国,存中学,则不得不讲西学。然不以中学固其根柢,端其识趣,则强者为乱首,弱者为人奴,其祸更烈于不通西学者也。"⑤相对于这种保守的观点,一个叫樊锥的人则喊出了"一革从前,搜索无剩,惟泰西者是效"的呼声。⑥ 严复则认为"中学有中学之体用,西学有西学之体用,分之则两立,合之则俱亡。"因为牛之体不能有致远之用,马之体也不能有负重之用。⑦ 于是,针对上

① 《四库全书总目提要》卷125,杂家类存目二案;转引冯天瑜等著:《中华文化史》,上海:上海人民出版社,1990 年,第 874 页。
② 夏东元编:《郑观应集》(上),上海:上海人民出版社,1982 年,第 276 页。
③ 沈寿康:《匡时策》,《万国公报》,1895 年,第 75 期。
④ 梁启超著:《饮冰室合集》文集之一,北京:中华书局,1989 年,第 38 页。
⑤ 张之洞著:《劝学篇》,北京:华夏出版社,2002 年,第 59 页。
⑥ 樊锥著:《樊锥集》,北京:中华书局,1984 年,第 11 ~ 12 页。
⑦ 严复著:《严复集》,第 3 册,北京:中华书局,1985 年,第 558 ~ 559 页。

述两种对立的观点,又有人从调和的角度提出了"中西会通"的主张,如一个叫陈继俨的学者说得更为直接,他写道:"夫理者,天下之公理也,法者,天下之公法也。无中西也,无新旧也。行之于彼则为西法,施之于我则为中法也。得之今日则为新法,征之古昔则为旧法也。"①仅仅一个现代化的路向与原则问题,国人就歧见丛生。可见,中国的现代化究竟该怎样进行? 当时并没有权威的答案,也不可能有答案。即便是到了民国,人们仍然为此争论不休。

可见,现代化对中国人来说,不仅是一个救亡图存的民族问题,而且是一个权力再分配的政治问题;不仅是一个涉及中学的文化传承问题,而且是一个事关西学的文化扬弃问题;不仅是一个单纯的经济发展问题,而且是一个复杂的社会生活问题。所以,从此意义上看,晚清时期,造成中国现代化困境的原因,有些虽然不能原谅,但也应给予谅解。同时,也应该清楚,现代化的困境并没有随着大清王朝的推翻而结束,它展现在中国人面前的仍然是一条"路漫漫其修远兮"的征程!

---

① 陈继俨:《论中国拘于迂之儒不足以言守旧》,《知新报》,1898 年 5 月 30 日。

第四章 北洋政府与思想开放的时代

一、简述

1912年1月1日,尽管离清帝宣布退位尚有40多天,但随着孙中山在南京宣誓就职,标志着亚洲第一个资产阶级共和国——中华民国的诞生。其后,在短短的3个月内,孙中山及其战友不仅组建了南京临时政府,而且颁布了一系列促进与巩固资本主义政治、经济、军事、文化的法令,特别是《中华民国临时约法》的颁布,更是体现了孙中山等革命党人在中国建立资产阶级共和国的政治理想和抱负。不过,迫于来自国内外与党内外的各种压力,孙中山不得不根据南北和议的条件,在1912年的4月1日把中华民国临时大总统的职位让与北洋军领袖袁世凯。从此,中华民国政权只得在假共和的外衣下,沦为袁世凯及其他军事强人鱼肉百姓和镇压革命的工具。

袁世凯接任中华民国临时大总统职位后,为了达到个人专制的目的,首先迫使同盟会中心内阁的垮台;[①]随后又将坚持议会政治的国民党领导人宋教仁刺杀于上海;接着为筹集反革命战争经费,不经国会同意,又公然与英、法、日、德、俄五国银行团签订了"善后大借款"合同;不久,又借口国民党三督——江西都督李烈钧、广东都督胡汉民、安徽都督柏文蔚通电反对其借款,以不服从中央罪,下令免职,并派北洋军开赴江西,挑起内战。面对袁世凯的步步紧逼,孙中山及其革命党人并非全无作为,1912年8月,为争取议会中的多数与实行议会

---

① 同盟会中心内阁,又叫唐宋内阁,成立于1912年3月,总理唐绍仪,是清末以来深得袁世凯信任的官僚,但是在南北和议中加入同盟会,阁员有陆军总长段祺瑞、农林总长宋教仁、教育总长蔡元培、内务总长赵秉钧、财政总长熊希龄、工商总长陈其美、司法总长王宠惠、海军总长刘冠雄、外交总长陆徵祥等,其中宋教仁又在内阁中发挥核心与灵魂作用。由于连同唐绍仪在内,同盟会在内阁中占有半数,所以同盟会中心内阁,又因为宋教仁是内阁中的灵魂人物,因此又称唐宋内阁。

政治的目的,宋教仁在征得孙中山、黄兴同意后,以同盟会为基础,联合几个小党派,组建国民党;1912 年 12 月到 1913 年 2 月,宋教仁积极投入第一届国会选举中,结果国民党在参、众两院的席位中获得了压倒性的多数,从而为法律倒袁造就了一个平台;当宋案发生与善后大借款出现后,无路可退的革命党人以江西、江苏、安徽为中心,在南方发起了反对袁世凯专制的"二次革命",但是鉴于双方实力对比的不平衡,在不到两个月的时间内,革命党人纷纷败逃。

遗憾的是,袁世凯并没有因"二次革命"的爆发,对自己的专制行为有所警觉,反而借对革命党人的军事胜利,执意在专制独裁的道路上前行。镇压二次革命后,为了掩盖自己专制实质,或者说为了更便利自己专制,袁世凯于 1913 年 9 月在改组原"国民党内阁"的基础上,①建立起以进步党人熊希龄为总理,梁启超、汪大燮、张謇等社会名流为阁员的所谓"第一流人才内阁";1913 年 10 月,以胁迫的方式强迫国会选举他为中华民国正式大总统;然后借助大总统的护符,从 1913 年 11 月到 1914 年 2 月,先后发布了解散国民党、组建政治会议、解散国会的命令,并最后以卸磨杀驴的方式,迫使熊希龄内阁辞职;1914 年 5 月,袁世凯先后颁布了《中华民国约法》与新修改的《总统选举法》,通过前者,袁世凯几乎获得了跟封建专制皇帝类似的权力,通过后者,则不仅可以做终身总统,而且可以行世袭总统。至此,民国除了一块招牌,也许什么都没有了。

然而,袁世凯并没有因此而满足。到 1915 年,甚至连民国这块招牌也不要了,竟然梦想恢复帝制。所以,在中外反动势力与一些别有用心的人的怂恿和蛊惑下,袁世凯为实现帝制梦,不仅让帝制逆流弥漫全国,而且跟日本帝国主义签订了卖国的《二十一条》,希望以此来换取其对帝制的支持。是年底,袁世凯就在所谓的一片拥戴声中,宣布接受人民的推戴而做中华帝国的皇帝,并下令将 1916 年改为洪宪元年。如是,袁世凯完成了由共和国总统向帝国皇帝角色的转换,同时把自己的独裁专制推向极致。

不过,多行不义必自毙。当袁世凯正为皇帝梦而不择手段和一意孤行时,以孙中山领导的中华革命党、黄兴领导的欧事研究会、梁启超领导的进步党为代表的各种反袁势力逐步地走向联合,开始武装推翻其统治的斗争。1915 年

---

① 由于该内阁有六个人包括总理赵秉钧都是国民党党员,所以号称国民党内阁,其实该内阁完全被袁世凯所控制;所谓的国民党党员都是出于政治目的需要而暂时加入的,其中总理赵秉钧就是一个彻头彻尾的袁世凯亲信,并且是刺杀国民党领袖宋教仁的幕后黑手。故而,在镇压二次革命后,为了其专制的本质,袁世凯更觉得有改组该内阁的必要。

12 月 25 日,云南各种反袁势力在进步党人蔡锷的领导下,宣布云南独立,并组建以"护国军"为名的讨袁军,兵分两路进攻四川与贵州,从而打响讨伐帝制的第一枪。在云南起义的影响下,护国运动很快在全国各地开展起来,贵州、四川、广西、浙江、广东、湖北、湖南等省纷纷宣布独立。于是,袁世凯在一片倒袁声中,不得不于 3 月 22 日宣布取消帝制,4 月又下令恢复内阁制,最后在众叛亲离中绝望死去。

然而,护国运动固然将袁世凯及其帝制送上了不归之路,但却无力维护一个统一的中华民国,因而随着军事强人袁世凯的去世,中国也就进入了军阀割据的时代。其中著名军阀有:皖系的段祺瑞、直系的冯国璋、奉系的张作霖、①晋系的阎锡山、滇系的唐继尧、桂系的陆荣廷等,他们要么把持中央政府口含天宪,要么割据地方称雄一方,彼此在保境安民与武力统一的闹剧中,在合纵连横与朝秦暮楚的策略中,把一个本是统一的中华民国弄了个支离破碎,把一个本就民不聊生的中华民族推向灭亡的边缘。所以针对当时军阀混战的局面,孙中山感慨地说:南与南不合,北与北不合,南与北复又不合。就在这动荡不安的局面中,军阀们出于争权夺利的需要,彼此间发生了无数次战争,其中影响全国的有:1920 年的直皖战争,1922 年的第一次直奉战争,1923 年的江浙战争,1924 年的第二次直奉战争等。鉴于军阀当道的现实,代表中华民国的所谓北京政府,更是变成了一个"乱哄哄,你方唱罢我登场"的戏台,其中先后出任总统或元首的就有:黎元洪(两次)、冯国璋、徐世昌、曹锟、段祺瑞与张作霖;出任总理的就有段祺瑞、钱能训、靳云鹏(多次组阁)、梁士诒、王宠惠、张绍曾、孙宝琦、颜惠庆与顾维钧。期间还不包括 1917 年辫帅张勋趁黎元洪与段祺瑞的府院之争,而一手导演的复辟帝制的丑剧。可以说,此时的中华民国,在袁世凯手上,虽无其实但尚有其名,因为中国基本上还在中央政府的掌控之中,可袁死后连其名也徒有其表了。为此,章太炎在评价后袁世凯时代控制中央政府的军阀时说:一蟹不如一蟹。可谓至言!

中华民国虽然被大大小小的军阀们糟蹋得面目全非,但孙中山及其同志仍守望着资产阶级民主共和国的理念,为建立和恢复真正的中华民国而不懈奋

---

① 段祺瑞是安徽合肥人,主要受日本帝国主义支持,控制安徽、山东、浙江、福建、陕西等省;冯国璋是直隶河间人,主要以英、美帝国主义为靠山,占有江苏、江西、湖北等省;张作霖是奉天海城人,主要受日本帝国主义扶植,盘踞在东北三省;其中皖系与直系又叫小站系,是北洋嫡系,而奉系是依靠北洋军发展起来的一个军事集团,叫准北洋系。

斗。1914年7月,孙中山在总结二次革命失败经验的基础上,对原国民党进行改造而建立了中华革命党,黄兴则联合一部分国民党组建欧事研究会;当袁世凯宣布恢复帝制时,双方跟梁启超的进步党人联合起来,掀起了轰轰烈烈的护国运动,最后迫使袁世凯在绝望中死去。但是,新上台的段祺瑞政府仍以袁世凯所颁布的《中华民国约法》为法统依据,而不承认南京临时政府所制定的《中华民国临时约法》,孙中山又因此联合西南军阀与进步党人,组织非常国会,成立护法军政府,进行护法战争,发起了志在恢复"临时约法"的第一次护法运动。期间又针对张勋复辟帝制的丑剧,孙中山发表《讨逆宣言》,表达坚决反帝制反复辟的立场。由于西南军阀的消极抵制,孙中山只得在"南与北如一丘之貉"的认知中,宣布辞去护法军政府大元帅职务,并于1918年5月21日离粤赴沪,如是也意味着第一次护法运动的失败。1919年10月,经过一年多的反省与准备,孙中山将中华革命党改组为中国国民党,从而拉开了第二次护法运动的序幕。次年11月,孙中山返回广州,恢复与重组了军政府。1921年5月,经非常国会选举,孙中山当选为大总统,并开始了西讨桂系、北伐直系的护法战争,使护法运动进入了一个新阶段。可惜好景不长,正当孙中山雄心勃勃准备北伐中原的时候,粤军总司令陈炯明于1922年6月16日发动兵变,炮轰总统府,迫使孙中山离粤。这样,第二次护法运动也就走到了尽头。

就在孙中山及其战友为了民族独立与国家富强而跟反动势力做斗争的时候,经过马克思列宁主义思想武装的中国共产党于1921年7月诞生了。尽管双方在政治宗旨与思想理念上存在着很大的差别,但由于面临着相同的敌人——帝国主义、封建主义与官僚资本主义,于是在苏俄的帮助下开始了第一次合作,而中国革命也随之进入了大革命时期。得到中共与苏俄帮助的孙中山,不仅对原有的国民党进行再次改组,吸收大批的共产党员进入国民党,而且重新解释三民主义,确立"联俄、联共、扶助农工"的三大政策;而与国民党合作的共产党,则从第一次工运低潮中走出来,进一步把革命工作深入开展到农村与城镇的基层中,使越来越多的人加入革命的洪流之中。所以,为了实现孙中山的民主革命目标,国共两党以黄埔学生军为主力,1925年经过两次东征,彻底扫荡了陈炯明在广东的势力,巩固了广东革命根据地;1926年7月,组建北伐军,正式北伐;同时,在中共与苏俄的帮助下,冯玉祥所领导的国民军在五原誓师,也加入北伐的行列。

于是,在广大工农的参与下,北伐军经过浴血奋战,先后打败了胡佩孚与孙传芳的部队,并重创张作霖的军队,使革命的烈火从珠江流域传到了长江流域,并向黄河流域挺进。然而随着孙中山的逝世与革命向前发展,国共两党的矛盾也在逐步地激化,其中1927年"四·一二"反革命政变、"五·二一"马日事变与"七·一五"反革命政变的发生,更是把矛盾推到顶点。而共产党面对来自国民党右派的反革命暴力,只得以革命的暴力来对抗,为此,他们先后举行了南昌起义、秋收起义与广州起义,并从此走上了一条以农村包围城市最终夺取城市的道路。这样,随着国共两党暴力冲突的出现,也就意味着中国革命进入了另一个阶段。

尽管国共两党因党争、党见与党利,最后在北伐中反目成仇分道扬镳,但碌碌无为的北洋政府即将退出历史舞台也是不争的事实。至此这个懦弱无能的政府如果还有一点值得让人称道的话,那就是它给专制古老的中国带来了一个思想开放的时代。因为在此时代中,新文化运动不仅在民主与科学的大旗下,对传统文化进行一次否定性的清理,而且在人权与理性的口号下,推动着人们个性的觉醒与思想的解放。五四运动则不仅让民族主义思想得到了空前的释放与张扬,而且让马克思主义思想得到了更为广泛的传播。以此为契机,其他的各种思想如实用主义、保守主义、基尔特社会主义、无政府主义、新村主义、工读主义等也受到了知识界不同程度的推崇,并且推崇者囿于各自政治立场与学理渊源的差异,彼此间经常引发思想的争论。其中比较有影响的有:胡适与李大钊之间的"问题"与"主义"之争,丁文江与张君劢的"科学"与"玄学"之争,张东荪、梁启超与陈独秀、李大钊等共产党人之间"改良主义"与"社会主义"的争论;黄凌霜、欧声白与陈独秀、李大钊等共产党人之间"无政府主义"与"马克思主义"的争论。此外,一些学者与政客鉴于化解社会矛盾与刷新政治的目的,从政治上提出了好人政府、省自治、联省自治、制宪救国、废督裁兵等改良方案。知识界这些思想的争鸣与不同主张的提出,对于繁荣学术、启迪智慧与探索救国救民的道路,无疑有着深远的意义和影响。就此而言,北洋政府这个让人唾弃的政权,虽然给国家与人民带来无穷的灾难,但也在无意中给中华民族创设了一个短暂的思想开放的时代。当然,如此之结果,绝不是因为北洋政府的开明,而是因为它的无能与懦弱禁锢不了人们开放的思想,其实本质上它是一个相当保守反动的政府,袁世凯时期所倡导的"尊孔读经"运动就是最好的明证。

122

二、年表

公元	朝代	帝王年号	大事
1912年	中华民国	民国元年	1月1日,孙中山就任临时大总统,发表《临时大总统就职宣言》与《告全国同胞书》,宣告中华民国临时政府成立;同日,参议院决议改用阳历,用中华民国纪年;1月3日,黎元洪被推举为中华民国临时副总统;1月14日,光复会领袖陶成章被沪军都督陈其美所派遣的蒋介石刺杀;1月26日,清宗社党领袖良弼被同盟会员彭家珍刺杀;同日,清军将领段祺瑞等46人联名电请清帝退位;2月10日,参议院推举唐绍仪为国务总理,并通过优待清室条例;2月11日,袁世凯通电表示赞同共和;2月12日,清帝发布了退位诏书;2月13日,孙中山向参议院请辞临时大总统职位;2月15日,参议院推举袁世凯为中华民国第二任临时大总统;2月19日,中华民国红十字会成立;2月23日,河南宝丰爆发了白朗起义;3月8日,参议院通过了《中华民国临时约法》;3月10日,袁世凯在北京就任临时大总统;3月25日,袁世凯颁布《劝谕蒙藏令》;4月1日,孙中山在参议院宣告辞去临时大总统职;5月3日,京师大学堂改名为北京大学校,以严复为校长;5月7日,参议院议决:国会实行两院制,即参议院与众议院;5月9日,统一党、民社、民国公会、国民共进会、国民协进会、国民党等团体,联合组成共和党,以黎元洪为理事长;5月10日,参议院决定以五色旗为国旗;6月15日,中华民国政府第一届内阁——唐绍仪内阁垮台;8月25日,宋教仁联合几个小党派,把同盟会改组为国民党;9月28日,参议院决定以每年的10月10日为中华民国国庆日;10月7日,孔教会在上海成立,陈焕章为主任干事;10月8日,梁启超结束流亡生活,自日本抵达天津;11月3日,沙俄派人与蒙古分裂分子在库伦签订《俄蒙协约》与《商务专条》,企图控制蒙古;11月15日,蒙古王公联合会宣布库伦政府无权代表蒙古,否认《俄蒙密约》;12月12日,工商部颁行了我国最早的专利法——《暂行工艺品奖励章程》。是年,7月8日,日俄缔结共同瓜分蒙古的密约。

续表

公元	朝代	帝王年号	大事
1913 年		民国二年	2 月 4 日,国民党在国会选举中胜出;3 月 20 日,宋教仁在上海遇刺,2 天后伤重去世;4 月 8 日,中华民国第一届国会在北京开幕;4 月 26 日,袁世凯北洋政府签订《善后借款合同》;5 月 2 日,美国宣布承认中华民国;5 月 29 日,由共和党、统一党与民主党合并而成的进步党成立,黎元洪任理事长;6 月 22 日,袁世凯发布尊孔令;7 月 12 日,李烈钧在湖口宣布江西独立,二次革命开始,随后在半个月内,江苏、安徽、上海、广东、福建、浙江、湖南等南方各省纷纷宣布独立;9 月 7 日,袁世凯御用党——公民党成立,梁士诒为党首;9 月 27 日,孔教会在山东曲阜召开第一次全国大会,康有为当选为总会会长;10 月 4 日,《大总统选举法》正式公布,大总统任期 5 年,连任 1 次;10 月 5 日,北洋政府与日本秘密交换《满蒙五路借款修筑预约办法大纲》文书,并达成协议;10 月 6 日,袁世凯当选中华民国正式大总统;10 月 13 日,中、英、藏三方代表参加的西姆拉会议开幕;10 月 31 日,《天坛宪法草案》通过;11 月 4 日,袁世凯下令解散国民党;11 月 5 日,《中俄声明文件》签署,俄国承认中国在外蒙古的宗主权,中国承认外蒙古的自治权;12 月 15 日,新成立的政治会议开幕,李经羲、张国金为正副议长。
1914 年		民国三年	1 月 1 日,章太炎被袁世凯囚禁于北京龙泉寺;1 月 10 日,袁世凯宣布停止参、众两院议员的职务;2 月 28 日,袁世凯下令解散各省省议会;3 月 1 日,中国加入万国邮政联盟;3 月 2 日,北洋政府公布《商人通则》与《警察治安条例》;3 月 15 日,中华全国商会联合会在上海召开;3 月 24 日,英国代表与西藏地方政府代表非法制造了"麦克马洪线";5 月 1 日,《中华民国约法》正式公布,规定中国由内阁制实行总统制;同日,袁世凯宣布取消国务院,以总统府的政事堂替代;5 月 10 日,胡汉民主编的《民国》杂志与章士钊主编的《甲寅》杂志在日本东京创刊;5 月 26 日,根据袁世凯颁布的《参政院组织法》,参政院成立;6 月 14 日,北洋政府设立察哈尔特别行政区;6 月 30 日,袁世凯下令改各省都督为将军;7 月 8 日,中

续表

公元	朝代	帝王年号	大事
			华革命党正式成立,孙中山当选为总理;8月6日,北洋政府就欧洲爆发第一次世界大战发表中立宣言;8月13日,以黄兴为领导的欧事研究会成立;8月27日,对德宣战的日本出兵中国山东;12月26日,美国退还庚子赔款,以充作中国留美学生经费;12月29日,《修改大总统选举法》公布,大总统任期10年,可连选连任,且可推荐下任总统;同日,袁世凯公布《地方自治条例》。是年,6月28日,萨拉热窝刺杀事件发生;7月28日,第一次世界大战发生。
1915年		民国四年	1月18日,日本向袁世凯提出企图灭亡中国的"二十一条"要求;1月25日,各省将军联电反对日本要求;3月12日,北洋政府公布《国民会议组织法》;5月8日,北洋政府宣布承认日本的最后通牒;5月25日,第二届远东运动会在上海开幕;6月7日,《中俄蒙条约》在恰克图签字,条约规定:外蒙古自治,中国拥有宗主权;6月9日,库伦活佛宣布独立,袁世凯册封其为外蒙古博克多哲布尊丹巴呼图克图汗;8月3日,袁世凯美籍顾问古德诺在北京《亚细亚报》发表《共和与君主论》,鼓吹恢复帝制;8月14日,杨度等发起成立筹安会;9月15日,陈独秀在上海创办《青年杂志》;10月2日,英国公使朱尔典向袁世凯表示支持帝制;10月8日,北洋政府成立国民代表大会;10月15日,筹安会改组为"宪政协进会";10月25日,中国科学社正式成立;10月28日,国体投票开始;11月1日,《益世报》在天津创办;11月1—3日,英、法、日、俄等国建议北洋政府暂缓变更国体;12月11日,"国民代表大会"一致赞成君主立宪,推举袁世凯为皇帝;12月12日,袁世凯接受拥戴称帝;12月25日,蔡锷等在云南宣布独立,组建护国军;12月31日,袁世凯下令1916年为"洪宪元年"。
1916年		民国五年	1月1日,袁世凯正式称帝;1月5日,袁世凯明令讨伐蔡锷、唐继尧领导的护国运动;1月22日,《民国日报》创刊,进行反袁宣传;1月27日,贵州护军使宣布独立;

续表

公元	朝代	帝王年号	大事
			2月25日,易白沙在《青年杂志》上发表《孔子评议》一文;3月15日,广西宣布独立;3月22日,袁世凯申令撤销帝制;5月9日,陕西宣布独立;5月22日,四川宣布独立;5月29日,湖南宣布独立;6月6日,袁世凯在绝望中死去;6月7日,黎元洪依法继承总统;6月9日,孙中山发表恢复《临时约法》宣言;7月14日,黎元洪发布惩办杨度等变更国体的祸首人员;9月9日,张继等组建宪政商榷会成立;9月13日,梁启超等组建宪法研究会成立;9月21日,安徽督军张勋在徐州成立13省联合会;10月1日,《青年杂志》改名《新青年》;11月9日,李根源等组建政学会成立。
1917年		民国六年	1月1日,胡适在《新青年》杂志上发表《文学改良刍议》,倡言白话文;1月4日,蔡元培就任北大校长;1月26日,京师图书馆开馆;2月1日,陈独秀在《新青年》发表《文学革命论》,提倡文学革命;2月5日,北洋政府召开特别会议,讨论欧战问题;2月16日,段祺瑞主张加入协约国参战,黎元洪反对;3月9日,孙中山反对参加第一次世界大战;3月14日,北洋政府与德国绝交;5月6日,黄炎培、梁启超、蔡元培、张謇等发起成立中华职业教育社;5月23日,黎元洪下令免去国务总理段祺瑞的职务;5月29日,督军团纷纷通电宣布独立,反对南京临时约法;6月1日,黎元洪电招安徽督军张勋来京共商国是;6月6日,孙中山通电西南各省讨逆护法;6月12日,黎元洪下令解散国会;7月1日,张勋拥戴宣统皇帝复辟;7月3日,段祺瑞通电讨伐张勋;7月6日,冯国璋在南京宣誓代理总统职务;7月12日,段祺瑞率讨逆军攻入北京,张勋复辟失败;7月14日,黎元洪通电宣布去职;7月25日,国会议员在广州召开非常会议,商组军政府;8月11日,云南督军唐继尧通电拥护约法;8月14日,北洋政府对德宣战;8月25日,国会非常会议在广州开幕;9月10日,孙中山在广州就任军政府陆海军大元帅之职;10月3日,孙中山宣布不承认北洋政府;11月1日,孙中山任命蒋介石、张群为大元帅府参军;11月19日,孙中山通电南北和谈的条件是恢复约法与旧国会;

续表

公元	朝代	帝王年号	大事
			12月2日,孙中山任命陈炯明为援闽粤军总司令;12月3日,北洋政府决定南征;12月9日,陆荣廷、唐继尧通电冯国璋,主张南北和解,共同对外;12月25日,冯国璋颁布停战令。是年,3月12日,俄国发生"二月革命";11月2日,美日签订有损中国利益的"蓝辛石井协定";11月7日,俄国十月革命爆发。
1918年		民国七年	1月15日,西南护法各省联合会在广州成立,为护法各省最高政务执行机关;1月30日,北洋政府下令向南方进攻;3月23日,冯国璋任命段祺瑞为国务总理;3月25日,中日签订《共同防敌军事协定》;4月18日,毛泽东在湖南长沙组织成立新民学会;4月30日,曹汝霖与日商中华汇业银行订立《电信借款条约》(西原借款之一);5月4日,孙中山向非常国会辞去陆海军大元帅之职;5月15日,鲁迅发表《狂人日记》;5月19日,《中日海军共同防敌军事协定》签订;6月3日,各省议会代表发表联合宣言,要求南北停战;6月18日,曹汝霖与日本议会订立《吉会铁路借款预备合同》(西原借款之一);王光祈、曾琦、李大钊等发起成立少年中国学会;7月4日,苏俄宣布放弃帝俄在中国的特权;9月4日,徐世昌被国会选举为中华民国第二任总统;9月14日,广州军政府宣布北京选举总统非法;11月12日,北洋政府决定召开南北和平会议;11月19日,罗家伦、傅斯年等发起成立新潮社;11月23日,教育部公布注音字母39字表;12月1日,中国代表启程参加巴黎和会;12月2日,英、法、美、日、意五国公使发表联合声明不干涉中国内政;12月12日,广州军政府派代表出席巴黎和平会议;12月22日,陈独秀、李大钊主办的《每周评论》发刊。是年,11月11日,第一次世界大战结束。
1919年		民国八年	1月11日,广州政府改名为护法政府;2月5日,北京以及社会各界要求巴黎和会中国代表维护中国主权;2月12日,巴黎和会中国代表公布中日各项密约;2月15日,中国代表顾维钧在巴黎和会上就山东问题发表长篇演讲;2月17日,桐城派文人林纾在上海《新申报》发表

续表

公元	朝代	帝王年号	大事
			小说《荆生》一文,引起新旧文化的论战;3月23日,北京大学平民教育讲演团正式成立;4月5日,《每周评论》刊载《共产党宣言》节译本;4月30日,巴黎和会决定将德国在山东的权益转让给日本;5月4日,五四爱国运动正式爆发;5月28日,孙中山发表《护法宣言》;5月31日《新青年》出版马克思主义专号;6月14日,曹汝霖、章宗祥、陆宗舆被迫辞职;7月10日,北洋政府宣布拒绝对德和约签字;7月14日,毛泽东主编的《湘江评论》创刊;7月20日,胡适在《每周评论》第31号上发表《多研究些问题,少谈些主义》一文,挑起"问题"与"主义"之争;7月25日,苏俄政府发表第一次对华宣言,宣布废除前沙皇政府在华特权及与中国签订的不平等条约;8月4日,外蒙古王公会议一致反对俄人引诱外蒙独立;8月30日,《每周评论》被政府查封,共发行36期;9月10日,中国代表在巴黎和会上拒绝参加对奥和约签字;9月16日,周恩来等在天津发起成立觉悟社;10月10日,中华革命党改组为中国国民党;10月19日,外蒙库伦当局呈文北洋政府,要求取消独立;11月17日,外蒙库伦当局正式宣布取消独立;12月2日,毛泽东在湖南领导驱张(敬尧)运动;12月21日,呼伦贝尔当局致电北洋政府,要求取消独立。是年,1月18日,巴黎和会在巴黎凡尔赛宫镜厅开幕。3月1日,第三国际在莫斯科成立;8月1日,苏俄政府发表《告蒙古政府与蒙古人民书》,宣布废除沙俄同蒙古的不平等条约。
1920年		民国九年	1月6日,天津国民大会通电全国声讨安福系;2月1日,北洋政府收复沙俄强占的唐努乌梁海地区;2月15日,《改造》(《解放与改组》)月刊2卷4号,开设社会主义专栏;3月4日,日本坚持中日直接交涉山东问题;3月31日,北京大学"马克思学说研究会"成立;4月25日,唐继尧、唐绍仪、伍廷芳宣布脱离广州军政府;5月1日,北京、上海等地第一次纪念"五一"国际劳动节;6月29日,中国加入国际联盟;7月12日,直皖战争爆发;7月13日,张作霖率军入关,参加直皖战争;7月19日,中

续表

公元	朝代	帝王年号	大事
			国代表参加共产国际第二次代表会议;7月22日,谭延闿发表湖南自治宣言;7月28日,徐世昌下令免去段祺瑞所有职务;8月11日,粤桂战争爆发;8月22日,上海社会主义青年团成立,俞秀松为书记;8月,上海、武汉等地共产主义小组先后成立;9月1日,《新青年》自8卷1号起成为中国共产党的公开刊物;9月22日,北洋政府断绝同前沙俄政府的外交关系;10月12日,英国哲学家罗素来华讲学;10月,北京共产党小组成立;11月7日,《共产党》月刊在上海发刊,第一次喊出了"社会主义万岁"与"共产党万岁"的口号;11月12日,连横所著的《台湾通史》出版;11月21日,中国共产党领导下的第一个产业工会——上海机器工会成立;11月,毛泽东在湖南组建了共产党小组;12月26日,甘肃固原、海原地区发生强烈地震,死亡23万多人。是年,1月20日,国际联盟正式成立;2月24日,希特勒提出德国工人党的二十五点纲领。
1921年		民国十年	1月8日,四川宣布自治;1月21日,湖南宣布自治;1月27日,1918年签订的中日《陆军共同防敌军事协定》与《海军共同防敌军事协定》被废除;1月28日,贵州宣布自治;2月3日,白俄攻陷库伦;2月28日,蒙古国民党成立;4月7日,孙中山当选为中华民国非常大总统;4月9日,外蒙古活佛特使到达北京,承认蒙古属于中国;5月20日,《中德协约》签字,德国放弃其在山东的各项权利;6月20日,第二次粤桂战争爆发;苏俄红军进入外蒙古;7月11日,蒙古人民党宣布蒙古国人民政府成立;7月23日,中共一大召开;8月2日,中共一大选举陈独秀为中央局书记;9月1日,中共中央创立人民出版社;9月29日,中国政府派代表出席在美国华盛顿召开的太平洋会议;10月17日,台湾文化协会成立;11月12日,华盛顿会议开幕;11月15日,孙中山在桂林督师北伐;12月3日,徐世昌通电辞职;12月4日,鲁迅的《阿Q正传》在《晨报》上刊发。是年,5月20日,德国同中国订立友好条约;12月6日,华盛顿会议通过取消在中国领事裁判权的决议。

续表

公元	朝代	帝王年号	大事
1922 年		民国十一年	1 月 1 日,孙中山决定以青天白日满地红为国旗;1 月 15 日,中国社会主义青年团第一个机关报——《先驱》在北京创刊;1 月 31 日,吴宓任总编辑的《学衡》杂志在北京创刊;2 月 4 日,中日签订《解决山东悬案条约》及附件;3 月 10 日,陕西、四川等省宣布联省自治;4 月 21 日,孙中山下令免去陈炯明本兼各职;4 月 29 日,第一次直奉战争爆发;5 月 1 日,中国劳动组合书记部发起的第一次全国劳动大会在广州开幕;5 月 4 日,孙中山下令讨伐徐世昌;5 月 5 日,中国社会主义青年团第一次全国代表大会在广州开幕;5 月 13 日,蔡元培、胡适等提出组织好人政府的主张;6 月 11 日,黎元洪复位出任总统;6 月 15 日,中共中央第一次发表《对时局的宣言》;6 月 16 日,陈炯明叛变,炮轰总统府;7 月 7 日,吴佩孚等相继通电反对联省自治;7 月 16 日,中共第二次全国代表大会在上海开幕;8 月 23 日,李大钊代表中国共产党在上海会见孙中山,迈出国共合作的第一步;9 月 4 日,孙中山邀请李大钊、陈独秀等共同商量国民党改组问题;9 月 13 日,安源路矿工人发生罢工;10 月 2 日,孙中山与段祺瑞、张作霖等组成反直三角同盟;11 月 2 日,北京成立了受直系控制的"国民议会监督团";12 月 1 日,日本同中国签订《山东悬案细目协定》;12 月 11 日,毛泽东领导湖南工团联合会迫使军阀赵恒惕承认工人集会、结社、罢工及交涉权利。是年,12 月 30 日,苏联宣告成立。
1923 年		民国十二年	1 月 1 日,在中共与苏俄帮助下,孙中山发表《中国国民党宣言》与《中国国民党党纲》;1 月 5 日,京汉铁路工人筹备建立总工会;1 月 12 日,共产国际通过了《关于中国共产党与中国国民党合作的决议》;1 月 19 日,北京参议院通过宣布废除"中日协约二十一条无效案";1 月 26 日,《孙文越飞宣言》发表;2 月 1 日,京汉铁路总工会在郑州成立;2 月 7 日,吴佩孚制造"二·七"惨案;2 月 21 日,孙中山返回广州,复任陆海军大元帅之职;3 月 1 日,北洋政府公布《县自治法》;3 月 29 日,中日关于山东问题的最后文件签字;6 月 12 日,中共三大在广州召开;6 月 13 日,直系发动政变,黎元洪被迫去职;8 月 16 日,孙中山派蒋介石以孙逸仙博士考察团的名义访问苏

续表

公元	朝代	帝王年号	大事
			俄;8 月 26 日,晏阳初领导的中华全国平民教育促进会在北京召开成立大会;10 月 5 日,曹锟以贿赂的手段当选总统;10 月 6 日,鲍罗廷受苏联政府委派抵达广州;11 月 1 日,中共在上海创办上海书店;11 月 24 日,中共三届一中全会在上海召开;11 月 29 日,国民党广东支部长要求弹劾中国共产党;12 月 2 日,中国青年党成立。是年,日本发生关东大地震。
1924 年		民国十三年	1 月 1 日,《中国国民党改组宣言》《中国国民党党纲草案》《中国国民党党章草案》等文件在《民国日报》公布;1 月 20 日,中国国民党一大在广州召开;2 月 7 日,中共领导的全国铁路总工会成立;3 月 8 日,中国第一次庆祝"三八妇女节"大会在广州召开;4 月 12 日,孙中山公布《国民政府建国大纲》;4 月 20 日,中国青年党在巴黎召开第一次全体会议;5 月 31 日,《中俄解决悬案大纲协定》与《暂行管理中东铁路协定》签字;6 月 16 日,黄埔军校正式开学,蒋介石为校长;6 月 18 日,国民党中监委邓泽如、张继等呈请孙中山弹劾共产党案;7 月 1 日,外蒙宣布成立蒙古人民共和国,北洋政府提出抗议;7 月 7 日,国民党发表党务宣言,阐明容共原则;8 月 3 日,胡政之主持的、以报道时事分析政治为主旨的《国闻周报》在上海创刊;9 月 3 日,江浙战争爆发;9 月 15 日,第二次直奉战争爆发;9 月 20 日,孙中山在韶关举行誓师典礼;10 月 10 日,青年党人在上海创办《醒狮》杂志;10 月 23 日,冯玉祥发动政变,推翻直系中央政府;10 月 26 日,冯玉祥电邀孙中山北上共商国是;11 月 2 日,曹锟宣布辞职;11 月 5 日,溥仪被逐出故宫;11 月 10 日,孙中山发表《北上宣言》;11 月 24 日,中华民国临时执政府在北京成立,段祺瑞为临时执政;12 月 6 日,谭延闿下令北伐军向江西赣南进攻;12 月 13 日,王世杰等在北京创办政论性刊物《现代评论》;12 月 30 日,段祺瑞通电宣布在民国十四年 2 月 1 日在北京召开善后会议。1 月 21 日,列宁逝世;5 月 31 日,苏联同中国签订《中俄解决悬案大纲协定》,双方正式建交;11 月 26 日,蒙古人民共和国宣告成立;12 月,胡志明在广州创立"越南青年革命同志会"。

续表

公元	朝代	帝王年号	大事
1925年		民国十四年	1月1日,段祺瑞电请孙中山、黎元洪等出席善后会议;1月11日,中共在上海举行第四次全国代表大会;1月25日,周恩来等在黄埔军校成立中国青年军人联合会;1月26日,中国社会主义青年团更名为中国共产主义青年团;2月1日,广东革命政府开始第一次东征;2月15日,中华妇女协会在北京召开成立大会;3月12日,孙中山在北京逝世;4月24日,黄埔军校孙文主义学会成立;5月18日,段祺瑞在北京设立国政商榷会;5月21日,东征军会师广州平定叛乱;5月28日,广州大本营决定实行委员制;5月30日,上海发生五卅惨案;6月19日,省港工人罢工开始;6月23日,广州发生沙基惨案;7月19日,川黔战争爆发;8月20日,廖仲恺在广州被刺身亡;8月25日,北京国家宪法起草委员会决定国会采用两院制;8月26日,国民政府把原在广东的军队改编为国民革命军;9月4日,华盛顿会议照会北洋政府修改不平等条约;9月19日,周恩来出任国民革命军第一军政治部主任;10月5日,毛泽东受汪精卫推荐出任国民党中央宣传部代理部长;10月7日,皖、赣、苏、闽、浙五省联盟成立,孙传芳为五省联军总司令;10月10日,中国致公党成立;10月11日,广州国民政府组织第二次东征;10月15日,直奉之间爆发战争;11月23日,国民党右派在北京召开西山会议;12月11日,国民党中央执行委员会重申三大政策与根本方针。是年,3月,日本决定在学校实行军事教育。
1926年		民国十五年	1月1日,国民党二大在广州召开;1月25日,张作霖宣布东三省自治;2月1日,国民政府特任蒋介石为国民革命军总监;2月21日,段祺瑞下令讨伐吴佩孚;3月1日,黄埔军校更名中央军事政治学校,校长蒋介石;3月3日,北洋政府就苏联与外蒙订立正式条约向苏联政府提出强烈抗议;3月18日,北洋政府制造"三·一八"惨案;3月20日,蒋介石制造中山舰事件;4月20日,段祺瑞政府垮台;5月15日,国民党二届二中全会通过了蒋介石提出的整理党务案;6月5日,国民政府特任蒋介石为国民革命军总司令;7月9日,北伐战争正式开始;

续表

公元	朝代	帝王年号	大事
			9月17日,冯玉祥在五原誓师,就任国民联军总司令,同北伐军相呼应;10月10日,北伐军攻占武昌,基本消灭了吴佩孚的军队;10月23日,上海工人举行第一次工人起义;11月8日,国民革命军占领南昌,江西战事结束;12月1日,张作霖就任安国军总司令;12月7日,国民党中央通电:中央党部及国民政府迁往武昌。是年,9月8日,德国加入国联,并在行政院获常任国席位;12月25日,日本大正天皇逝世。
1927年		民国十六年	1月1日,国民政府明令定都武汉;1月4日,毛泽东从长沙出发,开始考察湖南农民运动;1月28日,中共发表《中国共产党对于时局宣言》,号召组成革命统一战线;2月6日,昆明镇守使龙云发动军事政变,唐继尧下台;3月21日,上海工人举行第三次起义并取得胜利;3月24日,英、美、法、日等列强制造南京惨案;4月3日,蒋介石与汪精卫在上海举行反共秘密会议;4月12日,蒋介石发动"四·一二"反革命政变;4月27日,中共五大召开,陈独秀仍当选为总书记;4月28日,李大钊等在北京被张作霖杀害;5月5日,南京国民党中央组织中央清党委员会,通过《清党原则》;5月21日,反动军官许克祥在长沙发动马日事变,大肆屠杀中共党员与革命群众;6月20日,蒋介石与冯玉祥在徐州举行会议,决定宁汉合作,联合北伐;7月7日,冯玉祥在洛阳宣布清党;7月12日,陈独秀被解除总书记职务;7月15日,武汉国民党中央召开分共会议,通过《取缔共产党案》,正式宣布与共产党决裂;8月1日,南昌起义爆发;8月7日,中共中央在汉口召开"八·七"会议,会议确定土地革命与武装反抗国民党反动派的总方针;8月13日,南京国民政府外交部宣布废除北洋政府与外国签订的一切不平等条约;同日,蒋介石在上海发表下野宣言;8月19日,武汉国民政府迁都南京,宁汉正式合流;9月9日,毛泽东在湘赣边领导秋收起义;9月15日,宁、汉、沪在南京召开联席会议,并组建国民党中央特别委员会;9月21日,

续表

公元	朝代	帝王年号	大事
			汪精卫、唐生智等在武汉成立政治分会,与南京特委会对峙;10 月 7 日,毛泽东率部到达井冈山茅坪;10 月 11 日,张作霖与日本达成"满蒙新五路协约";10 月 20 日,宁汉战争爆发;11 月 13 日,广东海陆丰苏维埃政府成立;11 月 23 日,南京国民政府外交部发表《废约宣言》;12 月 11 日,中共发动广州起义;12 月 14 日,中苏断交。是年,3 月 14 日,日本爆发金融危机;5 月 28 日,日本出兵中国山东;6 月 27 日,日本"东方会议"召开。

三、重点述评

1. 走向深渊:袁世凯背叛共和

袁世凯用恩威并济的办法,不仅骗取了革命党人和清朝贵族的让步,而且赢得了立宪党人与一大批士大夫的信任,1912 年 3 月 6 日,终于以民族英雄的身份,在众望所归中获得了中华民国临时大总统的职位。应该说这是一个比较理想的结局,但好景不长,袁世凯与革命党人在组阁问题上很快出现了矛盾。因为根据革命党人"总统取名、内阁取实"的政治设计,责任内阁才是国家政治活动的重心,而总统只是一个名义上的国家元首,故此,控制内阁中的关键职位成为革命党人的重要目标;可是作为军事强人的袁世凯,出于维护个人专制及其北洋集团利益的需要,在内阁人员的安排上,除了把内阁总理一职让与刚加入同盟会的老官僚唐绍仪外,其他的重要职位如陆军总长、内务总长等都让自己的亲信出任,这样自然引起革命党人的强烈不满。不久,袁世凯出于独断专行的目的,见唐绍仪内阁任命非自己嫡系的王芝祥为直隶都督,便唆使北洋将领通电反对,随后又以息事宁人的姿态在不经内阁副署的情况下,发布了改任王芝祥为南方宣慰使的命令。如是,使得唐绍仪内阁不得不被迫辞职。

唐内阁的垮台,无疑进一步加强了革命党人对袁世凯专制的疑虑与防范,但袁世凯并不因此而收手,相反趁此机会,先后任命自己的亲信陆徵祥、赵秉钧为内阁总理,以便继续强化自己的独裁地位。针对袁世凯独裁行为的日益凸显，革命党人在宋教仁的领导下，以同盟会为基础，联合几个小党组成国民党，希望通过议会斗争的办法来制约袁世凯的专制，同时把中国建设成一个真正独立、富强、民主与自由的资产阶级共和国。然而，当宋教仁领导国民党在第一次国会选举中获得压倒性多数的时候，袁世凯却派人在上海将其刺杀。所以，随着宋教仁被刺真相的公布，与袁世凯为镇压革命而进行善后大借款的发生，无路可退的国民党人在孙中山与黄兴的领导下，只得从议会倒袁转到武力倒袁的轨道上来，于是李烈钧在江西、黄兴在江苏、柏文蔚在安徽、胡汉民在广东开始了轰轰烈烈的二次革命。不过，鉴于双方实力悬殊的客观实际，不到两个月，二次革命就失败了，而袁世凯凭借军事上的胜利，不仅迫使一大批国民党人流亡海外，而且占领了以前国民党人掌控的南方省区。

随着军事上的胜利与政治实力的增强，袁世凯的独裁野心也愈发膨胀。首先强迫国会于1913年10月6日选举其为正式大总统；接着为了摆脱国民党与国会对其专制的制约，借口国民党议员与二次革命有牵连和"国会专制"，先后下令解散国民党与国会，同时组织政治会议作为自己专制的御用工具。因此，到1914年初，袁世凯个人权力得到了空前的提高。然而，他并没有因此而止步。1915年5月1日，袁世凯正式公布了自己操控的约法会议所炮制的《中华民国约法》，以之取代《中华民国临时约法》，在此约法中，总统权力达到封建皇权一样的高度。不久，参政院又根据袁世凯的意旨修改《总统选举法》，其中明文规定：总统任期10年，连选连任无限制；总统任期届满时，如政治上必要，可不经选举而连任；总统继承人由现任总统推荐。至此，袁世凯的独裁之意恰如司马昭之心，因为他不仅保证了自己做终身总统，而且为自己子孙做世袭总统创造了条件；而南京临时政府所建立起来的资产阶级民主制度，经他这么一折腾，也只剩下了"民国"一块空招牌。

然而，随着时间的推移，袁世凯连"民国"这块替其专制遮丑的空招牌也难以容忍，于是在国内外一批别有用心的人的怂恿下，企图在中国实行君主立宪制，并且为了得到列强的帮助，甚至不惜接受日本帝国主义提出的志在灭亡中国的"二十一条"。① 在此过程中，美国人古德诺所发表的《共和与君主论》、日

---

① 二十一条共分五号，其主要内容是：第一号主要是关于中国山东的权益转让问题，共4条；第二号主要是中国的权益转让问题，共7条；第三号主要是两国关于汉冶萍公司的合作问题，共2条；第四号主要是关于中国沿海港湾及岛屿的租让问题，共1条；第五号主要是关于日本企图控制中国的内政问题，共7条。经过长时间谈判后，袁世凯被迫接受第一至四号的基本内容。

本人有贺长雄所发表的《共和宪法持久策》等文章,以及杨度等人所组成的筹安会,对袁世凯"帝制自为"起了推波助澜的作用。[①] 就这样当袁世凯一步一步地走向专制的极限时,其实也在一步一步地走向万劫不复的深渊。

因此,1916年元旦当其以洪宪皇帝的身份在北京接受百官的朝贺时,进步党人蔡锷在一批革命党人的支持下,组建云南军政府,发表了讨袁檄文,揭开了护国战争的序幕,而全国各地的反袁斗争也随之风起云涌。在四面楚歌与众叛亲离的困境中,袁世凯于1916年3月20日不得不宣布取消帝制,第二天又宣布废除"洪宪"年号,到了4月又下令恢复内阁制,希望以此来保全总统职位。可令其失望的是,此时的反袁势力,不仅于5月8日由各独立省份的军人组成的军务院,宣布指挥全国军事,筹办善后庶政;而且革命党领袖孙中山于5月9日发表了《讨袁宣言》,号召人民除恶务尽。更令袁世凯绝望的是,他最信任的四川将军陈宦与湖南将军汤芗铭,也趁机落井下石,相继宣布跟其脱离关系。6月6日,袁世凯只得在众叛亲离与全国人民的唾骂声中忧惧而亡,结束了其从英雄到奸雄的历史。

所以综观袁世凯走向深渊的全过程,不难发现其如此结局,也许可以用这么几个字来概括:机关算尽太聪明,反误了卿卿生命! 因为共和毕竟是人心所向,即使它"假"得只剩下一个空壳,但仍能容纳人民对它的希望;而帝制终究是历史陈迹,即使它"真"得能风行一时,但仍然挡不住人民对它的厌恶。同时,也让人不能不思考:既然专制是如此的不得人心,作为一时豪杰的袁世凯为什么偏偏反其道而行之,甚至甘冒天下之大不韪而帝制自为呢? 难道真是利令智昏与权欲熏心吗? 如果就袁世凯本人而言,原因确实如此;如果就当时的实际情况来说,原因又不尽然。为什么呢?

一方面,革命党人的怀疑与防范。虽然以孙中山为首的革命党人在袁世凯

---

① 如筹安会从"祸变"角度陈述实行君主立宪原因时说:"君主国之元首贵定于一;共和国之元首贵定于不一。不定于一,即不能禁人之争,曩者二次革命即以争元首而成大乱。他日之事何独不然,无强大之兵力者,不能一日安于元首之位,数年一选举,则数年一竞争,斯数年一战乱耳。彼时,宪法之条文,议员之笔舌,枪炮一鸣,概归无效。所谓民选为兵选,武力不能相下,斯决于战争。墨西哥五总统并立之祸,必试演于东方。中原瓦解,外力纷乘,国运于兹,斩焉绝矣。未来之祸,言可痛心。即令今日定一适宜之宪政,纲举目张,百度俱理,他日一经战乱,势必扫荡无遗。国且不存,何云宪政,救亡之法,惟有废除共和,改立君主,屏选举之制定世及之规,使元首之地位绝对不可竞争,将不定于一者,使定于一,是则无穷隐患,概可消除,此拨乱之说也。"(中国第二历史档案馆编:《中华民国史档案资料汇编·政治·二》(第三辑),南京:江苏古籍出版社,1991年,第1068页。)

答应赞成共和与逼迫清帝退位后,把中华民国临时大总统的职位让了出来,但对袁世凯并不信任,故而孙中山在辞去总统职位之前向袁世凯提出三个要求,即必须以南京为首都;必须在南京宣誓就职;必须遵守《中华民国临时约法》,希望以此来约束袁世凯的权力。孙中山此种做法,自然招来了袁世凯心中的不快,只不过迫于形势而不便表露罢了。随后,当袁世凯提名唐绍仪出任第一届内阁总理时,孙中山等又把他拉入到同盟会中,使其成为革命党人中的一员,并且强烈要求黄兴担任陆军总长一职;革命党人的此种行为,无异于在挖袁世凯的政治墙脚。尤其是革命党人在孙中山担任临时大总统时,不仅强调总统集权,而且强调中央集权,可是孙中山一辞职,却马上主张地方实行自治,中央实行责任内阁制。这种厚此薄彼的行为,不能不引起袁世凯的愤恨,事实上也是如此。

袁世凯先用阴谋诡计骗取革命党人答应其北京就职,并同意把北京作为中央政府的所在地;随后又迫使唐绍仪内阁的辞职,以显示自己的威权。针对宋教仁领导国民党在国会选举中取得议会多数的事实,袁世凯在拉拢不成的情况下,则纵容下属派人刺宋以了事。就这样袁世凯在对革命党人的防范中,一步一步走向共和的反面,最后不得不诉诸暴力的手段来镇压革命党人,使自己沦为一个赤裸裸的独裁者;而且为了保证自己在跟革命党人的政治博弈中取得优势,甚至不惜出卖国家的利益以换取列强的支持。而革命党人在袁世凯的大棒政策下,不仅没有推进中国民主共和的事业,而且使刚建立起来的民主共和制度遭到了毁灭性打击,更甚者还付出了生命与鲜血的代价。

可见,革命党人与袁世凯之间,由于互信度的缺乏而引发的矛盾冲突,是一场彻头彻尾的负和博弈。如果彼此间相互多一分信任,也许会是另外一种结局。因为站在政治家的角度,彼此都希望把中国引向独立与富强;遗憾的是,由于彼此方法的大相径庭,而导致南辕北辙的结果,这也许不是革命党人与袁世凯所希望的。当然,就当时情况而言,革命党人与袁世凯之间的防范与反防范都有各自成立的理由:在革命党人看来,袁世凯之所以赞成共和,并非是对共和的真正信仰,而是出于对中华民国临时大总统职位的垂涎,同时其封建官僚的背景和出卖维新派的历史污点,也不能不让人疑虑其日后对共和国的忠诚度,故而有必要对其进行适当的约束与限制;在袁世凯看来,革命党人之所以建立起中华民国,并非是凭自己的实力,而是靠他所率领的北洋军的反正,并且国家百废待兴与民族危亡共存的现实,也不是这一群少不更事的革命党人所能够领导的,更不是一部临时约法所能承担的,同时自己几十年的从政经验与大总统的身份,更没有必要处处受制于革命党人和《临时约法》,是以面对来自革命党人的防范与怀疑,袁世凯在自以为高明中自然会针锋相对,在不知不觉中走向民主共和的对立面。

另一方面,非革命党人的怂恿与支持。袁世凯之所以敢跟革命党人分庭抗礼,甚至反其道而行之,根本原因是其背后拥有三支强大力量的支持,即帝国主义的支持、立宪党人的支持与北洋军队及其旧官僚的支持,且它们联合起来远远大过革命党人的力量。不难发现,从袁世凯夺取辛亥革命的胜利果实到其帝制自为,这三大力量在其中发挥了重要作用。如英国公使朱尔典给袁世凯策划如何夺取辛亥革命的果实,英、法、日、德、俄五国通过善后大借款合同,从经济上支持袁世凯镇压二次革命;当袁世凯企图恢复帝制时,德、英、美、日等国又迎合其专制心理,怂恿其称帝,其中日本帝国主义更是表现得尤为热情,其驻华公使日置益曾赤裸裸地表示:"中国如欲改国体为复辟,则敝国必赞成。"①立宪党人则以国会为平台,从法律的角度来支持袁世凯,如他们联合起来组成进步党,在国会中与国民党相拮抗,甚至组建袁世凯的御用内阁——第一流人才内阁,为袁世凯解散国民党与国会创造条件。北洋军及其旧官僚则是支持与拥护袁世凯的基本力量,如袁世凯在迫使革命党人让步与清帝退位的过程中,北洋军就发挥了关键的作用,特别是镇压二次革命时,更是一马当先,为袁前驱。因此这三支力量的结合,不仅使得袁世凯断然敢与革命党人为敌,而且敢公然违背民主共和,沿着专制的道路远走越远。

所以,由于这两个方面原因的存在,既为袁世凯找到了专制的理由,也为其找到了专制的靠山,再加上本身所固有的权力欲,从共和走向专制也就在情理之中。当然这里又引发出一个问题,既然帝国主义、立宪党人与北洋军及其旧官僚都在袁世凯走向专制的过程中直接间接地充当了帮凶角色,但为什么当袁世凯宣布恢复帝制的时候,突然间又跟其渐行渐远甚至反目相向呢?

其实支持袁世凯专制的三大力量,其动机并非在维护袁世凯的专制,而是如何在其专制的卵翼下实现各自的目的。就帝国主义而言,它们之所以支持袁世凯当权,是为了实现自己在华利益的最大化,而袁世凯则刚好能充当实现其利益的工具,如沙俄对外蒙与新疆的侵略、英国对西藏的侵略、日本提出灭亡中

---

① 白蕉著:《袁世凯与中华民国》,北京:中华书局,2007 年,第 139 页。

国的二十一条,很大程度上得益于袁世凯的妥协退让。故而,列强们即使明知袁世凯专制不得人心,也仍然投桃报李地予以支持。可是当袁世凯真正恢复帝制的时候,列强们发现袁世凯已不能再维护自己的在华利益,所以,摇身一变从盟友而成为一个事不关己的局外人。

就立宪党人而言,他们之所以支持袁世凯,并不是因为他是好东西,而是相对革命党人来说,是一个不太坏的东西。同时,他们也希望通过对袁世凯的支持,来换取其对自己政治主张的有限认同。因此,当袁世凯在民主共和的框架中加强个人权力并且对革命党人进行肆意镇压的时候,立宪党人基本上持赞成或容忍的立场,为此他们不仅在国会中选举袁世凯为中华民国正式大总统,而且组建第一流人才内阁充当起民主的花瓶,并积极配合袁世凯解散国民党和国会。但是随着袁世凯由任期总统向终身总统再到世袭总统的嬗递,特别是变更国体恢复帝制政策的出台,立宪党人就跟其在渐行渐远中由盟友变成了敌人。其中,立宪党人领袖梁启超不仅公开发表抨击袁世凯恢复帝制的长文——《异哉,所谓国体问题者》,而且派自己的学生蔡锷到云南揭起了反袁运动的大旗,因为他发现依靠袁世凯,非但不能实现自己的政治理想,还极有可能消灭现有的民主政治。

就北洋军与旧官僚而言,他们之所以支持袁世凯,是因为他们觉得作为团体利益代言人的袁世凯,能代表和保护他们的利益,是以在袁世凯镇压革命反对民主的过程中,便毫不犹豫地充当其鹰犬与帮凶,可是随着袁世凯世袭总统的出现与帝制自为野心的流露,他们慢慢地意识到袁世凯既不能保护自己的利益,也不是他们团体利益的真正代言人。故而只得在日后风起云涌的反袁声潮中顺应时代潮流,从拥袁阵营中脱身而出,让袁世凯完全陷于众叛亲离的境地。其中最典型莫过于段祺瑞与冯国璋这两个袁世凯的心腹爱将,他们在全国反袁运动中,一个息影于北京西山,一个按兵于江苏南京,坐看袁世凯政权在护国浪潮中淹没。

当然,袁世凯走向深渊的原因,也许还有其他方面的因素,如人民的愚昧和无知,国家的贫穷与落后,社会的动荡与不安,再就是政客的投机,官僚的粉饰等,都直接间接地为其走向历史的反面铺设了台阶。不过,最根本的原因还是袁世凯自身对权力过分追求,使得其在利令智昏的情况下而堕落成历史与时代的敌人,如果自身对权力有一个清醒的认识,即使有各种各样专制的理由,也会节制与约束自己的权力欲望,并尽可能地遵循民主共和的原则。所以,被他赞为"旷代逸才"的杨度针对其悲剧,在挽联中写道:共和误民国,民国抑误共和,百世而后再平此狱;君宪负明公,明公实负君宪,九泉之下三复斯言。

其实,袁世凯当政的时代,虽然是一个百废俱兴的时代,但更是一个吐故纳新、开创新纪元的时代,如果其真正地沿着民主共和的理路,承担起建设中华民国的历史重任,不仅自己有一个光辉的未来,而且中华民族也有一个更加美好的明天。遗憾的是,袁世凯却在个人私欲的驱使下,不但使自己走向政治的深渊,并背上"窃国大盗"的恶名,[①]而且使中华民族陷入更加混乱、更加黑暗的时代之中。这不能不说是袁世凯的遗憾,也是袁世凯的罪过!

2. 强者为王:后袁世凯时代的武人政治

孙中山领导的革命党人与梁启超领导的进步党人,虽然把袁世凯及其帝制扫进了历史的垃圾堆,但既没有把支持袁世凯专制的列强赶出中国,也没有把怀有割据倾向的地方军阀整合到中央政府的领导下。相反,各地大大小小的军阀抓住政治军事强人袁世凯去世的机会,在列强的支持下,经过分化与组合,形成了各派军阀割据与相互火拼的局面。其中袁世凯的北洋军分化三派:段祺瑞为首的皖系,以日本为靠山,不仅握有中央大权,而且控制着安徽、山东、浙江、福建、陕西等省;冯国璋为首的直系,则以英、美为强援,占有江苏、江西、湖北等省与河北大部分地区;张作霖为首的奉系,则在日本扶植下,把东北三省变成了自己的地盘。此外,晋系阎锡山盘踞山西,滇系唐继尧控制云贵,桂系陆荣廷占据两广,其他如湖南、四川、新疆、甘肃等省区也基本上被不同的军阀所分割。这些大大小小的军阀为了巩固既得的利益与地盘,对外要么依列强以自保,要么借列强以自重;对内要么以国家统一为幌子,要么以保境安民作为借口,彼此在合纵连横与朝秦暮楚中进行混战。这样,即使得中国的政治堕落成一种"强存弱亡,有枪便是草头王"的武人政治,也使得中国的政局类似成一种"乱哄哄,你方唱罢我登台"的梨园政局。

自袁世凯死后,中央大权就基本上控制在皖系的段祺瑞手中,段氏为了保持并增加自己在跟其他军阀相争中的优势:军事上,抓住担任国务总理职位的

---

① 袁世凯之所以被后人责骂为"窃国大盗",其根源并不在于他把辛亥革命成果据为己有,而是其在攫取辛亥革命的成果时采取不正当的手段,并且干出了有违国家民族利益的卖国行径与有违历史潮流的反革命行为;因为如果仅从法律角度看,无论其出任临时大总统还是正式大总统,或者搞世袭总统与帝制自为,都具有相应的合法性,尽管此种合法性的基础是相当的脆弱。

良机,力主参加第一次世界大战,从而趁机以牺牲国家利益的办法向日本进行大量借款,购买军火来装备自己的军队,同时在武力统一的外衣下发动南征,把直系军队占领的湖南置于自己的控制之中;政治上,利用张勋复辟帝制事件,迫使不与其合作的进步党人黎元洪辞去大总统职务,随后又利用"安福国会"选举徐世昌为总统,把以冯国璋为首的直系势力排挤出中央政府。段祺瑞的这种损公肥私、损人利己的扩张行为,既引起了以直系为首的其他军阀的强烈不满,也招来了他们的恐惧与忌恨。于是直系、奉系以及南方军阀慢慢联合起来,共同对抗段祺瑞的皖系。1920 年 7 月 14 日,双方在北京附近爆发了大规模的军事冲突,经过苦战,皖系失败。

如是,中央大权也就自然落到了直、奉军阀们的手中。但由于分赃不均,奉系又回过头来与皖系的浙江军阀卢永祥及广州军政府的孙中山结成反直三角同盟。1922 年 4 月 29 日,奉系军阀张作霖因自己所支持的梁士诒内阁的垮台,终于在忍无可忍中跟直系决裂。于是,他率军 12 万余人,向长辛店、固安、马厂一带的直军发起猛烈的进攻,开始了第一次直奉战争,然而很快就失败了。而直系军阀趁着战争的胜利,在迫使奉军退踞关外的前提下,不仅独霸了中央政权,而且重演皖系当政时的故事。政治上,打着"法统重光"的旗帜,恢复了民国初年的国会,同时让黎元洪复任总统,借以排斥其他派系和骗取民心;然后在此基础上又通过赶制的《中华民国宪法》与贿选总统的办法,把其首领曹锟推上了总统的宝座,希望给自己的独裁披上一件合法的外衣。军事上,则提出了武力统一中国的主张,一面积极准备北征奉系军阀张作霖,一面则尽可能地向南方扩张,如勾结陈炯明破坏孙中山北伐,指使孙传芳、沈鸿英、杨森等挑起地方军阀之间的混战等。

针对直系军阀咄咄逼人的攻势,其他军阀自然不甘束手就擒。其中湖南、四川、贵州、云南、广西、浙江等省军阀,纷纷提出"省自治"或"联省自治"的主张,而张作霖则借口直系军阀齐燮元进攻皖系军阀卢永祥,于 1924 年 9 月 16 日率六路大军讨直,开始第二次直奉战争。在战争的胶着阶段,由于直系大将冯玉祥阵前倒戈,并发动北京政变,直接导致了直军前线溃败。于是奉军乘胜大举入关,逐步取代直系而掌控了中央大权。

在皖、直、奉三大北洋军阀争夺中央大权的过程中,国家元首与政府总理也随之出现频繁的更替:先后出任国家元首或代行国家元首职责的就有黎元洪、冯国璋、徐世昌、曹锟、黄郛、段祺瑞、颜惠庆、杜锡珪、顾维钧与张作霖,其中黎元洪两次出任总统；先后出任或代总理的有段祺瑞、伍廷芳、李经羲、汪大燮、王士珍、钱能训、龚心湛、靳云鹏、萨镇冰、颜惠庆、梁士诒、周自齐、唐绍仪、王宠惠、王正廷、张绍曾、高凌霨、孙宝琦、顾维钧、黄郛、许世英、贾德耀、胡惟德、杜锡珪和潘复，其中颜惠庆代任或出任总理最多，共五次，段祺瑞第二，三次出任总理，汪大燮、靳云鹏、顾维钧并列第三，各两次。之所以出现此种情况，因为中央政府与国家名器，已完全沦为军阀们用来维护自己统治与利益的工具，国家领导人的废立与进退，不是以法律为准绳，而是以军阀的好恶为原则。如黎元洪总统第一次下台，就是因为皖系军阀段祺瑞认为其在"府院之争"中妨碍了自己的扩军备战；第二次下台，是由于直系军阀曹锟、吴佩孚等觉得黎元洪已经失去了利用价值，并且阻碍了他们的专权。

在皖、直、奉三系军阀争夺中央大权而相互恶战的同时，地方军阀们也为巩固或扩大自己的权势和地盘，不时地爆发军事冲突。其中省际之间的战争主要有：1920 年 5 月，川军熊克武部为驱逐驻川的滇军与黔军，联合刘湘、但懋辛等，挑起了川、黔、滇三角战争；1920 年 8 月，桂系莫荣新指挥军队进攻驻扎在福建的陈炯明的粤军，挑起第一次粤桂战争；1921 年 6 月 20 日，桂系沈鸿英指挥军队攻入广东，开始了第二次粤桂战争；1921 年 7 月 28 日，湖南军阀赵恒惕指挥湘军分兵三路攻入湖北，开始了湘鄂战争，期间川军刘湘、但懋辛部也攻入了鄂西一带；1924 年 9 月 3 日，江苏军阀齐燮元与浙江军阀卢永祥为争夺上海及周围地区，爆发了江浙战争；1925 年 7 月 19 日，川黔联军袁祖铭部与川军杨森部交火，川黔战事爆发。省内的战争主要有：川军熊克武、杨森、刘湘、赖心辉、但懋辛、刘成勋、刘文辉、邓锡侯、田颂尧等相互间的混战，黔军刘显世与王文华的冲突，湘军赵恒惕与唐生智的战争，桂军沈鸿英反陆荣廷与李宗仁、白崇禧等反沈鸿英之间的战争；滇军顾品珍、叶荃反唐继尧与龙云、胡若愚等反顾品珍的战争。随着战争的结束，胜利者颐指气使称王称霸，如军阀赵恒惕赶跑谭延闿后，则在湖南大唱"湘省自治"与"联省自治"，军阀顾品珍在控制云南政局后，则宣布"云南自治"，军阀孙传芳在江浙战争中打败浙江督军卢永祥后坐拥浙江，并逐渐在东南形成地方割据局面；失败者则要么避居一方但求自保，要么远走他方苟延残喘，要么另找靠山力图东山再起，如唐生智被赵恒惕打败后退守湘南一隅，浙督卢永祥被齐燮元等打败后投靠到奉系阵营之中，四川军阀熊克武、湖南军阀谭延闿在省内失势以后，则带着残兵败将托庇于广州军政府，滇系首领唐继尧、桂系首领陆荣廷在被部下打败后，则出逃香港。

可见,在后袁世凯时代的短短 12 年中,中华民国虽是民国,却似战国;武人当权是中国政治的主要特色,枪杆子说话是争权夺利的基本通则;国家民族的利益,政府法律的尊严,相对于军阀们个人或小团体的利益,都沦为一钱不值的东西。所以在此阶段,总统可以用钱来购买,总理可以任意撤换,督军省长可以自我或私相授予,黎民百姓更可以肆无忌惮地奴役与践踏。当然,军阀们之所以如此,自然有其相应的理由,一方面是习惯成自然,那就是自袁世凯起,军阀们为了个人的私利,可以出卖国家民族的利益,可以无视政府法律的尊严,可以不顾黎民百姓的死活;另一方面是不得已而为之,因为在那个弱肉强食枪杆子里面出政权的年代,作为军阀,如果不想被人食,就必须变成食人者,即使偶有菩萨心肠,也必须伴行屠夫手段。就此而言,军阀之所以成为一个危害国家、民族、人民的代名词,除却其自身固有的不良品性,跟其所处的恶的政治环境、恶的社会风气、恶的文化基因,也有着很深的关系。

当然,军阀们在追逐私利的过程中,是否意识到自己的许多行径会为人不齿或史留恶名呢? 答案是肯定的。其实,身逢乱世,一个人既然能成为军阀,就必有不同常人的才智与胆气,即便他算不上豪杰,但也称得上枭雄;故而他们对于自己有违道义、不顾是非的邪恶行为,绝大多数人的心中何尝不心知肚明。如袁世凯面对所谓的"皇帝劝进书",就假惺惺地说:"今若帝制自为,则是背弃誓词,此于信义无可自解者也。"①只不过在利欲驱遣的情况下,心中有愧而心照不宣罢了,有样可学而麻木不仁罢了,迫于时势而执迷不悟罢了。所以,军阀不是傻瓜,军阀也有良知,只是实际政治中,他们让利欲迷乱了自己的智慧、蒙蔽了自己的良知,也许这正是军阀成不了英雄的原因所在,也正是军阀为人所不齿的道理所在,更是军阀之所以为军阀的症结所在!

3. 守望共和:孙中山继续革命

孙中山辞去临时大总统职位以后,原希望袁世凯在《临时约法》的框架内,发扬"共和之精神,涤荡专制之瑕秽",创造一个小康的局面,自己则从事交通、实业建设,为民国谋取更长远的利益,但是随着宋教仁被刺事件的发生与真相的揭露,孙中山意识到自己以前的想法不切实际,于是不得不从经济建设的理想中转移到政治革命的实际中来,开始举起了武力讨袁的旗帜。

---

① 《政府公报》,1915 年 12 月 12 日。

二次革命失败后,针对袁世凯一系列反民主反共和的行为,孙中山痛定思痛,于 1913 年 9 月 27 日在日本东京筹组中华革命党,并亲手拟定入党誓约,要求党员必须服从党规。次年 7 月 8 日在日本东京又亲自主持召开了中华革命党成立大会,对外正式打出了中华革命党的旗帜。为了表示维护辛亥革命胜利成果的决心,孙中山还在《中华革命党总章》中特别强调党的宗旨是:实行民权、民生两大主义,目的是:扫除专制政治与建设完全民国,同时还将革命进行程序分作军政、训政与宪政三个阶段。① 经过孙中山的努力,中华革命党先后设立了 18 个省支部和 39 个海外支部,党员最多达到 1 万多人。中华革命党的建立、发展与壮大,为孙中山反袁世凯与北洋军阀的斗争提供骨干与组织力量。1915 年底当袁世凯公然背叛民国推行洪宪帝制时,孙中山领导革命党人与梁启超领导的进步党人以及地方实力派合作,开始了全国范围内的护国运动,最后迫使袁世凯在众叛亲离中忧惧而亡,洪宪帝制也随之烟消云散。

护国运动虽然取得了胜利,但国家政权并没有发生革命性的转移,它依然掌控在北洋军阀的手中。孙中山针对段祺瑞、张勋、曹锟、吴佩孚等北洋军阀对《临时约法》的破坏,开始了长期的护法斗争。1917 年 7 月,孙中山在反张勋复辟帝制的基础上发起了护法运动,并提出打倒假共和、建设真共和的主张,号召人民为恢复《临时约法》与国会而行动起来;8 月,在广州召开非常国会;9 月,成立护法军政府并出任海陆军大元帅;10 月,指挥北伐军攻入湖南,开始了护法战争。1918 年 5 月,由于西南军阀陆荣廷、唐继尧以及一部分国会议员的阻挠与破坏,护法军政府被迫改组,孙中山不得不辞去海陆军大元帅一职,离开广州赴上海,从而标志着护法运动受到了严重的挫折与中国资产阶级旧民主主义革命再次陷于困境之中。

不过,孙中山并没有因此而绝望,到达上海后继续探索救国救民的道路,仍希望把中国建成一个真正的资产阶级民主共和国。故而,一方面对中华民国建设的某些重大问题进行仔细研究,把原有的政治主张进一步系统化、理论化;另一方面指示朱执信、廖仲恺等创办《星期评论》与《建设》杂志,进行舆论宣传。1919 年 10 月,受五四运动与十月革命的影响,孙中山又将中华革命党改组为中

---

① 广东省社科院历史研究室等合编:《孙中山全集》(第三卷),北京:中华书局,1984 年,第 97 页。

国国民党,确定"巩固共和,实行三民主义"为基本政治纲领。① 1920 年 11 月,趁粤军陈炯明部在第一次粤桂战争中胜利,孙中山从上海回到广州,重组军政府,再次举起护法运动的旗帜。1921 年 4 月,孙中山被非常国会选举为中华民国非常大总统;接着命令陈炯明、许崇智、李烈钧等分路讨伐广西军阀陆荣廷,开始了第二次粤桂战争。9 月,广州革命政府统一了两广。然而,正当孙中山以两广为基地,准备大举北伐统一中国的时候,粤军总司令陈炯明却以"保境息民"为借口阻挠北伐,并与直系军阀吴佩孚相勾结,图谋夹击北伐军。1922 年 6 月,陈炯明在阻挠孙中山北伐无望的情况下,乘北伐大军进攻江西之机,炮轰总统府,在广州悍然发动武装叛乱;孙中山脱险后登上永丰舰,与陈炯明的叛军经过一个多月的对峙后,于同年 8 月不得不黯然离粤赴沪。

至此,对孙中山而言,护法运动也就完全失败了。中国革命将何去何从呢?是沿着原有的路继续向前,还是另辟蹊径走一条全新的道路?时代在等着孙中山做出历史的选择! 其实自清末发起资产阶级民主革命以来,孙中山就在不断地探索中国革命的道路,从组织上看,从兴中会到同盟会再到国民党、中华革命党与中国国民党;从依靠力量上看,从华侨、留学生到会党、新军再到地方实力派;从革命实践上看,从反清到反袁再到反军阀。可以说,孙中山一直在与时俱进。但遗憾的是,其所笃信的民主共和国理想或者说三民主义理想,总是处在一种"看似虽近远如天"的困境中:辛亥革命虽然推翻了清王朝,建立起资产阶级民主共和国,但袁世凯却当上了中华民国正式大总统;其后,袁世凯在护国运动中死去,人民似乎看到了民主共和国恢复的希望,可政权却仍然落在以段祺瑞为代表的北洋军阀手中;再后,两次护法运动虽然也搞得热热闹闹、有声有色,可最后总难逃失败的结局。这究竟是什么原因呢? 难道是革命力量的不强大,还是革命队伍的不纯洁,或者是革命目标的不明确? 这一系列的疑惑,也许这正是一直困扰孙中山并促使其寻求改变的问题。

4.学人革命:五四新文化运动②

当孙中山领导革命党人对北洋军阀进行政治革命的时候,以陈独秀、胡适、

---

① 《中国国民党规约》,广东省社科院历史研究室等合编:《孙中山全集》(第五卷),北京:中华书局,1985 年,第 127 页。

② 根据一般的说法,新文化运动开始于 1917 年陈独秀把《新青年》杂志从上海迁到北京,终止于 1927 年南京国民政府的建立。不过鉴于本文的主旨,五四运动前后是笔者的主要关注点,因为在此时段它对中国思想与文化产生的影响最为巨大与显足。

鲁迅、李大钊等为代表的一批书斋里的知识分子,针对中国混乱、贫穷、腐败与保守的现实,发起和领导了五四新文化运动。因为他们觉得辛亥革命失败与共和政体变异的原因,固然是由于晚清以来的康、梁改良与孙、黄革命,所宣传的观点与主张只为少数人所理解和接受,但更重要的是由于这些观点与主张跟中国的传统文化存在着莫大的冲突,所以,无论是改良派所提倡的自由、宪政,还是革命派所揭橥的民主、共和,对长久睡在"铁屋子"的绝大多数中国人而言,只是些与我无关的"洋玩意"。故而,他们站在此前器物西化、制度西化的基础上,希望通过文化上的革命与政治上的更新,来达到唤醒民众、明了落后根源与变更落后现状的目的。

1915年9月15日,陈独秀在上海创办《青年杂志》。为了表明自己的立场与主旨,陈独秀在发刊词中,以中西文化的对比方式对传统观念进行强烈的批评,并提出了现代青年所必须具有的六大特质:即自主的而非奴隶的,进步的而非保守的,进取的而非退隐的,世界的而非锁国的,实利的而非虚文的,科学的而非想象的;同时高呼"国人而欲脱蒙昧时代,羞为浅化之民也,则急起直追,当以科学与人权(即民主)并重",从而率先打出了五四新文化运动的大旗。其后,胡适针对时人用文言作文的诸多弊病,他提出了改良文学的八不主义:"一曰,须言之有物。二曰,不模仿古人。三曰,须讲求文法。四曰,不作无病之呻吟。五曰,务去滥调套语。六曰,不用典。七曰,不讲对仗。八曰,不避俗字俗语。"[①]并以实验主义作为理论依据,倡言疑古考古整理国故。而陈独秀更进一步,在《新青年》上发表了《文学革命论》一文,提出"推倒雕琢阿谀的贵族文学,建设平易抒情的国民文学;推翻陈腐铺张的古典文学,建设新鲜立诚的写实文学;推翻迂晦艰涩的山林文学,建设明了通俗的社会文学"三大主张。于是使得五四新文化运动的旗帜在民主、科学的底色上又增添了"文学革命"的内容。

这样,在五四新文化运动大旗的指引下,新文化学人们,一方面大力鼓吹西方启蒙运动以来广泛宣传的民主、自由、人权、平等、博爱等理念,另一方面以此为标准,对以儒教为代表的各种束缚人们发展的传统观念进行猛烈的抨击。如陈独秀在《东西民族根本思想之差异》一文中说:"举一切伦理、道德、政治、法律、社会之所向往,国家之所祈求,拥护个人之自由权利与幸福而已。思想言论之自由,谋个性之发展也。法律面前,个人平等也。个人之自由权利,载诸宪

---

① 胡适:《文学改良刍议》,《新青年》,第2卷5号,1917年1月。

章,国法不得而剥夺之,所谓人权是也。人权者,成人以往,自非奴隶,悉享此权,无有差别。此纯粹个人主义之大精神也。"①并大力倡言:"要拥护那德先生,便不得不反对孔教、礼法、贞节、旧伦理、旧政治;要拥护那赛先生,便不得不反对旧艺术、旧宗教;要拥护那德先生又要拥护那赛先生,便不得不反对国粹和旧文学。"②李大钊在《东西文明根本之异点》一文中通过对比,认为东方文明具有如下弊端:"(一)厌世的人生观不适于宇宙进化之理法;(二)情性太重;(三)不尊重个性之权威与势力;(四)阶级的精神,视个人仅为一较大单位中不完全之部分,部分之生存价值全为单位所吞没;(五)对于妇女之轻侮;(六)同情心之缺乏;(七)神权之偏重;(八)专制主义之盛行。"③易白沙则对被人们尊为圣人的孔子直接批评道:"孔子尊君权,漫无限制,易演成独夫专制之弊;孔子讲学不许问难,易演成思想专制之弊;孔子少绝对之主张,易为人所借口;孔子但重做官,不重谋食,易入民贼牢笼。"④而吴虞则干脆喊出"打倒孔家店"的口号。鲁迅则在《狂人日记》中借狂人之口对封建纲常伦理的虚伪和罪恶进行淋漓尽致的刻画与鞭挞,最后在"救救孩子!"的呼号中得出"礼教吃人"的结论;同时,还主张:"无论是古是今,是人是鬼,是《三坟》《五典》,百宋千元,天球河图,金人玉佛,祖传丸散,秘制膏丹,全都踏倒它。"⑤相对于上述激进的观点,作为新文化运动另一主将的胡适则要显得理性与含蓄,他在《易卜生主义》一文中说:"社会国家没有自由独立的人格,如同酒里少了酒曲,面包里少了酵,人身上少了脑筋;那种社会国家决没有改良进步的希望。"但"自治的社会,共和的国家,不只要个人有自由选择之权,还要个人对于自己所作所为都负责任。若不如此,决不能造出自己独立的人格。"⑥

　　五四新文化运动的蓬勃发展,自然对以传统儒家思想为代表的旧思想、旧道德、旧文化、旧礼教是一种沉重的打击,特别对当时北洋政府所提倡的"尊孔读经"逆流是一种有力的回应。不过,新文化运动中的激进观点不仅招来了以刘师培、辜鸿铭、林琴南、杜亚泉、黄侃等为代表的一批守旧文人的谴责,而且还

①　陈独秀:《东西民族根本思想之差异》,《青年杂志》,第1卷4号,1915年12月。
②　陈独秀:《〈新青年〉罪案之答辩书》,《新青年》,第6卷1号,1919年1月15日。
③　蔡尚思主编:《中国现代思想史资料简编》(第1卷),杭州:浙江人民出版社,1982年,第130~131页。
④　易白沙:《孔子评议》(上),《青年杂志》,第1卷6号,1916年2月。
⑤　鲁迅著:《鲁迅全集》,第3卷,北京:人民文学出版社,1981年,第40页。
⑥　胡适著:《胡适文存》第1集4卷,上海:亚东图书馆,1921年,第36页。

引起了以梁启超、梁漱溟、张君劢、梅光迪、吴宓等为代表的另一批保守文人的不满。所以,前者批评新文化运动倡功利而丧廉耻,尊科学而亡礼义,以放荡为自由,以攘夺为责任,攻击新文化运动的倡导者是"叛亲蔑伦"与"人头畜鸣"。后者则在认同新文化运动合理性的同时,对其盲目肯定西方文化而否定传统文化的过激言论持批判立场。如章士钊在文章中说:"凡欲前进,必先自立于根基。旧者,根基也。不有旧,决不有新;不善于保旧,决不能迎新;不迎新之弊,止于不进化;不善保旧之弊,则几于自杀。"①梁启超在《欧游心影录》一书中认为以民主、科学为基础的西方文化已经破产,中国知识分子应该发扬本国固有的精神文化,以承担重建世界文明的历史重任。梁漱溟则在《东西文化及其哲学》一书中以文化的发展路向为标准,认为中国文化的前进路向就是全世界发展的路向,未来的文化就是中国文化的复兴。张君劢则在"人生观"问题的探讨中,对新文化学人丁文江所倡言的"科学万能"观点提出了质疑,并由此而引发保守派文人与新文化学人以"科学与人生观"为论题,进行长时间大范围的争论。而吴宓、梅光迪等人则创办《学衡》杂志,以作为宣扬中国传统文化的喉舌,同时来对抗《新青年》《每周评论》《新潮》《努力周报》等以传播新文化为主要内容的刊物。

不过,就在五四新文化运动的学人们跟保守甚至有点顽固的文人开展论战时,俄国十月革命胜利消息的传入和五四爱国运动的爆发,无疑在某种程度上直接或间接地壮大了新文化运动力量。因为此两件大事,既为运动增添了新的内容,也为运动提供了新的理由,更为运动造就了新的运动者。其中,随着俄国十月革命胜利消息的传来,新文化运动的领袖人物李大钊在反思传统文化的基础上,率先从文化革命的场域内向政治革命的轨道挪移,为此很快写出了《布尔什维主义胜利》《庶民的胜利》《我的马克思主义观》《阶级竞争与互助》《再论问题与主义》等一系列宣传马克思主义的文章,并大胆预言:走俄国十月革命的道路是中国也是世界发展的必然趋势,还满怀豪情地宣告:试看将来的环球,必是赤旗的世界,因为"这种潮流,是只能迎,不可抗拒的。我们应该准备怎么能适应这个潮流,不可抵抗这个潮流。人类的历史,是共同心理表现的记录。一个人心的变动,是全世界人心变动的征兆。一个事件的发生,是世界风云发生的先兆。一七八九年的法国革命,是十九世纪中各国革命的先声。一九一七年的

---

① 章士钊:《新时代之青年》,《东方杂志》,第 6 卷 11 号,1919 年 11 月。

俄国革命是二十世纪中世界革命的先声。"①

　　而作为五四新文化运动主将的陈独秀,自巴黎和会中国外交失败后,不仅在信仰上由自由主义向马克思主义的转进,而且在思考救国救民的道路问题上,由文化革命向政治革命的回归,并甚至因此走上街头,投身到轰轰烈烈的五四运动之中。因为他觉得在民族危亡的紧要关头,单纯的文化革命终究是远水难解近渴,而政治革命或许更能产生立竿见影的效果。如其针对巴黎和会中国外交的失败,特地反思道:"这回欧洲和会,只讲强权不讲公理,英、法、意、日各国应用强权拥护他们的伦敦密约,硬把中国的青岛送给日本交换他们的利益……但是经了这番教训,我们应该觉悟公理能够自己发挥,是要有强力拥护的。"②

　　在陈独秀、李大钊等人的影响下,胡适等一批仍然守望自由主义信仰并继续倡言思想启蒙的新文化学人,也越来越关注政治方面的问题,其中胡适一反20 年不谈政治的宏愿,又不得不谈起政治来,为此他不仅挑起了与李大钊关于"问题与主义"的争论,而且还提出了"好政府"主义的政治主张,因为在胡适看来,现实中的问题只能一个一个的解决,而且解决了旧问题,还会出现新问题,世界上绝没有一劳永逸解决问题的方子,那些热衷于空谈主义的人,不是思想的懒汉,就是行动的矮子;同时,中国政治之所以这样黑暗,坏人之所以那样嚣张,根本原因是"好人们"逃避责任和义务,不出来做事,从而造成了"好人袖着手,坏人横着走"的怪现象。

　　随着陈独秀、胡适、李大钊等新文化领军人物在价值取向上从文化层面向政治层面的转移,五四新文化运动在坚持原有文化关怀的前提下,政治关怀也日趋凸显。其中沿着民主、科学的理路,以自由主义与马克思主义为主导的各种西方思想进一步传入中国,如无政府主义、民主主义、实用主义、国家主义、民族主义、个人主义、改良主义与科学社会主义等。由于彼此观点在价值理念上存在的对立与冲突,期间还出现了马克思主义与自由主义的争论、马克思主义与无政府主义的争论、科学社会主义与改良主义的争论等。同时,一部分新文化学人针对混乱腐败的现实,与其他的知识分子一起,就中国的社会政治存在的问题,提出了不同的改良方案,其中著名的有:胡适、李大钊、蔡元培、梁漱溟、

---

　　①　李大钊:《庶民的胜利》,《新青年》,第 5 卷 5 号,1918 年 10 月。
　　②　陈独秀:《山东问题与国民觉悟》,《每周评论》,第 23 号,1919 年 5 月。

王宠惠、汤尔和、罗文干等提出"好政府"主义的主张,①梁启超、蔡元培、章太炎、胡适、丁文江、李剑农、王世杰、周鲠生、李四光、杨端六等设计的"联省自治"方案;张东荪、梁启超、蓝公武等推崇的基尔特社会主义,周作人、郭绍虞、王光祈等的倡言的"新村主义"。

沿着文学革命的理路,新文化学人们在继续批判旧文学的同时,不断地推进新文学的发展,其中在小说、诗歌、散文等方面都取得了一定的成就,如鲁迅的小说、周作人的散文、郭沫若的诗歌就是当中最为杰出的代表。因为从这些作品中不难发现新文化运动所揭橥的"提倡民主,反对专制;提倡科学,反对愚昧;提倡新道德,反对旧道德"的精神追求与价值取向。此外,白话文逐步取代文言文而成为文学的正宗,以文学研究会、创造社、民众戏剧社、浅草社、新月社、雨丝社等为代表的一批文学团体也纷纷成立,并且在这些不同的团体中,涌现出鲁迅、沈雁冰、周作人、叶绍钧、郑振铎、谢冰心、俞平伯、郁达夫、郭沫若、闻一多、徐志摩、田汉、成仿吾等一批优秀的小说家、散文家、诗人与戏剧家。同时,在哲学、史学、社会学、经济学领域,学人们也有相当的贡献与成就,如胡适、钱玄同、顾颉刚等所开辟与倡导的疑古辨伪整理国故的学风,就极大地推动了中国史学的发展。可见,虽然十月革命胜利消息的传入与五四爱国运动的爆发,使得五四新文化运动偏离了此前单纯文化革命的轨道而逐步转入到政治救亡的轨道上来,但无论是救亡的主体还是救亡的手段,基本上仍局限在学人与文化的范围内,换言之,后五四的新文化运动在性质上跟前期一样,仍然没有脱离学人革命的范畴,语言与文字依然是革命的主要工具。

所以,无论是立足于文化革命,还是立足于政治救亡,抑或是立足于社会—文化改造,五四新文化运动无疑都是一场由知识分子发起的意义深远的思想文化变革。故而十多年后,曾作为新文化运动干将之一的胡适从思想文化的角度把其称作中国的"文艺复兴";而那些深受新文化思想熏陶的学子们,如殷海光,则自称为"五四"的儿子。其实,新文化运动,不仅是中国历史上一次空前绝后的思想解放运动,为人们自我意识的觉醒与民主主义觉悟的提高创造了条件,而且是中国历史上一次前所未有的政治解放运动,为一部分中国知识分子迅速

---

① "好政府"主义的主要内容有:政治改革的目标是建立"好政府";政治改革的原则是:宪政、公开与有计划;解决现实政治问题的基本办法是:南北和谈,恢复旧国会,裁兵、裁官,完善选举制度,财政改革;参加政府的"好人"应有奋斗精神。

接受十月革命的影响与中国共产党的诞生创造了条件。正因为这样,五四新文化运动才获得了超越时空的意义。

当然,五四新文化运动在拥有时代价值与历史意义的同时,其领导人把东西方文化对立起来的偏颇态度,无疑是一种缺憾。如陈独秀主张要学习西方文化,就必须"破坏礼法,破坏国粹,破坏贞节,破坏旧伦理(忠、孝、节),破坏旧艺术(中国戏),破坏旧宗教(鬼神),破坏旧文学,破坏旧政治(特权人治)";①并倡言:"我们现在认定只有这两位先生(民主与科学),可以救治中国政治上道德上学术上思想上一切的黑暗。"②而钱玄同在其文章中说:"欲祛除三纲五伦之奴隶道德,当然以废孔学为唯一之办法;欲祛除妖精鬼怪炼丹画符的野蛮思想,当然以剿灭道教——是道士的道,不是老庄的道,——为唯一之办法。欲废孔学,欲剿灭道教,惟有将中国书籍一概束之高阁之一法。何以故? 因中国书籍,千分之九百九十九都是这两类之书故;中国文字,自来即专用于发挥孔门学说,及道教妖言故。"③难道以儒家学说为代表的传统文化,就真的这么一无是处吗? 难道以民主、科学为代表的西方文化,就真的能救中华民族于水火吗? 也许,这只是新文化学人们一厢情愿罢了。因为事实上,传统文化既没有新文化学人们所批评的那样坏,西方文化更没有他们所想象的那样好,故而新文化学人如此的激进立场,既无助于保存和发扬优秀的传统文化,也有碍于学习与吸纳优秀的外来文化。对此,有论者评价道:"五四运动所倡导的启蒙运动,其实是把西方的某种思想体系引入中国,并用它来批判乃至代替现行的思想体系。这种做法,我认为,并不是真正的启蒙。"④就此意义上来说,后五四时期,五四新文化运动在价值取向上由文化革命向政治救亡转变,既是时代发展的客观要求,也是其本身发展的必然趋势。

至此,有必要探讨是,五四新文化运动之所以能够由陈独秀所创办《青年杂志》为发端,而最终发展成一场浩浩荡荡的思想文化解放运动,原因固然跟其所持的主张与观点有着相当紧密的联系,但也离不开下面几个条件:

其一,弱势的北洋政府客观上为其发表反传统反现实的言论造就了一个相对宽松的环境。自袁世凯去世后,中国正式进入了军阀割据的时代,北洋政府

---

① 陈独秀著:《独秀文存》,合肥:安徽人民出版社,1987 年,第 242 页。
② 陈独秀著:《独秀文存》,合肥:安徽人民出版社,1987 年,第 243 页。
③ 钱玄同:《中国今后之文字问题》,《新青年》,第 4 卷 4 号,1918 年 4 月。
④ 谢文郁:《启蒙的反思》,《开放时代》,2006 年第 3 期。

号称是中央政府,但内不能谋统一外不能争国权,本质上已沦为武人政治争权夺利的工具与欺骗民意的遮丑布,故而为了巩固与扩大自己的利益,当道的军阀自然不会把新文化学人们的笔杆子革命当成自己最为主要的敌人,相反倒是那些握有枪杆子的同类才是自己真正潜在的对手,并且为了骗取民众与社会的支持,不得不在言论自由方面,刻意做出某种开明与大度的姿态,让新文化学人们尽情地宣泄对现实的愤懑,以为自己博取开明的美名;同时,鉴于自身实力的关系,即使明知新文化学人们的行为给自己的统治带来危害,也只得姑妄置之。在此情况下,新文化运动中的反专制、反愚昧、反旧道德的口号与思想,不仅能在十里洋场的上海畅行无阻,而且到了专制中心的北京照样广为流传,原因无他,弱势的北洋政府已没有更多的力量来约束与制裁言论出格的人们。

其二,北京大学为其争取知识界的参与和认同提供了难得的平台。《青年杂志》在上海刚刚创办的时候,完全是一家名不见经传的小刊物,即使不久陈独秀以其激进的观点、犀利的文风为杂志赢得了一定的社会影响,但就撰稿人而言,刊物仍然是一个以陈独秀为首的皖籍知识分子为主的同仁杂志。改名《新青年》后,虽然作者群有所扩大,影响力也有所提高,但仍缺乏引领全国舆论的声望与水平。1917年1月,陈独秀应北大校长蔡元培之聘出任北大文科学长,杂志社也随之迁往北京,于是《新青年》借助于北大师生的力量,不仅壮大了宣传新文化的队伍,而且其激进的观点与主张也随之更加迅速地传向全国,从而使得新文化由少数几个人的思想而变成了知识界的一种运动。如参与《新青年》编辑的人员,就有钱玄同、刘半农、胡适、李大钊、沈尹默、高一涵等;经常投稿者,就有周作人、蔡元培、章士钊、沈兼士、陈大齐、朱希祖、鲁迅、傅斯年、罗家伦、俞平伯、黄凌霜等;其宣传的内容在继续高扬民主与科学大旗的基础上,又增添了"文学革命"的口号;其每期发行量到1917年猛增到15 000~16 000份。并且在其影响下,新的社团与刊物也纷纷涌现,仅北大成立的社团与创办的刊物,分别有"少年中国学会""国民社""新潮社""平民教育讲演团"与《国民》杂志、《新潮》杂志、《每周评论》等。可以说正因为北大师生的广泛参与,《新青年》才逐渐成为联结新型知识分子群体及其代言人的思想纽带,同时也成为他们表达自己思想与观点的舞台。所以有人说:北大是新文化的摇篮!此非虚言。

其三,五四运动既为其贴近现实创造了条件,也为其内容增添了时代因素。虽然《新青年》迁到北京后,新文化运动已在全国慢慢地开展起来,但影响范围基本上仍停留在书斋与象牙塔内,其主要内容仍局限于对传统文化的改造与批判,对黑暗现实的揭露与抨击,尽管学者之间因观点与主张的差异而相互论争,也终究是一场茶杯里的风波。然而,随着五四运动的爆发与发展,新文化运动的领袖们不仅如同他们的追随者一样投身到反帝爱国的洪流之中,力图用民主、人权、科学、新道德来挽救与改变失望的现实,而且在反思以自由主义为主导的西方思想文化的基础上,把马克思列宁主义思想悄悄地移植到新文化的园地之中,同时也适当地宣传与引介其他一些西方的改良主张。如是,无疑进一步丰富了新文化运动的内容,使其更好地抓住时代的脉搏。正如有人说:"五四之后,新文化运动的内容,不论是反封建主义还是传播社会主义都向深入方向发展了,更壮阔的思想解放潮流涌来了。"①所以,从此层面上看,五四运动对新文化运动而言,与其说是一场干扰,不如说是一次机遇。从此以后,在反封建主义的基础上,传播马克思主义与自由主义思想成为新文化运动的主旋律。

由此不难发现,五四新文化运动之所以发展成为一场运动,其内容固然起到了关键的作用,但如果没有上述三个条件,即使其运动的内容不发生改变,也难以发展成一场运动,更不可能成为一场影响甚至改变中国历史的运动。因为此运动中许多主张与观点早在其发生前就被人提出过,如民主、人权、自由等主张,早在 19 世纪末就传入中国,其中分别受到维新思想家郑观应、何启、胡礼垣、康有为、特别是梁启超、严复的宣传与提倡;如激进的反传统立场,维新变法时期的樊锥、谭嗣同就曾对传统文化进行猛烈的抨击;但是这些观点与主张在当时为什么不能如新文化运动一样发展成为一场解放人的思想运动,其重要原因就是缺少外在条件的支撑;当然,如果具备了这些条件,五四新文化运动就是否能够提前出现呢? 答案是否定的,因为五四新文化运动之所以能够产生与发展,既涉及其内在的发展理路,也事关其外在的生态环境。就此而言,五四新文化运动,既是历史与时代的产物,也是自身发展的必然结果,因而,它也许可以模仿与借鉴,但绝不可能复制与克隆;也许这就是五四新文化运动之为五四新文化运动的可贵处!

5. 同舟共济:国共第一次合作

随着五四新文化运动的发展,以及马克思主义对其他非马克思主义学说论

---

①　吴雁南等主编:《中国近代社会思潮》(第二卷),长沙:湖南教育出版社,1998 年,第 291 页。

战的胜利,以李大钊、陈独秀、毛泽东等一批为代表的激进民主主义者,逐步转化为共产主义者。从1920年下半年到1921年春,这批早期的共产主义者先后分别在上海、北京、武汉、长沙、济南、广州以及法国的巴黎与日本的东京等地,组建起共产主义小组。1921年7月23日,在共产国际代表的帮助下,这些共产主义小组的代表汇集上海举行党的第一次全国代表大会。经过几天的讨论,大会制定了党的第一个纲领和实际工作计划,并选举出以陈独秀为书记的中央领导机构。① 随着中国共产党的诞生,中国的革命也就进入了新阶段。各地的工人运动与农民运动迅速发展起来,其中从1922年1月到1923年2月,全国掀起了以香港海员工人大罢工、安源路矿工人大罢工和京汉铁路工人大罢工为代表的第一次工人运动的高潮,而浙江、广东、湖南等省的农民也开展起减租减息的斗争。因此,多年后毛泽东主席在评价中共一大的历史意义时说:随着中国共产党的诞生,中国的革命面目就焕然一新了。

但是,鉴于自身实力的局限,在中外反动势力的联合镇压下,各地的工人、农民运动都受到了严重的挫折,中国革命不得不转入低潮。至此,中共开始认识到:"中国革命的敌人是异常强大的,为了战胜强大的敌人,仅仅依靠无产阶级孤军奋斗是不够的,必须利用一切可能的机会,争取一切可能的同盟者。"② 用毛泽东的话来说,单纯依靠无产阶级的力量,是不可能战胜武装到牙齿的敌人的。然而在当时情况下,去联合谁作为同盟者呢? 孙中山所领导的国民党则成了唯一的选择。虽然孙中山领导的国民党,是一个资产阶级革命政党,但自清末以来,为了救国救民的目的,进行了前赴后继的斗争;并且在推翻了清政府后,又跟反民主共和的北洋军阀进行着不屈不挠的斗争。国民党如此的历史功绩,是当时任何一个政治团体所无法媲美的,而且国民党也是中国当时有纲领、有组织、人数众多、势力遍布全国的大党。所以当时在中共看来,在中国现存的各政党,只有国民党是比较革命的民主派。而且"依社会各阶级现状,很难另造一个比国民党更大更革命的党,即使造成,也有使国民革命势力不统一不集中的结果。"③ 同时,当时的孙中山由于受到陈炯明叛变革命的打击,也痛彻地感到

<hr>

① 党纲的基本内容有:党的名称为中国共产党;党的目标是用暴力的方法推翻资产阶级统治,废除私有制,消灭阶级差别;党的组织原则与纪律是少数服从多数下级服从上级的民主集中制。

② 胡绳著:《中国共产党的70年》,北京:中共党史出版社,1991年,第37页。

③ 中央档案馆编:《中共中央文件选集》(第一册),北京:中共中央党校出版社,1982年,第115页。

国民党"正在堕落中死亡","要救活它,就需要新血液"。① 如是,在苏俄与共产国际的从中撮合下,国共两党内部即使在合作的内容与形式方面尚存有不同的意见,但迫于形势,仍携起手来开始了第一次合作,共同撑起中国民主革命的这艘大船!

当然,有必要说明的是,为什么苏俄与共产国际能够并愿意在国共合作中扮演起红娘的角色呢? 简单地说,是因为国共两党的革命中有求于它们。如孙中山在一次接受采访时就相当生动地表达出这种有求于人的无奈,他说:"国民党就像是我的孩子,他现有淹死的危险。我要设法使他不沉下去,而我们在河中被激流冲走。我向英国和美国求救,他们站在岸上嘲笑我。这时候漂来苏俄这根稻草。因为要淹死了,我只好抓住它。英国和美国在岸上向我大喊,千万不要抓住那根稻草,但是他们不帮助我。他们自己只顾着嘲笑,却又叫我不抓住苏俄这根稻草。我知道那是一根稻草,但是总比什么都没有要好。"②所以,自陈炯明反叛事件后,经过痛定思痛的孙中山,在接受苏俄与中共建议的前提下,逐步在从"师法欧美"向"师法苏俄"的转进中确立了联俄政策,其中 1923 年 1 月 26 日《孙文越飞联合宣言》的发表,更是标志着该政策的正式形成。而中共身处国内外强大反动势力的夹缝中,若想实现自己的宏伟目标,外寻强援是必不可少的条件,但在当时情况下,只有苏俄与共产国际才是自己真正的朋友与靠山,而且在组织上,中共是共产国际大家庭中的一员,本身就具有听命于莫斯科的义务。故而在国共两党的合作问题上苏俄与共产国际能够从中斡旋也就在意料之中。

其之所以愿意,因为苏俄自十月革命建立政权以来,就受到了西方资本主义国家的封锁与包围,为了改善恶劣的国际环境,新生的苏维埃政权不得不采取实行联合广大亚、非、拉地区的民族政策,支持其人民进行反帝反封的革命运动,以打破自己空前孤立的国际局面。这样地处它东南面的中国,自然就成了重要的联合对象。并且中国在地缘上跟其接壤的现实,更显得有亲近的必要:如果说苏俄在欧洲的版图是新政权的前院的话,那么其远东地区则恰似新政权的后院,而中国刚好是靠近后院的主要国家;再者,中国态度的冷热也是影响其宿敌——日本帝国主义是否西进威胁新政权的重要因素。所以,从此意义上

---

① 宋庆龄著:《宋庆龄选集》,北京:人民出版社,1996 年,第 109 页。
② 陈旭麓、郝盛潮主编:《孙中山集外集》,上海:上海人民出版社,1990 年,第 290 页。

讲，更有与中国亲近的必要。因此亲近中国是苏俄对外政策的重要目标，故而自其建立起，就频频向中国政府示好，如1918年7月4日，苏俄宣布放弃帝俄在中国的特权；1919年7月25日，苏俄政府发表第一次对华宣言，宣布废除前沙皇政府在华特权及与中国签订的不平等条约。遗憾的是，当权的北洋政府反应相当的冷淡，于是在北京碰壁后，不得不支持其对手国民党与共产党，希望借国共之手来加固其远东的藩篱。这样当国共两党在困境中需要寻找盟友的时候，苏俄自然愿意从中乐助其成。

随着合作关系的建立，李大钊等中共领导人率先以个人身份加入国民党，并帮助孙中山进行国民党的改组工作。其后为了更好地开展与国民党的合作，中共在三大上制定并通过了《关于国民运动及国民党问题的决议案》，其中指出：党在保持自身政治上、组织上独立性的前提下，可以以个人身份加入国民党，并在扩大国民党组织的同时，注意从各工人团体与国民党左派中，吸收有阶级觉悟的革命分子加入到本党组织中来。而孙中山在中共与苏俄的帮助下，不仅发表了《中国国民党改组宣言》，完成了国民党的改组工作，而且于1924年1月胜利召开了国民党第一次全国代表大会。其中大会重新解释了三民主义，确立了联俄、联共、扶助农工的三大政策，从而标志着孙中山的民主革命思想发生了伟大的转变和飞跃，同时也开创了国民革命的新时代。因此，在苏联的帮助下，经过国共两党的共同努力，中国革命呈现出前所未有的新气象。

军事上，国民党一大以后，孙中山吸取屡战屡败的教训，决定建立起一支真正的党的与革命的军队。于是在苏联的帮助和中共的参与下，于1924年6月16日正式建立起中国国民党陆军军官学校（因校址在珠江中的黄埔岛上，又称黄埔军校），以作为培养军事人才与政治人才的主要基地，其中孙中山亲自兼任总理，蒋介石被任命为校长，廖仲恺为党代表，共产党人周恩来、熊雄先后担任过政治部主任。其后以黄埔学生军为主力，并在广州国民政府原有军队的配合下，先后取得了两次东征的胜利，彻底打败了陈炯明的军队，巩固了广东革命根据地，为日后的北伐战争创造了条件；期间学生军还先后平定了广州的商团叛乱与滇、桂军阀杨希闵和刘震寰的广州叛乱，歼灭了盘踞琼崖的军阀邓本殷的军队。到北伐前夕，经过整顿与扩编，广州国民政府指挥下的军队计有8个军，

10 余万人,军事实力达到了空前的强大。①

组织上,国民党方面,不仅告别了困居东南一隅的惨淡岁月,而且迎来了向全国发展的大好时光,如在二大召开前夕,"已有正式省党部 21 处,特别市党部 4 处,临时省党部 9 处,除新疆、云南、贵州外,党部组织几遍全国。"②共产党方面,虽然不如国民党成绩显著,但也取得了一定的发展,"据不完全统计,到 1926 年 9 月,中共党员已达 13 281 人。全国除新疆、青海、西藏、台湾外,都建立了党的组织或有了党的活动。"③

工农运动上,虽然自 1923 年京汉铁路工人大罢工失败后,工运就转入低潮,但随着国共合作的推进,工人运动又迅速恢复并快速发展起来,其中因上海日资纱厂工人顾正红被枪杀事件,全国掀起了以工人为主力的学生、商人参加的反帝国主义斗争的五卅运动,而广东为支援上海的反帝运动,出现了历时 16 个月的省港工人大罢工。在工人运动向前推进的时候,农民运动也相应地开展起来。其中,"到 1925 年 2 月,广东全省已有 22 个县建立了农民协会,会员达 21 万多人。""到 1926 年 6 月,全国各级农会组织达 5 353 个,会员人数达 98 万多人。除广东外,广西、河南、湖北等省也成立了省农民协会。各种农民武装,如'挨户团常备队''梭镖队'等,也纷纷涌现。"④并且为了更好地领导与规范农民运动,自 1924 年 7 月开始,共产党人彭湃、毛泽东等在广州举办农民运动讲习所,培养与选拔农民运动的干部和骨干力量。

然而,就在国民革命运动向前蓬勃发展的时候,孙中山先生于 1925 年 3 月 12 日因病在北京逝世,于是一些国民党右派趁机抬头,制造出一些不利于国共合作和国民革命的事件。其中,1925 年下半年主要有:国民党理论家戴季陶挑起的"主义"之争,国民党左派代表廖仲恺广州被刺事件,张继、邹鲁、谢持代表的北京西山会议派的出现;1926 年上半年主要有蒋介石所一手导演的中山舰事

---

① 北伐前夕,经过整编,国民革命军的战斗序列是:以黄埔学生军为主体的第一军,军长何应钦;以湘军为主体的第二军,军长谭延闿;以滇军为主体的第三军,军长朱培德;以粤军为主体的第四军,军长李济深;以粤军为主体的第五军,军长李福林;以湘军为主体的第六军,军长程潜;以桂军为主体的第七军,军长李宗仁;以湘军为主体的第八军,军长唐生智。

② 荣孟源主编:《中国国民党历次代表大会及中央全会资料》(上册),北京:光明日报出版社,1985 年,第 116 页。

③ 中共中央党史研究室编著:《中国共产党历史》(第一卷·上册),北京:中共党史出版社,2002 年,第 236 页。

④ 王功安、毛磊主编:《国共两党关系史》,武汉:武汉出版社,1988 年,第 92 页,第 93 页。

件与整理党务案。这一系列事件的出现,其消极性影响,无疑给国共合作的前景蒙上了一层厚重的阴影,但由于受到中国共产党与国民党左派的强烈批评与坚决抵制,国共合作仍得以维护,国民革命仍继续向前发展。

随着革命力量的继续壮大与工农运动的向前发展,广州国民政府在两广统一与革命根据地进一步巩固的前提下决定北伐,希望用革命武装来消灭以北洋军阀为代表的分裂势力,以完成统一中国的大业。1926 年 7 月 9 日,广州国民政府以蒋介石为国民革命军总司令,李济深为总参谋长,邓演达为总政治部主任,兵分三路正式北伐,分别进攻盘踞在湖南、湖北的军阀吴佩孚,占有江西、福建的军阀孙传芳。① 由于沿途得到工农的大力支援与广大官兵的英勇作战,两湖战场上的北伐军所向披靡,到 10 月 10 日,攻占武汉,基本消灭了吴佩孚的军队。期间,在吴佩孚的主力即将被打垮时,北伐军的中路与东路各部在西路军的配合下,向孙传芳的军队发起了攻击,到 11 月上旬,攻占南昌,孙传芳的主力大部被消灭。1927 年 1 月,北伐军继续进军,追歼残敌。其中以何应钦为总指挥的东路军由闽、赣入浙,直逼杭、沪;以蒋介石为总指挥的中路军沿江东下,挺进皖、苏;以唐生智为总指挥的西路军沿京汉线北上,直取河南。到 3 月,长江中下游地区基本上被北伐军所占领,革命区域也由珠江流域扩展到长江流域。与此同时,冯玉祥所领导的国民军,于 1926 年 9 月 17 日在绥远五原誓师,参加北伐,并宣布全军加入国民党,然后经甘肃进军陕西,在年底占领陕西全省的前提下,又军出潼关直扑中原。在国民革命军与国民军的联合夹击下,北洋军阀的统治无疑已处在风雨飘摇之中。不过,就在革命形势一片大好的时候,以蒋介石、汪精卫为首的国民党右派,勾结中外反共势力,先后制造了四·一二反革命政变与七·一五反革命政变,大肆屠杀中共党员、干部与革命群众,从而直接导致了第一次国共合作的破裂与国民革命的终结。自然,刚找到正确航向不久的中国民主革命之舟,又再次搁浅在国共两党反目成仇的沙滩上,而中华民族这艘大船也因此迷失在时代的河床之中。

国民党右派虽然用屠刀与枪炮独占了北伐战争的成立成果,并随之而建立起一党独裁的南京国民政府,但其因此而引发的留给国家与民族的后果却刚刚

---

① 当时国民革命军除第五军大部与第四、七军各一部留守两广外,以第四、七、八军组成西路军进攻两湖,以第二、三、六军为中路军警戒江西,以第一军为东路军警戒福建。北伐的主要对象是控制河南、湖北、湖南与直隶南部的吴佩孚,盘踞江苏、浙江、安徽、江西与福建的孙传芳,占有东北与山东、热河、察哈尔、直隶北部等地的张作霖。

开始。一方面它并没有使中国共产党在严重的创伤中陷入万劫不复的境地,相反而是促使其在绝境中毅然拿起武器,走上了以革命暴力对抗反革命暴力的道路。如果用毛泽东主席的话来说:共产党人并没有被吓倒,被征服,被杀绝。他们从地上爬起来,揩干净身上的血迹,掩埋好同伴的尸首,他们又继续战斗了。①事实上,国共合作破裂后,共产党人在南方先后领导了南昌、秋收与广州三次大规模的武装起义,揭开了十年内战的序幕。另一方面国民党不仅让自己失去了大批知识精英与广大工农群众的支持,而且为大批的军阀、官僚与投机者涌入打开了方便之门。如是,国民党背叛革命的行为,无疑既把自己跟中共置于一种你死我活的党争之中,也把自己跟军阀置于一种强存弱亡的政争之中。因此,尽管南京国民政府在1927年4月18日就建立起来,但直到其灭亡都没有真正完成国家的统一,相反倒是纷争不已内乱不断,究其因,不能说跟第一次国共合作的破裂没有关系。也许从此种意义上看,南京国民政府的建立得益于第一次国共合作形成,而它的灭亡则受害于第一次国共合作的失败!

既然如此,那么国民党右派在革命不彻底情况下,为什么要故意制造事端造成国共合作的破裂呢? 简单地说,是党见太深、党利太重。详言之,自国共合作开始,国民党右派们就纠结于党见、党利的窠臼之中。如在国民党一大上,国民党代表方瑞麟就提交了本党党员不得加入他党的提案,主张已加入国民党的共产党员如果仍信仰马克思主义,那么就退出国民党;如果真正服膺三民主义,那么就脱离共产党,当时方案一提出,附议者达十人以上。其后,国民党右派为掌控革命的领导权,又于1924年2、3月间抛出了所谓"警告书",叫嚷已加入国民党的中共党员李大钊不得"攘窃国民党党统";并于6月向孙中山和国民党中央提交了"弹劾共产党案",指控加入国民党的共产党员和共青团员违反党义,破坏党德,对国民党的生存有重大妨害。

孙中山逝世后,国民党右派们更是执着于党见、党利,而戴季陶就是当中代表。他不仅从理论上攻击马克思主义阶级斗争,而且从言论上直接攻击中国共产党。如他针对马克思主义的阶级斗争理论,以孙中山的国民革命主张为借口分析道:"先生所主张的国民革命,在事实上是联合各阶级的革命。但是这一个联合各阶级的革命,一面是要治者阶级的人觉悟了,为被治者阶级的利益来革命;要资本阶级的人觉悟了,为劳动阶级的利益来革命;要地主阶级的人觉悟

---

① 中共中央文献编辑委员会编:《毛泽东选集》,北京:人民出版社,1964年,第937页。

了，为农民阶级的利益来革命；所谓'成物智也'。一方面是要被治者阶级，工人阶级，农民阶级，也起来为自己的利益而革命；所谓'成己仁也'。……所以先生在这一点，是主张各阶级的人，要抛弃了他的阶级性，恢复他的国民性；抛弃了他的兽性，恢复他的人性。"[1]其言外之意，即是说孙中山所主张的国民革命，就是要用"仁爱"之心去感化革命的对象，使其同样加入到革命队伍中来，从而实现阶级的大和谐；而马克思主义的阶级斗争理论不仅会导致国民性的丧失，而且会引发兽性的回归。针对以个人身份加入国民党的中国共产党继续坚持自己信仰的行为，他在《国民们革命与中国国民党》一文中公开污蔑说："C·P 的寄生政策，不把国民革命当作真实的目的，不把三民主义认作正当的道理，只借国民党的躯壳，发展他自己的组织……"[2]显然，戴季陶批评中国共产党加入国民党，是心怀叵测、另有所图。由此可见，其党见、党利之深。

正因为对党见、党利的过于看顾，北伐之前，国民党右派们接连制造了廖仲恺刺杀事件、中山舰事件与整理党务案等有碍国共合作的反革命事件，通过了《取消共产派在本党党籍宣言》《开除中央执行委员会之共产派谭平山等案》《总理逝世后关于反对共产派被开除者应分别恢复党籍案》等一系列排斥共产党人的议案。只不过因大敌当前与时机的不成熟，右派们不得不与中共及国民党左派，在求同存异的前提下共同推动国民革命向前发展。但是，北伐战争的节节胜利，右派们出于对权力的觊觎和中共所领导的工农运动蓬勃发展的恐惧，在党见、党利驱动下，公然制造了四·一二与七·一五等反革命政变，并开始在控制区内进行大规模的清党。因为此时在国民党右派看来，与中共共撑的民主革命之舟已经冲过激流险滩，且即将到达理想的彼岸。

故而为了保证国民革命运动的领导权牢牢地控制在一个"纯正的"国民党手里，就有必要结束与中共的合作，哪怕诉诸阴谋与暴力也在所不惜。而且在右派们看来，反共本就是对党、对革命的忠诚，即使有些暴力，甚至有所错误，也是革命过程中难以避免的现象。因此，对于反革命事件中大肆屠杀共产党员、知识青年与先进群众的行为，右派们并不感到自己的无情与残暴，相反却在"顺天应人"的道德自负中产生一种"庆父不死，鲁难不已"的快感。譬如蒋介石针对来自共产党与左派的批评，特地以革命的名义来为自己错误的行为辩护，他

---

① 蔡尚思主编：《中国现代思想史资料简编》（第二卷），杭州：浙江人民出版社，1982 年，第 603 页。
② 蔡尚思主编：《中国现代思想史资料简编》（第二卷），杭州：浙江人民出版社，1982 年，第 587 页。

说："我只知道我是革命的，倘使有人妨碍我的革命，反对我的革命，那我就革他的命。我只知道革命的意义就是这样，谁要反对我革命的，谁就是反革命。"①蒋介石的言论，是一种典型的革命式傲慢与偏见。问题是，那些被屠杀、被关押的共产党员、知识青年与工农群众，又何尝不革命呢？更何尝是反革命呢？中共及其所领导的工农运动又何尝不革命呢？更何尝是反革命呢？可以说，正因为有了那些被屠杀、被关押的人们的努力，正因为有了中共及其领导的工农运动，国民革命与北伐战争才得以顺利地进行，其中上海的解放，就是中共领导工人三次武装起义的结果。只不过革命群众与共产党员所有的牺牲和努力，在国民党右派们党见、党利的视野下，只能异化成一种别有用心的反革命行为。

从此意义上看，在党见、党利视域中，革命与其说是道义的代名词，不如说是争权夺利的遮丑布。所以当 22 年后，蒋介石及其同志兵败大陆而仓皇逃往台湾孤岛的时候，不知其还能革谁之命呢？也不知其于革命还有何感想？因为他们正是被昔日所谓的"反革命"们所追击和消灭。可见，国民党右派因党见、党利，不仅葬送了国民革命的大好形势，而且种下了国共党争与长期内战的恶果，也许这是国民党右派们在制造反革命事件时，所没有预想到的结果。当然，作为政党，不能没有党见、党利，因为没有党见就难以为政，没有党利也难以成党，但如果只斤斤计较于党见、党利，而不顾及国家民族的利益，显然非真正政党之所为，也非真正之党见、党利，而国民党右派在关键时刻就犯下了如此的错误，并且正因为此种错误，北伐的炮火尚未沉寂，国共内战的枪声就已经响起。这不能不说是国民党的悲哀，也是党见、党利的悲哀！

也许有人会问：难道中国共产党对于国民党右派所制造的一系列反共仇共事件，就没有警觉与抵制吗？回答是否定的。针对国民党右派的反共言论与行为，中共中央一方面从策略上采取了必要的对策。1924 年 5 月中共中央在上海召开的扩大会议上，确定对国民党的工作是"巩固国民党左翼和减少右翼势力"的方针；②到了四大，该方针又发展成为"扩大左派、打击右派、阻止中派右倾"的政策；其后随着蒋介石的日益右倾，党中央又相应地采取"迎汪复职""以汪促蒋""以汪限蒋"等策略，希望借此来分化和瓦解国民党中的反共集团。此外，在蒋介石一手炮制的"中山舰事件"与"整理党务案"事件中，中共尽管以退让而

---

① 清党运动急进会编印：《清党运动》，出版社不详，1927 年，第 4 页。

② 中央档案馆编：《中共中央文件选集》（一），北京：中共中央党校出版社，1982 年，第 187 页。

作结，但也曾表示出自己的严正立场。另一方面，也注意发展和壮大自身的力量。组织上，由于党在四大决议中把党章原定 5 名党员才可以组建党小组的条文，改作有 3 人以上即可以组建支部，同时还相应地降低了入党条件，缩短了入党时间，从而使得党的队伍得到了较快的发展，如党员人数由 1925 年初的 947 人到年底就达到 10 000 多人，再到五大召开前夕更是增加到 57 967 人。工农运动方面，在协助国民党推进国民革命的同时，中共还积极发起和组织工农运动，如为配合北伐军的顺利进军，党不仅在上海举行了三次武装起义，而且在两湖地区领导农民开展打土豪分田地的运动。同时，在言论上对国民党右派的批评与责难进行有力地回击，如李大钊在阐述中共合作的动机与目的时说："我们加入本党，是经过研究再四审慎而始加入的，不是稀里糊涂混进来的；是想为国民革命运动而有所贡献于本党的，不是个人的私利与团体的取巧而有所攘窃于本党的。"[①]陈独秀就戴季陶的团体与主义的排他性和独占性观点进行反驳说："我并不反对季陶主张一个党要有一个'共信'，三民主义就是国民党的'共信'；然国民党终究是各阶级合作的党，而不是单纯一阶级的党，所以'共信'之外，也应该容忍有各阶级的'别信'，也就是各阶级共同需要所构成的共同主义之外，还有各阶级各别需要所构成的各别主义之存在。……凡属国民党党员，只要他信仰三民主义为三民主义工作，便够了；若一定禁止他不兼信别种主义，若一定于共信之外不许有别信，若一定在一个团体里不许有两个主义，似乎不可能，而且也不必要。"[②]中共的这些举措对于扩大自己在民众中的威望、提高自己在革命中的影响、巩固自己在合作中的地位，无疑有着不可估量的意义。但是，由于苏联与共产国际的错误干预以及党的领导人思想上的不成熟，这些警觉与抵制并没有达到挽救国共合作和国民革命的目的。

---

① 王功安、毛磊主编：《国共两党关系史》，武汉：武汉出版社，1988 年，第 50 页。
② 陈独秀：《给蒋介石的一封信》，《向导》周报，第 157 期，1926 年 6 月。

第五章 十年内战与局部抗战

一、简述

随着南京国民政府的建立与国共合作的破裂,以蒋介石、汪精卫等为首的国民党,一方面在全国范围内实行"清党",继续追杀中共党员与革命群众。据不完全统计,1927 年国民党屠杀中共及其追随者约有 38 000 余人,到 1928 年则猛增到 30 万之多,再到 1932 年竟达 100 万以上。[①] 在这些死难的烈士当中,就包括中共重要干部汪寿华、陈延年、陈乔年、赵世炎、萧楚女、熊雄、恽代英、罗亦农、向警予、彭湃、蔡和森、邓中夏等。并且为了使这种屠杀行为合法化,国民党通过其所控制的政府还颁布了《暂行反革命治罪法》与《危害民国紧急治罪法》等法律。另一方面将所属军队分编成四个集团军,继续北伐,力图完成国家的统一。[②] 面对北伐军的凌厉攻势,北洋军阀张作霖所率领的"安国军"节节败退。6 月中旬,北伐军占领京津地区,而张作霖的军队被迫退往关外。期间由于不甘受日本帝国主义的驱使,张作霖在乘车返回沈阳途中,被日本关东军在皇姑屯炸死,从而结束了他从"胡子"到"元首"的一生;其子张学良则在一批旧属的拥戴下,宣布接任东三省保安司令之职。随着北伐军对北京的占领,各地军阀纷纷"易帜",宣布服从南京国民政府。面对国家统一大势,1928 年 12 月 29 日,身负国仇家恨的张学良,在多方劝说与疏导下,发出了"遵守三民主义,服从国民政府,改旗易帜"的通电。至此,象征着南京国民政府胜利结束了北伐战争

[①] 王功安、毛磊主编:《国共两党关系史》,武汉:武汉出版社,1988 年,第 324 页。
[②] 1928 年 2 月,南京国民政府将所属军队编为一、二、三 3 个集团军,分别以蒋介石、冯玉祥、阎锡山为总司令,随后又将原桂军与两湖各军合编为第四集团军,以李宗仁为总司令,全军总司令为蒋介石,总参谋长为何应钦。战斗序列是:第一集团军沿津浦线出击,第四集团军沿京汉线出击,第二集团军则在津浦、京汉线之间从中策应,并肩北上,第三集团军沿正太线向东出击。

与形式上完成了国家统一。

与此同时,南京国民政府随着清党的进行与军事上不断胜利,在内政外交等方面也采取了一系列的措施,如开始训政,建立五权之政府;成立编遣委员会,着手编遣全国军队;整理财政,颁布《土地法》与《土地处理条例》;改订新约,争取国际平等;对俄绝交,实行亲英美政策。

不过,就在南京国民政府不断加强与扩展其统治的时候,党内外的忧患纷至沓来。党外方面。中共在南昌起义的鼓舞下和八七会议精神的指引下,①在全国各地接连发动了一系列武装起义,其中比较著名的有:秋收起义、广州起义、琼崖起义、黄(安)麻(城)起义、弋(阳)横(峰)起义、湘鄂边起义、渭(南)华(县)起义、闽西起义与平江起义等。这些起义不仅建立起自己的武装与政权,沉重地打击了国民党反动政权与豪绅地主,而且纷纷建立农村革命根据地,开创了一条从农村包围城市并最终夺取城市的道路,其中农村革命根据地主要有:井冈山根据地、赣南闽西根据地、湘鄂赣根据地、闽浙赣根据地、鄂豫皖根据地、洪湖湘鄂西根据地与广西右江根据地。此外,一部分既不满意国民党的独裁统治,又不赞成共产党的暴力革命的中间势力,以邓演达的第三党、胡适的人权派与晏阳初、梁漱溟的乡建派为代表,要么创办刊物,宣传自己改造社会与政治的主张,要么从事反蒋与求民主、救民生的社会政治活动。在中间势力的社会政治活动中,就其影响与实效而言,晏阳初河北定县的乡村改造与梁漱溟山东邹平的乡村改造,最为显著。

党内方面,虽然因北伐战争的胜利,南京国民政府形式上完成了国家的统一,但内部派系林立。如党务上,就有蒋介石派、胡汉民派、汪精卫派、孙科派、西山会议派之分;军事上,就有蒋系、冯系、阎系、桂系、奉系与其他地方实力派之别,且各派系之间矛盾重重,特别是各军事巨头之间因人事与地盘分配的不均,时有激化之势。所以,随着1929年1月军队编遣会议的召开,就先后发生了蒋桂战争(两次)、蒋冯战争、蒋唐(生智)战争与中原大战,但是蒋介石凭借

---

① 1927年8月7日,中共中央在湖北汉口召开紧急会议。会议通过了《中国共产党中央执行委员会告全党党员书》等重要文件,着重批评了以陈独秀为首的党中央的右倾投降主义及其他错误。其中主要错误有:在处理同国民党关系问题上,党中央完全放弃自己独立的政治立场,实行投降政策;在革命武装问题上,党中央始终没有想着武装工农的必要,没有想着建立真正革命的工农军队,甚至主动下令解散工人纠察队;在农民土地问题上,党中央不能提出革命的行动纲领来解决农民的土地问题;在党内民主生活问题上,党中央不接受群众监督,不向群众报告,制定党的政策不交一般党员进行讨论。(中共中央党史教研室著:《中国共产党历史》(上卷),北京:人民出版社,1991年,第220页。)

英美帝国主义与江浙财阀的支持,并利用反蒋各派间的矛盾,打败了所有的对手,在整个国民党军事集团中取得了笑傲群雄的地位。不过,国民党内部的派系并没有因此而消失,彼此间的矛盾依然存在,只不过迫于形势,不得不在相互妥协中做出团结的姿态,共处于"党国"的体制之中。

面对着来自党内外的这些挑战,蒋介石在取得中原大战胜利后,一方面,为了加强个人的政治地位及避免落下反对者对其独裁统治攻击的口实,于1931年5月召开了国民会议,制定并通过了《中华民国训政时期约法》。另一方面,为了加强国民党的专制统治,军事上,开始集中兵力,进行大规模地围剿工农武装与红军的战争,其中自1930年12月到1931年9月,就对中央苏区发动了三次大规模的军事围剿;政治思想上,利用军、警、宪、特等组织在加强对社会控制的基础上,对异见异行者实施严厉的捕杀政策。

然而,蒋介石加强其独裁统治的措施并没有达到预期的目标。因为中共所领导的工农武装仍在不断地壮大,中间势力反独裁求民主的声音依然不绝于耳,国民党内部的各反蒋势力则照旧与其貌合神离;特别是九一八事变后,党内外的反对者因其实行"不抵抗政策"与"攘外必先安内政策",在救亡图存的口号下,沿着各自的反蒋路径诉诸更加激进的行动。其中,中共于1931年11月在江西瑞金建立了以毛泽东为主席的中华苏维埃共和国临时中央政府,颁布了《中华苏维埃共和国宪法大纲》,中央红军取得了第四次反围剿的胜利,而且在反抗国民党军事围剿与经济封锁的实践中,共产党把武装斗争、土地革命与根据地建设有机地结合起来,极大地增强了工农武装割据的生命力与战斗力。中间势力则以中国民权保障同盟为代表,在争取民主自由的基础上,要求国民党停止内战,共同抗日。党内的反蒋势力冯玉祥领导旧部方振武、吉鸿昌等在张家口组织察哈尔民众抗日同盟军,提出"外抗暴日、内除国贼"的口号;国民党十九路军在蔡廷锴、陈铭枢、蒋光鼐、李济深等领导下发动福建事变,建立中华共和国人民革命政府,提出了排除帝国主义在华势力,废除不平等条约,推翻反革命的卖国政府,扫除一切封建势力等主张。

针对这些反对行为,蒋介石及其政府出于巩固其统治的需要,在坚决维护其权威与尊严的同时,不得不调整其内外政策。因为此时的国人,不仅对其维护一党之私一人之权的独裁专制不满,而且对其放任日军进攻而不做抵抗的绥靖政策不满;尤其是日军在强占东三省之后,进而侵略上海、窥伺华北以及扶植溥仪复辟建立伪满洲国的行径,更让国人愤怒和失望。故而,就前者言之,蒋介石一方面对中共领导的工农革命采取残酷的镇压政策,为此,1932 年 7 月开始调集几十万军队对各革命根据地发动第四次军事围剿,接着又于 1933 年 10 月调集 100 万军队向革命根据地发动第五次围剿,其中以 50 万兵力进攻中央苏区。由于中共领导人的"左倾"错误与指挥失误,以及敌我力量对比悬殊,中央红军于 1934 年 10 月被迫长征,蒋介石集团取得了军事上的暂时胜利。另一方面对中间势力与党内反对派,一则采取和解的办法或威胁利诱的手段,如组织国难会议、国防会议等,把当中的领袖人物拉入到体制之内;二则采取武力措施,镇压当中的不合作者与不听令的军队,如枪杀第三党领袖邓演达、民权保障同盟领导人杨杏佛与报业界巨子史量才,剿杀察哈尔抗日同盟军和制造福建事变的十九路军。蒋介石及其政府希望通过这样一种区别性对待政策,来达到维护党国威权的目的。

就后者言之,对内,蒋介石及其政府在强化特务统治的基础上,推行"管、教、养、卫"①相结合的保甲制度和"礼、义、廉、耻"为中心原则的新生活运动,以实现清除中共革命思想与加强控制人民的目的;对外,在坚持"攘外必先安内政策"的方针下,进行了局部的、有限的抗战,其中先后组织了 1932 年的一·二八淞沪抗战与 1933 年的长城抗战,尽管蒋介石及其政府最后被迫签订了投降卖国的《淞沪停战协定》与《塘沽协定》,但毕竟打击了日军的嚣张气焰,显示了中华民族抗击外来侵略的决心。

中央工农红军在第五次反围剿失败后,不得不进行战略大转移。长征开始后,由于党的领导人在军事上的错误指挥,使得中央红军与中共中央陷入非常危险的境地。1935 年 1 月,党中央在遵义会议上通过检讨与反思,结束了"左倾"领导人对党对红军的错误领导,重新确立了毛泽东在党和红军中的领导地位。此后在新的中央领导下,中央红军经过长途跋涉与艰苦战斗后,于 1935 年 10 月抵达陕北革命根据地,期间并粉碎了张国焘分裂中央与篡党夺权的阴谋。1936 年 10 月,红一、二、四三个方面军在甘肃会宁地区会师,从而标志着长征的胜利结束与中国工农红军实现了战略大转移。从此陕北成为领导中国革命与抗日的大本营。与此同时,到达陕北的中共中央在不断拓展和巩固革命根据地的基础上,也根据国内外形势的变化,于 1935 年 12 月在陕北召开瓦窑堡会议,

---

① 所谓"管",主要指清查户口和订立保甲规约;所谓"教",主要指对人民进行党化教育和反革命宣传;所谓"养",主要指人民必须承担的各种苛捐杂税;所谓"卫",主要指抽选壮丁编练民团。

确立了建立抗日民族统一战线的总方针,并在此方针的指导下,对待国民党的政策也慢慢地由"反蒋抗日"到"逼蒋抗日"再到"联蒋抗日"的转变。所以,当1936年12月西安事变发生后,党中央坚决主张用和平的手段解决事变,并派周恩来、博古、叶剑英等直接到西安做张学良、杨虎城的工作,最终促成了南京与西安的和解,从而为即将到来的两党再次合作打下了政治基础。1937年5月,全面抗战爆发前夕,党中央在召开的苏区代表会议与白区代表会议中,再次强调建立民族抗日统一战线的重要意义,并对"左倾"关门主义错误提出批评。

蒋介石及其国民党在迫使红军长征以后,借追剿红军的机会,加强了南京国民政府对西南、西北地区的渗透与控制。同时鉴于日本侵略者步步紧逼与民族危亡的加深,不得不采取一些有利于提高国力与增强抗日的措施。其中经济上实施法币政策和发起了国民经济建设运动,推动了中国经济的复苏与发展;内政上在"团结内部,抵御外侮"的口号下,先后召开了国民党四届六中全会与第五次全国代表大会,提出了建设国家、挽救国难的主张,促进了各派系的和解与团结;军事上加强了军事与国防方面的工作,提出"持久战"与"消耗战"的战略方针;外交上除了尽量同欧美列强保持原有的关系外,还努力寻求同苏联的合作,希望苏联从北面牵制日本的南进,同时坚决反对日本策划"华北五省自治"和拒绝接受日本外相所提出的"广田三原则"。[①] 但是鉴于南京国民政府根本性质,反共、反民主依然是其对内政策的重要内容。

因此对于社会上出现的"要抗日,求民主"的爱国救亡运动,基本上采取排斥与打压政策,其中最典型的是镇压了1935年发生的一二·九爱国学生运动,制造了1936年震动全国乃至世界的救国会"七君子事件"。[②] 对于中共及其武装,一方面派重兵围攻陕北的红军,另一方面对分散各地的游击队实行清剿。当然,国民党这些倒行逆施的行为,自然得不到人民的支持,相反,它不仅激起了中共与民主人士的坚决反对,而且引发其内部爱国人士的强烈不满,其中张学良、杨虎城所发动的西安事变就是这种不满的结果,同时,陈济棠与李宗仁等制造的两广事变,也不能说跟这种不满没有关系。庆幸的是,随着七七卢沟桥事变的发生,蒋介石及其南京政府终于改变了九一八事变以来所实行的"攘外

---

① 广田三原则,即取缔一切排日活动和放弃以夷制夷政策;承认"满洲国";中日合作共同防共。

② 七君子事件:指1936年11月23日,南京国民政府以"危害民国"的罪名,逮捕了全国各界救国会领袖沈钧儒、章乃器、邹韬奋、李公朴、王造时、沙千里、史良7人。

必先安内"政策,并且顺应民意接受中共提出的"停止内战,一致抗日"的主张。1937 年 9 月下旬《中共中央为公布国共合作宣言》与蒋介石《对中国共产党宣言的谈话》两个文件发表,从而意味着以国共合作为基础的全国抗日民族统一战线正式建立。从此全国各族人民集结在国共两党合作的大旗下,开始了全民族的抗战。

二、年表

公元	朝代	年号	大事
1928 年	中华民国	民国十七年	1 月 9 日,以郭亮、贺龙等为成员的中共湘西北特委成立;1 月 12 日,朱德、陈毅在湘南发动起义;1 月 24 日,北京政府与日本南满铁路公司签订吉会铁路 500 万元合同;2 月 2 日,国民党二届四中全会召开,选举蒋介石为军委会主席,谭延闿为国府主席;3 月 9 日,南京国民政府公布《暂行反革命治罪法》;3 月 10 日,南京国民政府公布《中华民国刑法》;3 月 15 日,陈公博在上海公开提出改组国民党的主张;同月,贺龙、周逸群在湘西北发动起义;4 月 7 日,蒋介石下北伐总攻击令;4 月 25 日,朱德、陈毅率部与毛泽东会师;同月,刘志丹等在陕北领导渭(南)华(县)起义;6 月 8 日,国民党军占领北京、天津,第二次北伐宣告成功;6 月 9 日,"中央研究院"正式成立;6 月 16 日,新疆督办杨增新通电易帜;6 月 18 日,中共六大在莫斯科召开;6 月 26 日,国民党中央政治会议决定:直隶省改为河北省,北京改为北平;6 月 22 日,井冈山革命根据地粉碎了国民党军队的第一次围剿;7 月 1 日,全国财政会议在南京举行,会议决定统一财政,统一币制,废两改元;7 月 7 日,国民政府外交部发表废约声明;7 月 19 日,热河都统汤玉麟通电易帜;7 月 22 日,彭德怀领导平江起义;7 月 28 日,国民政府公布《刑事诉讼法》《土地征收法》等;8 月 15 日,国民党二届五中全会闭幕,决定设立五院制政府;9 月 13 日,国民政府宣布加入"非战公约";9 月 14 日,奉军与直鲁军战事爆发;9 月 18 日,清华学校正式更名为国立清华大学;10 月 8 日,国民政府改组,蒋介石任主席;10 月 26 日,《国

续表

公元	朝代	帝王年号	大事
			民政府训政时期施政宣言》发表,标志着国民政府五院制政府确立;11 月 1 日,中央银行在上海成立;11 月 5 日,美国宣布正式承认中华民国政府;11 月 2 日,中共中央机关报《红旗》创刊,1930 年 8 月 2 日停刊,共出 126 期;12 月 29 日,张学良通电改旗易帜。是年,4 月 20 日,日本再次出兵中国山东;5 月 3 日,日军破坏外交惯例,制造济南惨案;6 月 4 日,日军制造皇姑屯事件,张作霖重伤身亡;11 月 27 日,意大利同中国签订友好通商条约;12 月 20 日与 22 日,英法两国先后同中国签订关税协定。
1929 年		民国十八年	1 月 7 日,张学良任东北政务委员会主任,1 月 14 日,毛泽东、朱德、陈毅等率红四军主力挺进赣南;3 月 21 日,李济深被蒋介石软禁;3 月 26 日,第一次蒋桂战争爆发;4 月 10 日,冯玉祥通电服从中央;4 月 24 日,汪精卫宣布国民党改组纲领;5 月 8 日,蒋介石当选为国民党中央政治会议主席;5 月 22 日,韩复榘、石友三通电拥护中央;5 月 27 日,冯玉祥通电下野;同月,陈独秀等人转变为托洛茨基主义;6 月 1 日,孙中山安葬南京紫金山;7 月 4 日,蒙藏委员会向国民政府报告英人入侵西藏;8 月 24 日,中共领导人彭湃被捕;9 月 17 日,张发奎通电反蒋;10 月 10 日,西北军将领联名通电反蒋;10 月 26 日,蒋、冯战争爆发;11 月 15 日,中共中央决定开除陈独秀党籍;12 月 2 日,古生物学家裴文中在周口店龙骨山发现完整北京人头骨化石;12 月 11 日,邓小平、张云逸等发动百色起义;12 月 28 日,红四军在上杭召开古田会议,毛泽东当选为前委书记。是年,3 月 28 日,日本同中国签订《清理济南事件悬案协定》;10 月 24 日,世界经济危机爆发。
1930 年		民国十九年	1 月 5 日,毛泽东在《星星之火,可以燎原》中阐明工农割据思想;1 月 26 日,尼泊尔在英国支持下,出兵 6 万入侵西藏;2 月 9 日,国民党军队在江西向红军开始总攻击;2 月 12 日,阎锡山提出与蒋介石共同下野,为蒋拒绝;2 月 26 日,中共中央要求红军进攻中心城市;2 月 28

续表

公元	朝代	帝王年号	大事
			日,各反蒋势力在太原召开军事会议,组成反蒋大联合;3月2日,中国左翼作家联盟在上海召开成立大会;3月31日,尼泊尔入侵西藏,拉萨危机;4月1日,阎锡山在太原通电就任陆海空军总司令职务,宣布率军讨蒋;4月18日,中英在南京签订收回威海卫专约及刘公岛协定;5月11日,中原大战爆发;5月20日,第一次全国苏维埃区域代表大会在上海秘密举行;6月11日,李立三在上海主持召开政治局会议,通过《新的革命高潮与一省或几省的首先胜利》决议案;6月12日,汪精卫在香港发表《中央党部扩大会议之必要》一文,希望反蒋派携手合作;6月19日,中国工农红军第一军团与第三军团成立,朱德、彭德怀分任总指挥;6月30日,国民政府公布《土地法》;7月4日,红二军团成立,贺龙任总指挥;7月30日,彭德怀率军攻克长沙并成立苏维埃政府,8月5日被迫撤出;8月9日,邓演达等在上海召开第三党成立大会;8月23日,国民政府立法院通过《处置共产党条例》;8月23日,中国工农红军第一方面军成立,朱德任总司令,毛泽东任总政治委员;9月1日,反蒋派在北平召开国民党中央党部扩大会议,公布《国民政府组织大纲》;9月10日,张学良决定入关参战;10月5日,阎锡山、冯玉祥、汪精卫致电张学良表示实行停战;11月4日,阎锡山通电下野,中原大战结束;11月5日,蒋介石准备围剿革命根据地;12月9日,国民党军队对江西苏区红军第一次围剿开始;12月30日,红军全歼张辉瓒十八师,粉碎了第一次围剿。是年,2月3日,越南共产党成立;5月6日,日本同中国签订关税协定。
1931 年		民国二十年	1月7日,中共六届四中全会在上海召开,王明进入政治局,开始其对党与红军的"左倾"领导;1月15日,中共苏区中央局、苏区中央革命军事委员会在江西瑞金成立;1月27日,罗章龙等分裂中央被开除出党;1月31日,国民政府公布《危害民国紧急治罪法》;2月2日,国民党军开始对江西苏区红军进行第二次围剿;2月28日,蒋介石因约法问题软禁胡汉民,宁粤分裂开始;3月27日,南昌行营下达向江西红军进行第二次围剿总攻

续表

公元	朝代	帝王年号	大事
			击令;5月1日,中国共产主义左派反对派成立,陈独秀为总书记;5月5日至17日,国民会议在南京召开;5月27日,汪精卫、孙科等在广州召开非常会议;5月31日,红军取得了第二次反围剿的胜利;6月1日,国民政府公布《中华民国训政时期临时约法》;6月22日,中共中央总书记向忠发在上海被捕,叛变后被枪杀;6月26日,中村事件发生;7月1日,蒋介石发布了第三次围剿江西苏区红军的命令;同日,万宝山事件发生;7月12日,蒋介石密电张学良,对日军在东北的挑衅应尽量忍让;7月23日,蒋介石在南昌首次提出"攘外必先安内";8月16日,蒋介石对日军挑衅,力主不抵抗主义;9月18日,日本关东军制造"柳条湖事件",开始进攻沈阳,挑起侵华战争;9月19日,张学良严令各部不得抵抗;9月27日,东北抗日救国会成立;10月6日,广州非常会议就时局发表通电;10月27日,宁粤和平会议在上海召开;11月3日,马占山指挥部队在嫩江桥头抗击日军;11月7日,中国工农红军第四方面军成立;11月12日,蒋派国民党在南京召开第四次全国代表大会;11月18日,粤方国民党在广州召开第四次全国代表大会;11月27日,中华苏维埃共和国临时中央政府成立,毛泽东当选主席;11月29日,第三党领导人邓演达被蒋介石杀害;12月11日,《红色中华》在瑞金创刊;12月14日,原西北军改编的26路军在赵博生等率领下举行宁都起义,加入红军;12月17日,南京发生珍珠桥惨案;12月22日,宁、粤、沪三方参加的国民党四届一中全会在南京举行。是年,6月,日本军部制定《解决满洲问题方案大纲》;9月19日,日本内阁通过所谓"不扩大事态方针",日本共产党中央发表反战声明。
1932年		民国二十一年	1月1日,国民政府主席林森率新任各院、部长宣誓就职,国民党"统一政府"成立;1月5日,中共临时中央发布《关于争取革命在一省或数省首先胜利的决议》,要求红军进攻中心城市;1月28日,日军进攻上海,十九路军开始淞沪抗战;1月30日,国民政府发表迁都洛阳宣言;2月1日,蒋介石在徐州召开军事会议,商讨对日作

续表

公元	朝代	帝王年号	大事
			战计划;2月14日,国民政府命张治中率第五军参加对日作战;2月15日,汪精卫在徐州提出"一面抗战,一面交涉"的外交方针;2月19日,中央苏区在瑞金举行反帝反国民党、参加革命武装的总示威大会;3月1日,复兴社在南京成立;3月6日,蒋介石出任军事委员会委员长;3月9日,伪满洲国成立;3月14日,国联调查团来华调查日本侵略东北事件;3月18日,福建省苏维埃政府成立,张鼎丞任主席;4月1日,革命党军事委员会调查统计局成立;4月7日,国民政府在洛阳召开国难会议;4月15日,中华苏维埃共和国临时中央政府正式宣布对日作战;4月24日,孙科在上海发表"抗日救国纲领",主张彻底抗日;5月5日,中日《淞沪停战协定》在上海签字;5月24日,胡适等在北平创办《独立评论》;7月1日,邹韬奋在上海创办生活书店;7月8日,中国首次参加奥运会;7月14日,国民党军队开始第四次围剿革命根据地;8月21日,日军侵犯热河;9月9日,日本正式承认伪满洲国,并签订《日满议定书》;9月16日,日军制造平顶山惨案,2 700余平民被杀;10月1日,四川军阀刘文辉与刘湘发生战争;10月2日《国联调查书》在日内瓦、南京与东京同时发表;10月10日,张国焘决定放弃鄂豫皖革命根据地;10月12日,毛泽东被撤销红一方面军总政治委员职务,后由周恩来兼任;10月30日,废止内战大同盟北平分会成立,胡适任临时主席;12月12日,中苏重新建立外交关系;12月17日,宋庆龄等发起组织的中国民权保障同盟成立。是年,1月,美国国务卿史汀生就日本侵华事件发表"不承认主义"宣言;21日,以李顿为首的国联调查团成立。
1933年		民国二十二年	1月17日,毛泽东与朱德发表联合宣言,表示愿与一切武装部队订立停战协定,共同抗日;2月22日,陕西省政府主席杨虎城表示"愿出兵抗日,效命疆场";3月4日,汤玉麟不战而逃,热河失陷;3月9日,中国军队开始长城抗战;3月21日,中央苏区打破国民党军队的第四次围剿;4月7日,法国开始侵占我国南沙群岛;4月13日,

续表

公元	朝代	帝王年号	大事
			国民政府决定成立复兴农村委员会;5月26日,察哈尔抗日同盟军成立;5月31日,《塘沽协定》签字;6月21日,汉奸石友三等组建华北民众自治联军军政府;8月9日,冯玉祥迫于蒋介石的压力,宣布撤销抗日同盟军总部;8月29日,方振武、吉鸿昌组织抗日讨蒋军;10月,蒋介石开始对革命根据地进行第五次围剿;11月20日,十九路军发动福建事变;12月10日,蒋廷黻在《独立评论》上发表《革命与专制》一文,引发知识界"民主与独裁"的大论战;12月11日,第三党宣布解散,加入生产人民党。是年,1月30日,希特勒出任德国政府总理;2月24日,国联通过《李顿调查团报告书》;3月4日,富兰克林·罗斯福就任美国总统;3月27日,日本天皇颁布退出国联诏书;4月24日,德国国家秘密警察——盖世太保成立。
1934 年		民国二十三年	1月1日,国民党军队向福建人民革命军发起攻击;同月,国民政府开始推行保甲制度;2月13日,蒋介石在南昌重新部署第五次围剿中央红军事宜;2月19日,蒋介石在南昌发起"新生活运动";4月8日,中华苏维埃共和国临时中央政府颁布《惩治反革命条例》与《婚姻法》;4月26日,宋子文在西安提出开发西北的四项计划;6月21日,陈济棠等在广州召开粤、湘、桂三省会议,决定共同反共;7月1日,蒋介石在南昌成立新生活促进总会,自任会长;7月7日,中央红军组织北上先遣队;7月23日,王震、萧克率红六军团实施战略转移;8月1日,盛世才宣告新疆和平统一;9月18日,东北人民革命军第一军与抗日同盟军第四军成立;9月22日,红四方面军取得反川军六路围攻的胜利;10月10日,中央红军开始长征;10月24日,红六军团与红三军在贵州东部会师;11月7日,东北人民革命军正式成立,杨靖宇任军长兼政委;11月29日,国民政府颁布《戒严法》。是年,4月4日,土耳其同中国签订友好条约;4月17日,日本发表《天羽声明》;8月2日,希特勒宣布自己为国家元首兼总理;9月18日,苏联加入国联,并任行政院常任理事国。

续表

公元	朝代	帝王年号	大事
1935 年		民国二十四年	1月1日,蒋介石宣布该年为新生活运动年;1月15日,中共中央在贵州遵义召开政治局扩大会议,结束了"左倾"领导人的错误领导,重新确立毛泽东在党与红军中的领导地位;2月9日,湘鄂川黔革命根据地进行第二次反围剿斗争;4月1日,蒋介石在贵阳发起国民经济建设运动;4月23日,蒋介石调集军队对鄂豫陕苏区发动第二次围剿;5月18日,张国焘在四川茂县成立中共西北特区委员会与西北苏维埃联邦政府;同月,红四方面军开始长征;6月5日,日军制造"张北事件";6月12日,红一、四方面军在四川懋功会师;6月18日,中共重要领导人瞿秋白在福建遇害;6月26日,中共中央在四川两河口举行会议;6月27日,《秦土协定》签字;7月6日,《何梅协定》签字;8月1日,中共驻共产国际代表团发表《八一宣言》;8月8日,湘鄂川黔革命根据地粉碎国民党军的第二次围剿;9月27日,中共中央决定把陕北作为领导中国革命的大本营;10月2日,国民政府特任蒋介石为西北剿匪总司令,张学良为副总司令;10月5日,张国焘在川康边界另立中央;11月4日,国民政府实行法币政策;11月10日,以李济深、陈铭枢为首的中国国民党临时行动委员会改名为中华民族解放行动委员会;11月12日,中国国民党第五次全国代表大会在南京举行;11月19日,红二、六军团开始长征;11月21日,红一方面军发动直罗镇战役;11月24日,伪冀东防共自治委员会成立;12月9日,北平爆发"12·9"学生抗日救亡运动;12月18日,冀察政务委员会成立。是年,5月21日,希特勒在国会发表《和平纲领》演说,并颁布《帝国防御法》;10月28日,日本外相广田弘毅提出《对华三原则声明》。
1936 年		民国二十五年	1月24日,日本外相广田弘毅提出处理对华关系三原则;1月28日,东北抗日联军成立,杨靖宇任总司令;2月20日,国民政府颁布《维持治安紧急办法》;同日,中国工农红军发动东征战役;2月25日,红军与东北军、西北军达成互不侵犯协定;3月29日,苏联与蒙古订立互

续表

公元	朝代	帝王年号	大事
			助条约;4月7日,国民政府外交部强烈抗议苏蒙互助协定;4月10日,蒋介石调集军队入晋增援阎锡山抗击红军;4月20日,蒙古自治军政府成立;5月5日,毛泽东、朱德发布《停战议和一致抗日》通电;5月14日,国民政府公布《国民大会组织法》与《国民大会代表选举法》;5月20日,蒋介石向陈济棠提出宁粤合作五条件;5月25日,毛泽东致电阎锡山希望联合起来抗日反蒋;5月31日,全国各界救国联合会成立;6月1日,两广事变发生;6月3日,蒋介石组建国民经济建设运动委员会;7月1日,红二、六军团在甘孜与红四方面军会师;8月1日,中国第一次派运动员参加在柏林举行的奥运会;8月14日,毛泽东代表中共致信傅作义、宋哲元等,呼吁联合抗日;9月1日,中共中央向党内发出《关于逼蒋抗日问题的指示》;9月18日,山西"牺牲救国同盟会"成立;9月30日,中日签订《华北经济开发协定》;10月10日,红一、四方面军在甘肃会宁会师;10月23日,红军三大主力会师,长征胜利结束;10月31日,张学良力劝蒋介石停止内战,一致抗日;11月5日,傅作义率部在百灵庙抗击日伪军的联合进攻;11月10日,中国工农红军西路军成立;11月23日,七君子事件发生;12月12日,张学良、杨虎城发动西安事变;12月16日,中共派代表团抵达西安;12月24日,西安事变和平解决,次日,张学良护送蒋介石返回南京;12月31日,军事法庭判处张学良有期徒刑10年。是年,1月,日本宣布退出国际才俊会议;2月26日,日本皇道派军官发动"二·二六政变";5月5日,朝鲜祖国光复会成立,金日成任会长;8月7日,日本五相会议,通过《基本国策纲要》;9月3日,世界和平大会在布鲁塞尔召开;11月2日,德日签订《反共产国际协定》。
1937 年		民国二十六年	1月8日,中共中央发表《为号召和平停止内战通电》;1月25日,新华通讯社在延安成立;2月21日,国共两党在西安举行谈判;3月25日,周恩来在杭州与蒋介石就国共合作问题进行谈判;4月5日,国共两党代表共祭黄

续表

公元	朝代	年号	大事
			帝陵;4月15日,中共中央发表《告全党同志书》,号召全党为和平、民主与抗战而斗争;4月22日,国民党中常委通过修正《国民大会组织法》与《宪法草案》;4月24日,中共中央机关刊物《解放》周刊在延安创刊;5月29日,张冲率国民党中央考察团抵达延安考察;6月8日,周恩来与蒋介石在庐山举行第一次会谈;6月17日,蒋介石邀请名流在庐山举行茶话会;7月1日,中国共产党第一次以7月1日作为党的诞生日;7月4日,国民党庐山暑期军官训练团第一期开始;7月7日,卢沟桥事变发生,标志着全面抗战开始;7月8日,蒋介石指示宋哲元就地抵抗,不得后退,中共中央发出《为日军进攻卢沟桥通电》,并致电电蒋介石,建议全国总动员进行抗日斗争;7月10日,全国各界救国联合会发出了为保卫北方紧急宣言;7月14日,周恩来等将《中共中央为公布国共合作宣言》交给蒋介石,并举行第二次谈判;7月30日,平、津相继失陷;8月8日,日军发起南口战役;8月13日,日军进攻上海;8月14日,国民政府发表《抗暴自卫声明书》;8月20日,国民政府军事委员会发布作战计划;8月21日,中苏在南京签订《互不侵犯条约》;8月22日,国民政府军事委员会宣布朱德、彭德怀分别为国民革命军第八路军正、副总指挥;8月25日,中共公布了《抗日救国十大纲领》;9月6日,陕甘宁边区政府成立,林伯渠为主席;9月9日,国防参议会成立,蒋介石为主席;9月11日,军事委员会将国民革命军第八路军改称为十八集团军;9月12日,毛泽东发出《关于独立自主山地游击战原则的指示》;9月23日,国共两党实现第二次合作,抗日民族统一战线正式建立;9月25日,八路军115师取得平型关战役的胜利;10月2日,中共领导的南方红军与游击队改编为国民革命军陆军新编第四军;10月10日,国民政府组织忻口保卫战;同日,钱塘江大桥举行通车典礼;10月19日,八路军129师奇袭阳明堡机场;10月29日,蒋介石在最高国防会议上做了《国民政府迁都重庆与抗战前途》的报告;11月5日,德国驻华大使陶德曼会见蒋介石,开始调停中日关系;11月

续表

公元	朝代	帝王年号	大事
			8 日,太原会战结束;11 月 9 日,蒋介石下令上海全线撤退;11 月 24 日,国民政府开始组织南京保卫战;12 月 13 日,南京大屠杀开始;12 月 14 日,汉奸王克敏等在北平组织伪中华民国临时政府;12 月 16 日,蒋介石在武汉发表《告全国军民书》,号召人民坚决抗日;12 月 17 日,全国抗日大同盟在汉口成立;12 月 26 日,国共两党关系委员会召开第一次会议;是月,合肥、杭州、济南相继失守。是年,8 月 21 日,苏联同中国签订互不侵犯条约;11 月 3 日,英、法、美、意、苏等 19 国召开布鲁塞尔会议,"调停"中日战争;11 月 6 日,意大利加入《反共产国际协定》,标志着柏林—罗马—东京轴心形成;12 月 12 日,意大利退出国联。

三、重点述评

1. 相互倾轧:国民党派系间的争斗

蒋介石、汪精卫等国民党右派通过反革命政变把共产党清除出国民党组织后,并没有使国民党团结与统一起来,相反,倒是因权力的争夺而倾轧不断。1927 年 8 月,蒋介石由于北伐中军事上的失利,而被南京政府内部以桂系为首的新联盟逼下台去;汪精卫由于反共不力,而被西山会议派与胡汉民派排挤出宁汉合流的新政府;但是被赶下台的蒋、汪却时刻准备着东山再起。其中,汪精卫于 9 月 21 日带着自己的追随者,在唐生智的支持下成立武汉政治分会,公然对抗由国民党当时三大派系南京派、武汉派与西山会议派合作组建的南京国民党中央特别委员会及其政府;蒋介石则以退为进坐看宁汉之间的纷争。由于蒋介石与汪精卫的故意拆台,1928 年 1 月,内外交困的南京特委会及其政府垮台,于是蒋介石在各方要求下复职,并在国民党二届四中全会上当选为军事委员会主席,其后又出任国民政府主席。

不过,国民党并没有因蒋介石的复出而统一起来。以汪精卫为首的所谓国民党左派,因被排挤出权力核心,则打出改组国民党的旗号,继续挑战南京国民党中央与蒋介石的权威,其他的非蒋系政治势力如胡汉民派、孙科派、西山会议派,以及军事实力派冯玉祥集团、阎锡山集团、李宗仁、白崇禧集团等,表面上虽然都服从南京国民政府与蒋介石的领导,但实质上各自都在策划着,如何通过纵横捭阖的手段来扩展自己小集团的权益。因此,尽管不久后,蒋介石带着四大集团军进行第二次北伐,迫使奉军退出关外,并且借张学良的改旗易帜完成了国家的统一,但当他想进一步加强自己与中央政府的权力时,立即遭到了各实力派的反对。

于是以裁兵会议为导火线,在 1929 年 3 月到 1930 年 10 月之间,蒋介石与地方实力派先后进行了蒋桂战争(两次)、蒋冯战争、蒋唐战争与中原大战。由于蒋介石拥有英美帝国主义与江浙财阀的支持,同时充分地利用反蒋各派间的矛盾,使得其在军阀混战中打败了所有企图与他相抗衡的对手,取得了笑傲群雄的政治与军事优势,而其对手们则因战场上的失败,基本上失去了与其逐鹿中原一决雌雄的实力,但作为反蒋势力,他们依然存在。其中著名的反蒋人物如汪精卫、冯玉祥、阎锡山、李宗仁、白崇禧、唐生智等,除通电宣布下野外,要么逃亡海外以待时机,要么避居一隅以图东山再起。

蒋介石在军事上打败各地方实力派挑战后,为了剥夺反对者攻击其独裁专制的口实,同时从法统上加强自己的政治权威,发出了召开国民会议和制定训政时期约法的通电。然而国民党元老胡汉民识穿了蒋介石这种"醉翁之意不在酒"的伎俩,因为根据蒋介石的预设:通过国民会议制定一部约法,再根据约法扩大总统职权,使其具有任免与督率五院院长的权力,然后再操纵选举使自己当上总统。① 所以,胡汉民出于防止蒋介石个人专权的目的,和巩固自己在国民党及南京政府中地位与权力的需要,便站出来公然反对蒋介石的主张,认为训政时期召开的国民会议不是权力机关,既无权制定法律,也无权选举总统与政府首脑。于是好梦难成的蒋介石为泄私愤而把胡汉民软禁起来,而胡汉民的追随者借口胡氏被禁,则与汪精卫派、孙科派、西山会议派、两广军人派等反蒋势力联合起来,在"救护党国"与"打倒独裁"的口号下云集广州,组建起"国民党

---

① 应该说,胡汉民的推测是有相当道理的,比如 1936 年中华民国国民大会通过的《中华民国宪法草案》就明确规定:总统为国家元首,对外代表中华民国;总统统率全国陆海空军;总统依法公布法律,发布命令;总统依法行使宣战、媾和及缔结条约之权;总统依法宣布戒严、解严;总统依法行使大赦、特赦、减刑、复刑之权;总统依法任免文武官员;总统依法授予荣典;总统有紧急事态的处置权;总统对行政院正副院长、政务委员、各部部长、各委员会委员长,拥有任免之权;总统对于立法院之议决案,有提出复议之权。(中国历史第二档案馆编:《中华民国史档案资料汇编·政治(一)》第五辑第一编,南京:江苏古籍出版社,1994 年,第 278 ~ 281 页)

178

中央执监委员非常会议"与"国民政府",从行动上来否定蒋介石及其南京国民政府的合法性与权威性,宁粤矛盾空前尖锐。

其后,鉴于民族危机的加深与中共武装力量的壮大,双方从党国利益出发,不得不从长期相互斥责与非难中走向妥协,在经过秘密谈判与复杂会议后,终于达成了和平统一的协议,但蒋介石不得不为之付出再次下野的代价:不仅辞去国民政府主席与行政院长的职务,而且辞去了陆海空军总司令的职务。从短期看,蒋介石在这次争权中无疑落了个"偷鸡不成"之讥;但从长远看,这次争权对蒋介石而言,却是个因祸得福、否极泰来的开端。因为宁粤合流的新政权,并没有因蒋介石下台而显得稳固,相反倒是因蒋介石下台更显得风雨飘摇与朝不保夕,所以在仅存 25 天后,作为政府首脑的孙科在内忧外患中不得不自动下台,并恭请蒋介石与汪精卫出山重组政府。经过协议,汪精卫接任行政院长,蒋介石出任军事委员会委员长,从此,国民党进入蒋、汪当政的时代。

蒋、汪合作,确实在某种程度上加强了国民党内部的团结。因为蒋介石通过汪精卫的保驾,可以免除许多来自党统的攻击,而汪精卫借助于蒋介石的护航,可以使其政令更能得到军方与地方的尊重;不过,这并不意味着国民党内部派系斗争的消失。所以,随着南京政府在对日战场上的步步后退与蒋介石频频采取消灭异己的做法,国民党内部感到不满的人越来越多,最后不得不走上对抗的道路。其中主要有:1933 年 5 月,原西北军旧部方振武、吉鸿昌等在张家口组成察哈尔民众抗日同盟军,以冯玉祥为总司令,打出"外抗暴日、内除国贼"的旗号。1933 年 11 月,十九路军在蔡廷锴、陈铭枢、蒋光鼐、李济深等领导下,发动福建事变,召开中国人民临时代表大会,建立中华共和国人民革命政府,提出反对帝国主义、扫除封建势力、废除不平等条约和推翻反革命的卖国政府的主张。1936 年 6 月初,广东军阀陈济棠针对蒋介石分裂两广、各个击破的企图,联络桂系首领李宗仁等,在抗日救国的旗号掩盖下,组织西南政务委员会和国民党西南执行部,接着成立了军事委员会与抗日救国军,并出兵湖南,制造震惊中外的两广事变。1936 年 12 月 12 日,东北军司令张学良与十七路军司令杨虎城,在多次劝说蒋介石改变内战政策无效的情况下,毅然发动西安事变,扣押蒋介石及随蒋而来的许多高级将领和官员,使得西安与南京的关系变得异常的紧张,内战一触即发。但是,所有的这些反蒋反南京国民政府的斗争,基本上均以蒋介石及其政府获得了胜利。

无可讳言,这些斗争跟此前的国民党派系间斗争有所不同,特别是其中的察哈尔同盟军的抗日与张学良、杨虎城的西安事变,但是它们毕竟都带有不同程度的派系色彩。如领导察哈尔抗日同盟军的方振武、吉鸿昌就属于冯玉祥的西北军系统,发动福建事变的十九路军就是粤军的重要组成部分,制造两广事变的粤军与桂军更一直充当反蒋势力的坚强后盾,发动西安事变的东北军与十七路军虽有过跟蒋合作的历史,可终究属于地方派系的军队。故此,尽管这些反蒋斗争的领导人都打出抗日爱国甚至要求民主的旗号,但实质上究竟有多少抗日与民主的诚意,实在是一个难以评估的问题,同时,谁又能肯定他们没有借抗日之名而行保护自己的权位与地盘之实呢? 比如,两广事变与福建事变。而且,一旦他们拥有如同蒋介石一样的权位与实力,谁又能担保不变成下一个蒋介石呢? 当年的蒋介石在第一次国共合作刚开始时,可也是相当革命与进步的! 如其黄埔军校的一次演讲中说:"我们要晓得,反共产这个口号,是帝国主义者用来中伤我们的,如果我们也跟着唱反共产的口号,还不是中了帝国主义者的毒计么? 总而言之,总理定下来的主张,我们是不可以违背的,如果不然,就无论你如何信仰三民主义也是假的了。"① 所以,从此意义上看,上述反蒋斗争尽管与此前的国民党派系之争有所不同,却仍有其家族类似的特征。

至此,也许有人会问:为什么国民党在建政之初就频频爆发派系间的内讧呢? 同时蒋介石在派系之争中又为什么总是笑到最后呢? 这不是一个容易回答的问题。简单地说,就前者言之,自孙中山逝世后,国民党内部的政治重心一直没有建立起来,可是随着南京国民政府的建立与国家的统一,却又迫切地需要一个政治重心来统率与领导这个国家,然而放眼一望,国民党内部却找不出类似于孙中山的人物,那么谁来扮演这个政治重心的角色呢? 于是党内的大佬如汪精卫、胡汉民、孙科以及西山会议派的某些元老等,军界中强人如蒋介石、冯玉祥、阎锡山、唐生智、李宗仁等,都有一种跃跃欲试、舍我其谁的企图,或者至少有一种"我不能别人也休想上"的拆台心态。所以,尽管汪精卫、胡汉民与蒋介石事实上最接近扮演此种角色,却因实力或资历的不足,而难以得到党内其他大佬与军界强人的赞同和支持。故而,国民党虽然通过清党排挤出共产党,通过北伐打败了北洋军阀,通过妥协建立起统一的南京国民政府,但究竟谁是领袖,谁是政策的最终决定者,却处在一种似有实无的状态。

如是,党内的大佬们与军界的强人们,为了使自己能成为党与国家的政治

---

① 转引中共中央党史研究室编:《中国共产党历史》(上卷),北京:人民出版社,1991年,129页。

重心,或阻止别人成为党与国家的政治重心,不得不携起手来结成政治同盟,相互之间在合纵与连横中进行一次又一次的政治与军事博弈。最终尽管军事强人蒋介石凭借党内大佬胡汉民的支持,通过中原大战击败了其他的军事实力派,取得了军事上的绝对优势,不久又与另一党内大佬汪精卫合作,排挤和打压其他派系,加强了自己在党内的地位,但他依然无法充当起国民党政治的重心。同时,国民党内部派系间的裂缝与阴影也依然存在。因此,即使在强邻入侵民族危机加深的时刻,国民党内部的一些派系,仍因各自的私利而借机制造反蒋反南京政府的事件。此外,国民党在北伐过程中招降纳叛的做法,也使得其党统、军统与政统队伍中,在成分上更加鱼龙混杂,从而某种程度上进一步恶化了国民党再造政治重心的环境,也加大了派系间争斗的烈度。比如蒋介石之所以敢唯我独尊,以军统政以军驭党,挑起派系之争,不仅是因为他控制了国民党党军——黄埔学生军,而且拥有一大批依附和追随他的军阀。汪精卫之能够跟军事强人蒋介石叫板,就是后面有唐生智的湘军与张发奎的粤军的支持。而与北洋军阀有着千丝万缕联系的冯玉祥、阎锡山等,之所以敢跟代表党统政统的蒋介石及其政府对抗,除了拥有庞大的军队外,还得到了汪精卫派、西山会议派及桂系的支持。

就后者言之,蒋介石之所以在与各军事集团及党内大佬的争斗中,成为最后的胜利者,首先,得益于身份优势。因为相对于地方实力派人物,他是国府主席与军委主席,代表着国民党与南京政府,具有"挟天子以令诸侯"的道义优势,所以在地方实力派对抗的过程中,蒋介石经常给对手加以"反叛"的罪名而予以舆论上的丑化,其中李宗仁、冯玉祥、阎锡山、汪精卫等常被他呼之为"逆"。同时又用封官许愿的办法来分化和瓦解对手,从而达到不战而胜的目的,比如在第一次蒋桂战争中,蒋介石就借口李宗仁对抗中央而举兵讨伐;当蒋冯战争爆发时,蒋介石就以河南省主席与大量金钱为诱饵,诱使冯部大将韩复榘阵前倒戈,使冯玉祥不战自败;在中原大战的关键时刻,蒋介石又用国民革命军副总司令一职相许,换来了张学良的东北军入关参战。

其二,强大军队的支持。虽然从绝对数量上看,国民党其他派系掌控的军队远远超过蒋介石所领导的中央军,但从相对数量上看,蒋介石的中央军比任何一个地方实力派的军队都要强大。同时由于中央军是国民党党军,故而在思想教育、武器配备、战士素质、军官水平、部队待遇、后勤保障等方面,都是地方实力派的军队难以企及的。所以,陈诚在评价中央军的实力时说:"以之内讧则有余,以之御侮则不足。"①而蒋介石正是凭借这支军队的支持,才能够在国民党内部的相互倾轧中成为最后的胜利者,并且地位也变得越来越稳固。比如在1928年与1931年两次被地方实力派与党内的大佬联合排挤而被迫下野,但几个月后,反对者又不得不再次请其出山,重掌实权,且最后成为国民党名副其实的领袖。

其三,相对雄厚的财政基础。与其他的地方实力派比较,蒋介石及其南京政府,控制的核心区域并不广大,基本上是江浙一带,但却是中国经济最发达的地区,特别是上海更是中国、亚洲乃至世界的金融中心,这无疑为蒋介石提供了源源不断的战争经费。此外,蒋介石利用所控制的南京政府,还可以借国家的名义发行货币和举借内债与外债,以弥补战争之需,当然,地方实力派也可以这么做,但毕竟是法理性欠缺,名不正言不顺。因此,蒋介石凭借这一财政优势,在炮弹不足以攻破对手的阵地时,银弹就往往接踵而来,以改变双方力量的平衡。为此冯玉祥在检讨自己不能跟蒋介石竞争的原因时发现:是因为中央军在薪饷、给养和装备都优越于他的军队,而且蒋介石常常用金钱来收买对方军队的将领以挫败对手。② 蒋氏这种经济上的优势,在1930年中原大战时的一幅漫画中得到了恰如其分的体现,漫画的内容是这样的:蒋介石一手拿钞票,一手拿机关枪;冯玉祥一手拿大刀,一手拿窝窝头;阎锡山则一手抱算盘,一手抱秤杆。贫富差距跃然纸上。

其四,充分利用其他派系的矛盾。作为蒋介石的对手——国民党内部的其他派系,如果联合起来保持行动一致,无论是军事上还是政治上,蒋介石都将被打败,但是蒋介石却利用其彼此间的矛盾,让对手们逐个孤立起来而加以击败或消灭。军事方面,在第一次蒋桂战争中,他重新起用被桂系打败的唐生智,派其携巨款潜入到桂系军队中,策动此前被李宗仁、白崇禧收编的旧部倒戈,同时,又用金钱与权威诱使冯玉祥与阎锡山保持中立。不久,蒋冯战争爆发后,他以冯玉祥的地盘与军队为诱饵,不仅让唐生智充当其反冯先锋,而且让原先答应支持冯玉祥反蒋的阎锡山中途变卦,并投入到蒋军的阵营之中。其后,在蒋唐战争中,他故伎重演,一方面让阎锡山参与到围攻唐生智军队中来,另一方面,又收买原答应参加反蒋的韩复榘、石友三等部阵前反水,加入到反唐的阵

① 陈诚著:《陈诚私人回忆资料》,《国民档案》,1987年第1期。
② 冯玉祥著:《我所认识的蒋介石》,哈尔滨:黑龙江人民出版社,1980年,第17~18页。

线。最后,在中原大战中,他利用粤桂军之间的原有过节,让粤军兵出湖南,截断北上参加中原大战的桂军归路,使其不得不回撤广西,同时又利用原东北军跟冯玉祥的西北军和阎锡山晋军的宿怨,派人游说张学良,鼓励其入关参战。政治方面,首先利用西山会议派与汪精卫派的矛盾,把汪精卫派排挤出宁汉合流所组建的新政府,接着又与汪精卫派合作,帮助其在第一次下野后复出,但是在达到复出目的和打击西山会议派之后,却又借胡汉民派的势力继续把汪精卫派排除在权力核心之外。随着1931年与胡汉民派关系的恶化,在只得再次接受下野的事实后,又开始与汪精卫派携起手来共同对抗其他的反蒋势力。就这样蒋介石通过以乙打甲,又以丙打乙、为我所用的做法,实现了孤立对手各个击破的目的。

如是,这四个条件的结合,蒋介石自然能够在国民党派系间争斗中,成为最后的胜利者,当然,除了上述原因外,还有其他方面的原因,促成蒋介石的成功,如列强的支持,正确的指挥,对手们的相互攻讦与残杀等。

秉政以后,国民党各派系间的争斗,就其原因而言,固然是由于北伐胜利后分赃的不均,但跟其党内领袖权威的缺失和国外势力的暗中支持也有着紧密的联系;同时,也不能否认省籍式的地方意识与朋党式的派系观念,也在其中起了某种催化作用。就其影响来说,国家方面,削弱了国防力量,给民族和人民带来了无穷的灾难;国民党方面,加剧了党人之间的矛盾和冲突,为日后国共战争中播下了失败的种子。

2. 伟大探索:中国特色的革命道路

自蒋介石、汪精卫实行"清党"与"分共"以后,面对国民党及其政府的屠杀政策,中共意识到用和平的手段与依靠别人来实现无产阶级革命的目的,只能是一种不切实际的幻想,无产阶级与共产党人若想建立起自己的政权,就必须拿起武器走暴力革命的道路。所以,1927年8月1日,以周恩来为书记的中共中央前敌委员会,在南昌指挥国民革命军贺龙、叶挺、周士第所部发动起义,打响了武装反抗国民党的第一枪。9月9日,毛泽东根据八七会议的指示,又在湘赣边界的浏阳、平江、萍乡一带发动了秋收起义,但鉴于敌强我弱的客观实际,毛泽东不得不在浏阳的文家市改变作战计划,决定带领起义的部队向敌人力量薄弱的井冈山地区进军。同时为了加强党对军队的领导和提高部队的战斗力,毛泽东又在江西永新县的三湾对部队进行了改编,并把党组织建立到部队的各级作战单位中去。所以随着井冈山革命根据地的建立与巩固,毛泽东所领导的秋收起义,不仅开辟了一条从农村包围城市并最终夺取城市的中国革命特色的道路,而且还创立了党指挥枪而不是枪指挥党的建军模式。

于是在南昌起义与秋收起义的鼓舞下,中国共产党从 1927 年秋冬到 1929年,在全国各地接着发动了近百次的武装暴动,并随之建立起各种规模的革命根据地与数量不等的红军。其中代表性的武装起义先后有:彭湃等领导的广东海丰、陆丰起义,冯白驹等领导的海南岛琼崖起义,吴光浩、潘忠汝、戴克敏等领导的湖北黄安、麻城起义,张太雷、叶挺、黄平①、周文雍、叶剑英等领导的广州起义,方志敏、邵式平等领导的赣东北弋阳、横峰起义,朱德、陈毅等领导的湘南年关暴动,贺龙、周逸群、段德昌等领导的洪湖与湘鄂西起义,刘志丹、谢子长、唐澍等领导的陕西渭南、华县起义,郭滴人、邓子恢、张鼎丞等领导的闽西龙岩、永定起义,彭德怀、滕代远、黄公略等领导的湖南平江起义,邓小平、张云逸、韦拔群等领导的广西百色起义。代表性革命根据地有:井冈山根据地,赣南闽西根据地,湘鄂赣根据地,闽浙赣根据地,鄂豫皖根据地,洪湖湘鄂西根据地,广西左右江根据地。如是,在国民党的白色恐怖中,中国共产党所领导的反抗斗争星火燎原般地在全国蔓延开来。

为了推动革命形势向前发展,巩固根据地与扩大红军,激发起广大农民拥军参战的热情,理论上,以毛泽东为代表的根据地领导人,在马克思主义理论指导下,结合自己的革命实践,提出了"工农武装割据"的思想。其中毛泽东在论述红色政权长期存在的原因,及建立与发展红军重要意义的基础上,特别强调要把武装斗争、土地革命与根据地建设三者有机地结合起来,以作为根据地党与红军工作内容的重中之重。同时,毛泽东对党与红军中出现与存在的一些错误思想,如单纯军事观点、非组织观点、流寇思想、极端民主化、盲动主义、个人主义、主观主义、绝对平均主义等,进行了必要的分析、批判与纠正,为此还提出了反对本本主义、教条主义与没有调查就没有发言权等著名观点。实践上,在打碎原有统治秩序与剥削体系的前提下,为满足农民对土地的迫切要求,党与苏维埃政府领导农民开展以打土豪、斗恶霸、分田地为主要内容的土地革命;在

---

① 黄平(1901—1981),湖北武汉人,1924 年加入中国共产党,1927 年 12 月是指挥广州起义的三人革命军事委员会委员之一,1932 年 12 月在天津被捕叛变;新中国成立后,长期担任复旦大学外语系教授。

巩固与扩充现有正规红军武装的基础上,为更有效地抗击国民党军队的进攻,党与苏维埃政府还通过建立各级赤卫队与地方红军的办法来扩大人民武装推行人民战争。此外,在建立各级苏维埃政府与党组织的同时,为了进一步建设与管理革命根据地,党领导政府与红军还进行了必要的政权建设、经济建设与文化建设。

由于这一系列措施与政策的实施,红军与革命根据地在国民党军队及其政府的封锁与围攻中,得到了稳步的发展与壮大,到1930年,红军主力部队发展到十多个军,7万余人,地方武装近3万人;到1931年,不仅毛泽东、朱德领导红军把井冈山根据地与赣南闽西根据地连成一片,组成了中央革命根据地,成为一个拥有250万人口和5万红军主力的苏区,而且在江西瑞金召开了第一次工兵农全国代表大会,宣布成立中华苏维埃共和国和中华苏维埃共和国临时中央政府,并颁布宪法;到1933年,全国红军发展到30万人,达到第二次国内革命战争时期的最高峰。

不过,红军与根据地在不断发展与壮大的同时,也不时遭受来自党内"左倾"领导错误的干扰与党外国民党军队的进攻。就前者来说,虽然自1927年八七会议以后,党纠正了陈独秀右倾错误领导,但却开始了"左倾"错误的历程,其中有瞿秋白的"左倾"盲动主义、李立三的"左倾"关门主义和王明的"左倾"冒险主义等。在这些错误领导下,党不仅提出了进攻中心城市、实现饮马长江会师武汉、迎接革命高潮与武装保卫苏联等一系列不切实际的口号,而且为贯彻这些口号,在党、苏区政府与红军内开展残酷的肃反运动与无情的路线斗争,如反AB团的斗争,反江西罗明路线的斗争等。这些错误的发生,使得党与红军受到了极大的损失,其中中央苏区第五次反围剿的失败,就跟"左倾"错误的领导有着直接的联系。当然,广大的党员干部革命群众及红军官兵也曾对这些错误进行抵制与批评,党中央也为纠正这些错误做过许多的工作,如1928年6月举行的中共六大对瞿秋白的盲动主义进行了批评,1931年1月召开的六届四中全会又对李立三的关门主义与冒险计划进行纠正等,但是由于"左倾"错误在党的领导中居于主流地位,因而也就不可能从根本上改变原有的错误,只能够在错误中最大限度地改正错误与限制错误。

就后者来说,自南昌起义开始,中共领导的武装力量及其因之而建立的革命根据地就成为国民党军队及其政府围攻与封锁的对象。如南昌起义的部队,自南昌突围南下后,就一路遭到国民党军队的围追堵截。毛泽东、朱德、陈毅等建立的井冈山革命根据地,也先后多次遭到湘赣两省国民党驻军的进攻。1930年10月中原大战结束后,蒋介石为了从根本上消灭中共领导的红军与根据地,集中兵力对各革命根据地进行长时期大规模的封锁与围剿。其中自1930年12月到1934年10月中央红军被迫撤离止,蒋介石对中央革命根据地先后发动了五次大规模的军事围剿,且一次比一次残酷与激烈,特别最后一次围剿更是延续近一年的时间。不过,在毛泽东、朱德、周恩来等正确领导下,在苏区人民的大力支援下,在各级苏维埃政府积极配合下,中央红军取得了前四次反围剿战争的胜利,先后粉碎了10万、20万、30万、40万国民党军队的进攻,并且随着每一次军事上的胜利,红军与革命根据地都得到了相应的发展与壮大。但是随着战争的延续与加剧,以及国民党围攻红军方略的改变与战术的调整,①尽管英勇的红军在党的领导下进行坚决的抵抗,苏区的人民在党领导下热烈响应苏区政府所开展的扩红运动、生产运动与节约运动,积极投入到拥军参战的洪流之中,但终究因双方实力差距悬殊,不得不进行战略撤退与转移。其中在第四次反围剿时,鄂豫皖根据地与湘鄂西根据地的党、红军与苏维埃政府就开始实行战略转移;而在第五次反围剿时,中共中央与中央红军也被迫撤离苏区开始长征。当然,无可讳言的是,红军反围剿的失败固然是双方实力的一种反映,但党的领导人的错误指挥,也是其中的重要因素。

应该说,中央红军在第五次反围剿中的失败与被迫长征,使中国革命受到了严重挫折,而且此后其他两大主力红军红四方面军与红二、六军团也先后踏上了战略转移的征途。不过,就在战略转移途中,党与红军不仅继续高举反抗国民党统治的旗帜和沿途散播革命的种子,而且通过遵义会议结束了王明等"左倾"领导人对党与红军的领导,恢复了毛泽东在党与红军中的领导地位。不久,又在四川一个叫巴西的地方,粉碎了张国焘分裂党与中央的图谋,进一步巩固与加强了毛泽东在党与红军中的领导地位。1935年10月,中央红军在经历千难万险以后到达陕北吴起镇,与先期抵达那里的红十五军团会师,并乘势粉碎了国民党对陕北根据地的第三次围剿,从而为中共中央把指导全国革命的大本营安放在西北创造了条件。1936年10月,红二、四方面军冲破国民党军队的

---

① 国民党军队在前三次围剿中,其战略上采取军事进攻为主、政治进攻为辅的方针,战术上是分进合击、长驱直入、稳打稳扎、步步为营等方法;第四次则在战略上开始实行"三分军事、七分政治"的方针;第五次在坚持上次战略的基础上,又在战术上实行碉堡推进、步步为营的办法。

围追堵截,①终于跟红一方面军在甘肃会宁地区胜利会师,从而既标志着长征的正式结束与战略转移的最终完成,也意味着中国革命揭开了新的一页。从此,党领导红军在继续反抗国民党军队进攻的同时,一方面组织与建立各级地方政权,发动当地群众开展土地革命和参加工农红军,另一方面,鉴于民族危机的加深,又积极主动地与一切赞成抗日的民主人士和国民党官员进行联系,向他们阐述停止内战、一致抗日的主张,并且又在抗日的基础上,跟参与围剿陕北根据地的东北军、西北军实现了某种程度的联合。中国共产党的这些努力,无疑为不久后抗日民族统一战线的建立创造了条件。

3. 夹缝中的奋斗:中间派的理想与追求

第一次国共合作失败以后,国民党建立起南京国民政府,对以中共为首的不同政见者采取高压手段,使全国处在白色恐怖之中;而中国共产党则以南昌起义、秋收起义为发端,在马克思主义指导下,开辟了一条有着强烈中国特色的革命道路。在此情形下,作为游离于国共两大集体团之外的政治力量,为了自己的理想和追求,不得不在国共两极对立的格局中加强自我认同,结成了一种政见类似、力量分散的社会政治集团——中间派。其中那些崇尚政治宣传与启发的知识分子,分别组建了第三党、人权派、民权保障同盟与国家社会党等团体;而另一些重视社会改造与实践知识分子,则分别组建了乡建派、职教社等组织。同时,这些政治派别与社会团体,在表达自己既不赞成国民党政策又不认同共产党主张的前提下,为了增加自己在社会与政治活动中话语权和加强内部人员的相互认同,它们还通过创办刊物来扩大自己在社会中的影响,同时也达到征集同志和寻找同盟者的目的。例如当时属于中间势力比较著名的刊物有:胡适派学人群的《新月》与《独立评论》杂志,国社党人的《再生》杂志,乡建派诸君子的《乡村建设》,青年党人的《醒狮周报》等。尽管这些派别或团体在许多具体的主张与社会实践方面存在着很大的差异,但国共相争的政治生态与外患日重的国际环境,使得彼此在反对国共暴力政策、主张社会改良、心系国家存亡、崇尚民主自由等方面,却不乏相似之处。具体说:

首先,反对共产党的暴力革命与阶级斗争。针对中共自 1927 年八一南昌起义开始所进行的一系列的革命行动,中间派就对之攻击与批评不断。如梁漱

---

① 红二方面军是 1936 年 7 月 2 日根据中央指示由红二、六军团合编而成,贺龙为总指挥,任弼时为政治委员。

滇认为共产党在中国搞革命既缺乏阶级基础,也缺乏革命对象,因为中国产业工人由于人数少而称不上阶级,农民虽然人数多,却由于散漫成性和思想落后的痼疾而难以成阶级;而作为革命对象的帝国主义和封建军阀,前者是一个涉及国家关系问题,后者是一个关于文化问题,都不是革命所能解决的问题;因而梁氏断言:共产党在中国的革命将无成功之望,强为革命只会使社会秩序变得更加混乱。王造时在《新月》杂志上撰文说:"共产党自与国民党分家之后,失去活动的凭借,于是铤而走险,而与土匪结合,采行张献忠李自成的杀人放火的政策。土匪本来的目的,是在掠夺财产;原来的手段,是打家劫舍;今有共产主义的名义,可以利用,自是相得益彰。于是土匪利用共产党的招牌,共产党利用土匪的暴力。星星之火,成为燎原。"①当然,中间派人士为什么对中共领导的武装斗争如此的深恶痛绝呢? 主要是他们认为暴力革命在过程中有损国家的元气,在结果上又难以把国家引向富强。这里胡适派学人群表现得尤为强烈,其中蒋廷黻曾在文章中痛心疾首地说:"我们中国近二十年为革命而牺牲的生命财产,人民为革命所受的痛苦,谁能统计呢?""我们没有革命的能力和革命的资格,在我们这个国家,革命是宗败家灭国的奢侈品。"②毛子水也应和道:"民国二十年来的内乱不已,至于民不聊生,一部分亦是因为当时主张革命的人要假军队以求速效的缘故。"③此外,其他的中间派人士也表示类似的看法,如张君劢就认为革命是造成社会不安和个人不安的根源;罗隆基则担心中共领导的革命,不仅会造成一种可放而不可收的结局,而且还会招致流氓共产和洋人共管的后果,从而使得国家民族四分五裂混乱不堪。可见,革命与阶级斗争对中间派而言,是一个战乱与不祥的代名词。除此,中间派还对中共的马克思主义信仰与亲苏亲共产国际政策提出尖锐的批评,认为马克思主义不适合于中国,其所标榜的共产主义社会,只有实现的可能,而无实现的必然;其所提出的阶级对立理论完全是一种子虚乌有、向壁虚设的东西,其目的就是为发动阶级斗争制造出一种理论依据。

其次,抨击国民党的专制与独裁。国民党建立南京国民政府以后,为稳固自己的统治,在坚决镇压中共暴力革命的前提下,政制上采取一种中央高度集

---

① 王造时:《由"真命天子"到"流氓皇帝"》,《新月》,第3卷11期,1931年1月。
② 蒋廷黻:《革命与专制》,《独立评论》,第80号,1933年12月。
③ 毛子水:《南行杂记》,《独立评论》,第18号,1932年9月。

权的党国不分体制。然而中间派站在民主政治的立场,就是不明白国民党人凭什么要凌驾于国家之上。为此,罗隆基对国民党党义治国论者诘问道:"遗教、全书、大纲经过了什么一种法定手续,成为今日中国的宪法,成为我们全体人民应遵守的大典章。"[1]胡适则对国民党拥有训政特权的合法性提出质疑,他说:"程度幼稚的民族,人民固然需要训练,政府也需要训练。人民需要'入塾读书',然而蒋介石先生,冯玉祥先生,以至于许多长衫同志和小同志,生平不曾梦见共和政体是甚么样的,也不可不早日'入塾读书'罢? 人民需要的训练是宪法之下的公民生活。政府与党部诸公需要的训练是宪法之下的法治生活。"[2]胡氏的言外之意,就是说国民党凭什么拥有训政的特权? 难道国民党是先知先觉? 张君劢随后也声援道:"就中国人民知识能力不及格来说,倘使为事实,则必是全国的人民都如此。决不能有一部分人民被训,另一部分人民能训。被训的人民因为没有毕业,所以必须被训。试问能训的人民又于何时毕业过呢? 何以同一人民一入党籍便显分能训与被训呢? 可见训政之说真不值一驳。所以即主张中国人民程度不够,势必亦得不着训政的结论。"[3]所以,针对国民党30年代搞的名曰实行宪政、实为维护党国体制的宪法草案,中间派继续予以严厉的批评。其中张佛泉认为"宪法草案"中所制定的政权组织制度既非内阁制,又非总统制;既似内阁制,又似总统制;因为在该稿中说是内阁制,是由于总统没有权力;说是总统制,是由于立法与行政并无密切的联系。[4] 罗隆基则干脆直言不讳地说:"总统权力高高在上,总统当然可以做独裁者。五权分立的制度在哪里?"[5]因为在中间派看来党国不分体制不是一种真正推进国家民主化的工具,而是一道守护国民党独裁政治的护符;并且在这样一种政治格局下,既会使国家沦为执政党的附庸,也会使执政党养成"朕即国家"的傲慢,从而造成国家在对其臣民做出是非对错的价值判断时,往往违背其固有的价值中立原则,而执政党则凭借其踞有国家名器的优势,常常对现实中那些带有异见异行的党派、团体与组织缺乏应有的宽容和认同。

其三,提出自己改良政治与社会的主张。针对国共两党针锋相对的政治路

---

① 罗隆基:《我们要什么样的政治制度》,《新月》,第2卷12号,1930年2月10日。

② 胡适:《我们甚么什时候才可有宪法》,《新月》,第2卷4号,1929年6月10号。

③ 《再生》记者:《我们所要说的话》,《再生》,第1号,1932年5月2日。

④ 张佛泉:《民元以来我国在政制上的传统错误》,《国闻周报》,第10卷44期,1933年11月6日。

⑤ 《益世报》,1936年5月9日。

线,中间派根据自己的价值取向与政治理想,提出了自己的基本主张。其中以国家主义为旗帜的青年党人,就力主中国走一条"国家至上""民族至上""全民政治""全民革命"的道路。以国社主义为标识的国社党人,就主张中国在政治上走"修正的民主政治"的道路,经济上走"国家社会主义"的道路。以村治主义为号召的乡建派人士,则认为中国未来的出路必须从改造中国的乡村入手。以自由主义相标榜的胡适派学人群,则希望借助于政府来推行改革,实现民主宪政的治国理念。而以国民党左派自居的第三党,则主张平民革命。中间派除却这些具有自我特征的鲜明主张外,在国家建构方面彼此都表现出对西方民主宪政的某种向往。如以曾琦、左舜生、李璜为首的青年党,在其国家主义思想中,就主张人民不仅有选举、创制、复决与罢免权,而且有思想、言论、集会、结社等自由;并对西方的平等、自由、博爱等民主精神进行肯定与赞扬。以张君劢为灵魂的国社党,此种倾向就更加明显,因为张氏在设计其"修正民主政治"时就特别强调:议员民选、政党政治、组建联合政府、实行文官制度、加强专家在决策中的作用等,认为这样,既可以使人民的基本权利受到宪法的保障,也可以让人民拥有依法弹劾政府的权力,而且还可以保证各党派能够自由平等的竞争和防止军人干政等。以梁漱溟为代言人的村治主义,虽然不似国家主义与国社主义直接把民主宪政当作自己重要的政治追求,但是它在改造乡村社会的背后,同样隐藏着对民主宪政的诉求,诚如其在自传中说:"我所想的宪政的新中国,必须从地方自治入手,而地方自治又必须从团体自治入手,将农民组织起来,才能实现。"①此外,中间派在陈述自己的政治主张及对国共两党的许多政策与主张提出尖锐批评的同时,还把自己的主张贯彻到实践中去,希望能对恶劣的现实有所改善。其中以梁漱溟为代表的乡建派,针对共产党的土地革命与国民党的乡村改良政策,深入农村开展乡村建设运动。胡适派学人群针对国民党一党专政与践踏人权的做法,发起了一场"人权与约法"的争论。

其四,为抗日救亡而奔走呼号。民族危亡本自鸦片战争以来就是一个困扰中华民族的问题,但随着九一八事变的发生与日军的步步进逼,更变得日益的严峻。故而,许多中间派人士与团体如同其他的爱国民众一样,纷纷投入到抗日救亡的洪流之中。为此他们组织或参加各种形式的抗日救亡团体,如东北抗日救国会、工界抗日救国会、学生抗日救国会、上海各团体救国联合会、中国国

---

① 梁漱溟著:《梁漱溟自传》,南京:江苏文艺出版社,1998 年,第 123 页。

民义勇军后援会、中国民权保障同盟、北平文化界救国会、国难教育社、全国各界救国联合会等,然后借用这些"平台",以团体或个人名义向政府与社会发出抗日救亡的主张,同时强烈地谴责有碍抗日的行径。如救国会,不仅在组织名称上直接以"救国"二字来表明其成立的主旨,而且在其初步政治纲领中明确宣称:"救国阵线目前的主要任务,是促成全国各党各派彻底团结共同抗日。""救国阵线的共同敌人,是日本帝国主义和汉奸。"同时倡议:"我们主张各实力派同时释放政治犯;主张大家捐弃前嫌,不咎既往。有些人过去即使曾有危害民族利益的行为,只要他们能毁家纾难,舍身为国,我们要同样的毫不歧视的认为同志。"①显然,在救国会诸君子的眼中,救亡是一件迫在眉睫的要务,所有中国人都要为之团结起来。邹韬奋对日本人与一批汉奸所挑起的所谓"华北自治"问题,就著文分析说:"我们要大声疾呼,敬告全中国的大众,我们当前最严重的问题,是全民族争生存的问题;表面上看上去似乎有些像是局部问题,实际上所谓局部的问题,便是这全民族争生存的整个问题的一部分,孤立着是解决不了的,离开全局问题是解决不了的。严格说起来,无所谓东北问题,华北问题,就是整个中国的生死问题。这一点倘若不彻底弄明白,无异把自己眼睛掩闭着,一直往着死路上跑……现在闹着华北问题,倘若仍旧存着从前对于东北问题一样的态度,不坚决地看作这是整个中国生死存亡的问题,而仅认为是华北的局部问题,那除非是听任华北做东北第二,全中国做华北第二,绝对得不到其他的结果。"②这里邹韬奋一针见血地指出,华北问题不是华北人的问题,而是整个中华民族的问题,是所有炎黄子孙的问题,如果大家还重蹈东北问题的覆辙,那亡国灭种就为期不远了。章乃器对投降派所鼓吹的中国因军事落后而不能抗日的谬论,就进行抨击道:"本来,如果武器真是万能,人类就不可能有这许多历史的演变;历史上的弱小民族和被压迫阶层,便不应该有翻身的机会。二十五年来中国军阀官僚统治的'兔起鹘落',特别的使'唯武器史观'在中国站不住脚。在辛亥革命的时候,满清政府的武器力量显然是远过同盟会;在国民革命军北伐的时候,北洋军阀的武器力量也显然是超越前者。然而武器优越的人们,竟都会在武器力量低劣的人民大众面前崩溃下去。谁说武器是万能的呢?"③章氏

---

① 周天度、孙彩霞编:《救国会史料集》,北京:中央编译出版社,2006年,第104~105页。

② 邹韬奋:《华北问题》,《大众生活》,第1卷3期,1936年11月4日。

③ 章乃器:《辟一套亡国论——唯武器论和唯武器史观》,《大众生活》,第1卷9期,1936年1月11日。

的言外之意,武器的落后不是妨碍救亡的理由,而是屈膝投降的遁词;只要广泛地发动群众加入到救亡的洪流中,中国就能取得抗战的胜利。

特别是针对国共两党的内战现实,中间派从抗日救亡的高度建议双方停止内战、共同抗日。九一八事变发生后不久,中间派人士就向国民党提出了"政党休战""召开国难会议"等主张。并且就如何团结各党派进行抗战,青年党人向党国的政要们献计道:"一党专政之制即应取消,国民党一党宰制之政府,自应根本改组。依'共赴国难'的原则,集各方优秀人才,组织国防政府,一洗前此不重国防、不图抵抗的错误,而引起国民奋发图存的精神。"①救国会人士也呼应道:停止军事冲突,释放政治犯,互派谈判代表,制定共同抗敌纲领,建立抗敌政权。② 当中共在1935年发表《八一宣言》后,沈钧儒、章乃器、陶行知、邹韬奋等,则在其联名发表的声明中,明确表示赞成并支持该宣言所提出的停止内战、联合各党各派共同抗日救国的主张,他们在声明中说:"我们赞成中国共产党和中国红军这一政策,而且相信这一个政策会引起今后中国政治上重大的影响。""我们所希望的,中国共产党要在具体行动上,表现出他主张联合各党各派抗日救国的一片真诚。因此,在红军方面,应该立即停止攻袭中央军,以谋和议进行的便利;在红军占领区内,对富农、地主、商人,应该采取宽容态度;在各大城市内,应该竭力避免有些足以削弱抗日力量的劳资冲突。这样,救亡联合战线的展开,才不至受到阻碍。"③鉴此,中间派为抗日救亡而奔走呼号,虽然不能从根本上决定国家的对日政策和改变国共两党的敌对立场,但对推动全国抗日救亡工作无疑有着积极的意义,并且为不久后全国抗日民族统一战线的建立创造了有利条件。

当然,中间派此种既不满意国民党又要批评共产党的政治立场,自然遭到了来自两党特别是国民党的反击与批评。其中国民党及其政府常把其一些过激的言论视为危害党国、反对三民主义的思想,从而予以统制和打压,甚至对当中的某些人物予以通缉、逮捕或枪杀,如第三党领导人邓演达、中国民权保障同盟干事长杨杏佛、《申报》总经理史量才等就先后被杀害,沈钧儒、邹韬奋等救国会七君子就遭到了监禁的命运,而青年党领袖与国社党领导人也长期成为国民

---

① 《我们的主张》,《民声周报》,第1期,1932年2月13日。

② 《全国各界救国联合会成立大会宣言》,《救亡情报》,第9期,1936年9月14日。

③ 沈钧儒等:《团结御侮的几个基本条件与最低要求》,《生活教育》,第3卷11期,1936年8月1日。

党追捕的对象。中共则常把中间派人士的许多保守性观点与做法,当成其反对新民主主义革命的罪证,于是国民党的"帮凶与走狗"也就常成为共产党话语中称呼中间派的代名词。可见,对要坚持自己主张的中间派而言,在国共相争的大背景上,其政治生态是相当恶劣的,不过,中间派并没有因此放弃自己的主张,相反,为了自己的理想而夹缝中继续苦战和奋斗。

4.毁誉参半:蒋介石"攘外必先安内政策"

作为30年代蒋介石处理内政外交的一项基本方略——攘外必先安内政策,所引起的争议恐怕是相当尖锐的,如有人认为它是后退决战的正确原则,是以空间换时间长期抗战战略的实施;而有人则认为它误国害民,只能是外固没有攘,内更不能安。真可谓是横看成岭侧望成峰。为什么同样一种政策在不同评判者的眼中竟出现如此鲜明的反差?难道是评判者的误读,还是政策本身的使然?如果单纯从某一方面去寻找答案,同样还是一个不置可否或可置可否的问题;相反,如果多方面地去探讨这个问题,就不难明白:其实误读也罢,政策本身也罢,肯定者有肯定的理由,否定者有否定的原因。

肯定者之所以肯定蒋介石攘外必先安内政策,一方面认为蒋介石有其不得不为之的原因,另一方面其在安内的同时也积极为攘外做准备。

就前者而言,其一,强内弱外的比较优势。蒋氏之所以敢安内,他具有别人所不具备的条件:政治上,拥有国家名器,可以挟中央以令诸侯,以平叛乱,以抚民众;经济上,把持中央银行与拥有江浙财阀的支持,从而可以为其推行大棒与金元并用政策提供方便;外交上,可以用国家的权益作筹码来换取列强的好感,也可以以民族的代言人自居来博取民众的支持;军事上,掌控以黄埔系为核心的中央军,不仅人数众多,而且装备精良。但是对外而言,蒋氏的劣势是明显的,言政治,国而不统,内而不安;言军事,派系林立,畛域分明;言经济,技术陈旧,效益低下;言社会,闭塞保守,一盘散沙。而反观被攘的对象——日本,它不仅经历了近代化洗礼,有一个统一的中央政府,而且有一支装备先进、建制完备的军队。尤其是经济上,它早已步入了工业化阶段,成为世界上的经济强国,同时,它的社会在资本主义文明的滋养下,变得进取而富有生机。所以,汪精卫在比较中日实力后指出:"中国比日本进步迟了六七十年,中国的国家力量不能挡住日本的侵略……"①蒋介石也认为,如果中日开战,中国沿海各地及长江流域,在三日内悉为敌人蹂躏;全国政治、军事、交通、金融脉络悉断。② 由此可见,"强内弱外"的现实,决定了蒋介石在内忧外患的困境中不得不先内后外。

其二,重内轻外的历史积习。蒋氏之所以片面地强调安内,是由于重内轻外的传统给他提供一种历史路径与理论依据。诸如秦朝的万里长城,西汉的和亲政策,两宋的岁币外交,明朝的长城重建,无一不是重内轻外的最好见证。如果说这算作历史路径的话,下面就是理论依据。诸如宋人认为:圣人举动出于万全,必先本后末,安内方可攘外。③ 明人主张:"欲攘外者必先安其内"。清人理解:外寇乃肢体之疾,内忧乃心腹之患。由于有了这么一种丰厚的历史资源,蒋氏自然更为理直气壮地坚持自己的政策。所以,早在1931年12月全国内政会议上,他就当众说:"攘外必先安内,是古来立国的一个信条,如果内部不安定,不但不能抵御外侮,而且是诱致外侮之媒"。④ 其实,持此观点,非独蒋氏为然,应该说在党国高层中是一种共识,如蒋氏宠臣——江西省主席熊式辉就在一次演说中解释"攘外必先安内"政策的理由时说:"诸葛亮六出祁山,北伐曹操,必先五月渡泸,七擒孟获。崇祯举大兵出山海关以抗清,而忽于鼠窃狗偷张献忠、李闯后顾之忧,致身先死于内贼之手,此历史教训。即以近事论,民国十五年国民革命军在广州,若不先平东江,解决刘杨,岂能北伐统一中国。"⑤所以,当有人在一·二八事变发生后,针对上海局势吃紧的现实,主张从江西调一个师的兵力支援上海战场时,熊氏坚决反对道:"由江西抽出一师赴沪,对倭无之胜之望,对匪有先败之虞,夫倭寇如割肉之痛,赤匪仍腐心之病,此时两方兼顾,则两方俱不全也,似应尽江苏之兵力,抵抗割肉,尽江西兵力,防止腐心。"⑥

此外,明清两朝,当政者攘外安内政策的失误,也不会不引起后来者的警觉。明朝末年,女真人崛起于关外,李自成、张献忠起义于关内,统治者在内忧外患的夹缝中,举棋不定,时而安内,时而攘外,最后导致了一个内不能安而外不能攘的结局。清朝末年,发捻交乘,外敌环伺,当政者采取一种安内攘外双管

---

① 汪精卫著:《汪精卫先生抗战言论集》,独立出版社,1938年,第8页。

② 蒋介石:《东北问题与对日方针》,《民国日报》,1932年1月21日。

③ 樊树志著:《晚明史》,上海:复旦大学出版社,2003年,第991页。

④ 秦孝仪编:《先总统蒋公思想言论总集》(十),台北:中央文物出版社,1984年,第482页。

⑤ 熊式辉著:《熊式辉回忆录》,香港:明镜出版社,2006年,第159~163页。

⑥ 熊式辉著:《熊式辉回忆录》,香港:明镜出版社,2006年,第127~128页。

齐下的对策;后义和团起,当政者又企图借攘外以安内,结果两度招致了兵临京城、移驾出走的惨局。所以,这些前人往事,先贤之论,蒋氏不会不知,国民党不会不晓。而且结合中华民国当时的国情,蒋氏或许对此有更深的感触。因为南京国民政府虽于1928年形式上完成了国家的统一,蒋氏也名义上取得了天下共主的地位。可国内,党外的中共领导民众运动如火如荼,遍及大江南北,党内又有一班既不受命又不能令的元老重臣与地方诸侯;国外,则列强依旧,尤其是近邻日本更是得寸进尺,咄咄逼人。至此,不难理解,蒋氏为何在攘外的战场上一忍再忍、一退再退的缘由了。

就后者而言,蒋介石客观上也做了许多有益于攘外的工作。军事上,一·二八事变发生后,国民政府宣布一面抵抗、一面交涉的方针,号召全国军队应以国防为主要目的,同时提出了"战时以努力经营长江区域,掌握陇海路为第一要旨"的军事布局思想,并将全国划分为11个防区。《塘沽协定》签订后,蒋介石又于同年6月决定在南昌召开军事会议,就实行整顿十个师的计划、完成长江防卫设施等问题进行讨论。华北事变前后,国民政府更是加强了军事与国防方面的工作,如成立陆军整训处,积极整编扩充军队;全国划分10个战略区与5个警备区,并划分若干道防线,构筑国防工事,加紧国防工程建设,设立警卫执行部,筹划全国后方勤务;着手制定国防作战计划,提出"持久战"与"消耗战"的战略方针。

经济上,为了保证对日军事上的需要,蒋介石领导的国民政府加强了"经济统制",利用国家组织,推进经济建设,并使其服从国防的需要。如1934年,国民党四届四中全会,通过了"确定今后物质建设根本方针案",提出了"于经济中心区附近不受外国兵力威胁之区域,确定国防军事中心地"等以国防为中心的内地经济建设方向。到了1935年,又于贵阳发起了"国民经济建设运动",并且,实行法币政策,希望促进与推动实业的发展。其后,国民政府出于军事安全的需要,又调查和统制江海大轮,编联民间船队,改善旧式水运工具;同时,增修与改善全国公路,责成各省设库存粮,并加紧军用被服的生产。

外交上,蒋氏除了尽量同欧美列强保持原有的关系外,还努力寻求同苏联的合作,希望苏联从北面牵制日本的南进,从而达到缓解民族危亡的目的。所以,在1932年,国民政府恢复了中断3年的中苏外交关系;1935年,又派驻苏大使颜惠庆率文化艺术代表团赴莫斯科演出,以示友好;随后再派陈立夫秘密赴苏商谈建立对日本军事同盟问题。广田"三原则"出笼后,外交部部长张群与苏联驻华大使鲍格莫洛夫多次会谈,希望觅取中苏共同维护东西和平的新途径。西安事变平息后,行政院秘书长翁文灏还衔蒋介石之命赴莫斯科,与苏方商谈各自关心的问题。蒋介石这一反常态的亲苏外交,其目的就是争取苏联物质上与外交上的对华援助,以便于中国更好的抗战。

内政上,蒋氏在取得绝对的政治与军事优势的前提下,一方面打出"团结内部,抵御外侮"的旗号,认为"要救国,唯有团结内部;要救党,也唯有团结内部;要对外,格外的要团结内部。"[①]为此,他采取打拉结合、恩威并济的办法,加强了同汪精卫派、胡汉民派及其他地方实力派的合作,而且对民主人士也实施不同程度地接纳与宽容的政策。另一方面,在第五次围剿红军取得胜利后,也积极调整同中共关系,希望通过某种妥协把中共及其武装纳入其体制范围之内,例如,他曾对苏联大使表示:如果苏联政府能促进达到国共两党的团结,他将感到很高兴;同时,他命宋子文、陈果夫、曾养甫等人寻找与中共联系的线索,为实现双方的直接对话创造条件。

蒋介石的这些举措,尽管不能说全是为了攘外,但对攘外无疑有其积极性意义,特别是全面抗战爆发后,面对着日军优势兵力的进攻,中国政府与军队在缺少国际援助的情况下能够由战略防御过渡到战略相持,并打破敌人短期内灭亡中国的狂妄计划和坚持到世界反法西斯战线的形成,蒋介石及其政府在安内时所做的攘外工作,无疑在其中发挥了作用!

同理,否定者之所以否定蒋介石的攘外必先安内政策,自然也有其具体的原因。详言之:

蒋介石出于安内的目的与动机,起初对日采取不抵抗政策,嗣后又采取消极抵抗政策,从而致使日寇一战而下东北,二战而入淞沪,三战而陷热河,四战而平津告急,华北动摇。在短短几年内,使广大的国土沦陷在日本的铁蹄之下。究其因,固然是中日双方实力不成对比,但更重要的是由于蒋氏政策的重心倾向于安内的战场。例如当日军在东北蠢蠢欲动时,蒋氏曾电令张学良:"无论日本军队在东北如何挑衅,我方应于不抵抗,力避冲突。"[②]因为当时蒋氏的军队正在全力进行围剿与追杀中共及其武装,防卫与胁迫地方实力派。其后,又要求

---

① 荣孟源著:《中国国民党历次代表大会及中央全会资料》(下册),北京:光明日报出版社,1985年,第24页。

② 转引张宪文、方庆秋著:《蒋介石传》,郑州:河南人民出版社,2005年,第199页。

民众严守秩序,服从政府,遵守纪律,勿做轨外之举动;并且,还同日本签订了《淞沪停战协议》《塘沽协定》《秦土协定》《何梅协定》等一系列丧权辱国的协定。不过,蒋氏的退让并没有换来日本侵略野心的消解,反而愈激发其侵略的欲望,最终自然踏上了全面侵华战争的征程。

同时为了贯彻与落实该政策,蒋介石甚至不惜内政上采取排除异己压制救亡的举措。党外,蒋介石指挥国民党军队对中共及其武装实行残酷的镇压。为此,先后进行了五次围剿红军的战争,其后,又继续万里追剿红军的行动,前后共动用军队两百万人次以上,造成了几十万人的伤亡。当红军达到陕北后,蒋氏又下令周围的驻军——西北军、东北军、马家军伙同中央军继续清剿。除此,在国统区蒋氏还利用特务组织及其政府对中共人员与革命群众进行大肆捕杀,对那些要求抗日的民众、学生与进步人士也采取高压手段,从而人为地造成了政府与社会关系的紧张,极大地影响了民族抗战士气的提升,消耗与糟蹋了国家的抗敌精华。党内,蒋介石对反对者实行严厉的打击与严格的控制。例如,1933 年,伙同日伪军共同扼杀了冯玉祥领导的察哈尔抗日同盟军;1934 年,平定了因对其攘外必先安内政策不满发生的福建"闽变事件";1936 年,用打拉结合的方式平息了要求抗日的两广事变;此外,借追剿红军的机会,又大规模地用兵西南与西北,造成了一种对地方实力派监控与威慑的事实。不过,必须指出的是,上述国民党地方实力派的抗日之举,在实质上究竟有多少抗日成分,根据他们的举措和历史渊源来分析,恐怕是一个很难做出准确判断的命题;退一步说,就算他们真正抗日,但从长远来看,他们的抗日行动,又是否真正有利于全国性抗日事业呢? 同样是一个难以用"是"或"否"来作答的问题。

蒋介石这些亲痛仇快的措施,虽然在某种程度上达到了贯彻其政策的目的,但消极性影响无疑非常的明显:军事上对异己的镇压,不仅消耗了整个民族的攘外实力,而且埋下了与各军事集团仇恨的种子,使彼此间的团结更为困难;政治上对异己的压制,一方面显示出中央亲和力的贫乏,自信力的脆弱;另一方面埋下了民众对政府、地方对中央的反感与疏离的隐患。如是,既消解了党与政府的凝聚力与战斗力,也极大地损害了自己的领袖形象,产生了一种更难以服众的后果。

此外,蒋介石实行该政策,在动机上带有明显维护其个人与国民党私利的目的。如为了围剿红军,他曾公然对部属说:"中国亡于帝国主义,我们还能当亡国奴,尚可见苟延残喘,若亡于共产党,则为奴隶远不可得。"①他还告诫其部下:"日本不配做我们的敌人,我们当前的敌人还是赤匪,如果我们在内部把赤匪的祸乱消除了,对日是没有问题的。"②难道中共真的甚于日寇的外患吗? 说白了,一方面是中共强烈的反蒋立场,另一方面是蒋氏有点清末统治者那种"宁赠友邦,不畀家奴"的主人心态。而且在蒋介石看来推行攘外必先安内政策,可以取得一石二鸟、以内安内的效果,即借围剿中共及红军之名,可以把那些桀骜不驯的非嫡系的军队送到围剿红军的前线,使得这两个"异内"相互搏杀,从而达到安此两内的目的。事实上就是这样,在围剿中央苏区时,他就命十九路军、二十六路军等充当前锋;当红四方面军建立川陕边根据地时,他又指示军阀刘湘指挥川军就地围剿;当红军会师陕北时,又下令驻守此地的西北军、东北军以及邻近的回马协同合击,积极进剿。这样对于加强蒋介石及其国民党的独裁与专制自然有其重要的作用。

此故,人们之所以对蒋介石的攘外必先安内政策持批评态度,主要是因为其实施该政策的动机、推行该政策的手段以及由此所产生的后果,不仅无助于内部的安定,而且在某种程度上激化了内部矛盾,最终让外患变得更加严重。

就此观之,肯定者与否定者对蒋介石攘外必先安内政策的态度与看法,都有各自成立的理由,尽管其中难免不携带某种政治性的偏见或情绪化的误读。

不过,如果超越单纯肯定或否定的视角,来看待蒋介石的攘外必先安内政策,或许会有一种全新的理解。其实安内攘外作为国家职能的两翼,彼此呈一种互惠互动、共存共荣的关系。就其正相关而言,安内可以提高国家攘外的能力,防止外敌的入侵;攘外则可激发民众爱国的热情,提升政府的威望,消内忧于萌芽状态。就其负相关而言,安内常招致自相搏杀而自损国力的恶果,加剧敌我力量对比的失衡,给外敌以可乘之机;攘外则易打破国内各种政治势力的原有格局,造成更多内争的隐患,使得本不平静的政局更为动荡与不安。所以,安内攘外,孰先孰后,孰重孰轻,如何发挥其积极作用而避免其消极作用,对当政者而言,本身就没有一成不变的答案。

既然如此,那么蒋介石在制定安内攘外政策时,为什么在强邻步步紧逼的

---

① 荣孟源著:《蒋家王朝》,北京:中国青年出版社,1980年,第51~52页。
② 军事科学院军事历史研究部编:《中国抗日战争史》(上卷),北京:解放军出版社,1991年,第239页。

情况下,一定要把"安内"设为"攘外"的前提呢? 简单说,蒋介石之所以如此,他不是不知道该政策会给自己、国民党及其政府带来许多负面性影响,但作为党与国家领导人不得不更加理性地去制定和落实对内对外政策,因为他知道如果攘外战端一开,就会地无分南北,人无分老幼,无论何人,都有守土抗战的责任,都应抱定牺牲一切的决心;但是,当时的中国实际,不仅党内个派系因利益冲突而相互倾轧,而且党外各个团体因政见分歧而彼此疏离,更不用说普通民众因生活所迫而心生怨望。因此鉴于当时的情况,蒋介石即使不愿意,但也必须采取这种"曲线救国"的政策,所谓"战者,国之大事,不可不慎也"。事实上,当时蒋介石在制定此种政策时就相当的矛盾,如其事后曾追述当时的心情时说:"自从'九·一八'经过'一·二八'以至于长城战役,中正苦心焦虑,都不能定出一个妥当的方案来执行抗日之战。关于如何使国家转败为胜,转危为安,我个人总想不出一个比较可行之法。"①可见,对蒋介石而言,安内攘外,孰先孰后,孰轻孰重,确实是一个不易做出的抉择,因为如果只谈安内而不攘外,只能是自毁长城为敌前驱;如果不顾实情而空谈攘外,又会因"攘"而误国。所以,攘外必先安内政策的推行,蒋介石有其明知不可为而为之的原因。

不过,虽然蒋介石把攘外必先安内作为一种基本国策确定下来,但在实际运作中其政策的重心基本上还是游移于安内攘外之间,在动态中随局势的变化而变化。如其在第三次、第四次围剿红军时,之所以草草收兵,固然是在围剿红军时吃了败仗,但跟北方战事吃紧也有着莫大的关系。相反在第五次围剿红军时,却动用100万的军队进攻苏区,并直到红军被迫撤离根据地为止,是由于它通过对日本妥协,使北方前线赢得暂时的宁静。然后当迫使中央红军开始长征后,蒋介石及其政府的对日政策又开始渐趋强硬,其中不仅坚决抵制日本人在华北策划的所谓五省自治运动,而且在大会上宣称:"中央对于外交所抱的最低限度,就是保持领土主权的完整。任何国家要来侵扰我们的领土主权,我们绝对不能容忍,我们绝对不订立任何侵害我们领土主权的协定,并绝对不容忍任何侵害我们领土主权的事实。"②并且,当日本挑起全面侵华战争时,蒋介石及国民党,不仅一改故辙放弃了攘外必先安内政策,而且与中国共产党携起手来共同承担起领导全民族抗日的重任。故而,安内攘外在运作中影响其孰先孰后的

---

① 秦孝仪编:《先总统蒋公思想言论总集》(十四),台北:中央文物出版社,1984 年,第 653 页。
② 张宪文、方庆秋著:《蒋介石传》,郑州:河南人民出版社,2005 年,第 272 页。

决定性因素,并非是死板的政策而是残酷的现实。同时,蒋介石在安内之际,既确确实实做了许多有益于攘外的工作,如发展经济、整顿军队、加强国防、争取国际援助等,也实实在在发动了几次反击日寇侵略的战争,如淞沪抗战、长城抗战等。从此意义上看,攘外安内尽管在不同的时空中有先后主次之分,但绝不是两个互相排斥与对立的东西。

当然,不能否认蒋介石在实施攘外必先安内政策时,不排除其含有维护其个人独裁与一党专政的动机。其实,如果从纯政治与权谋的角度看,蒋介石的此种动机有其合理的成分。因为作为一个执政党的领袖或政治家,在制定某种政策的过程中而兼顾其自身与所在党派的利益,既是人之常情,也是一个党员应有的义务与责任,尤其在一个缺少民主传统与习俗的国家就更是如此,否则就不是领袖,也不是政治家。问题是,当个人及团体利益跟国家民族利益相矛盾的时候,作为政策的制定者与实施者究竟该何去何从呢? 如果是一个真正的政治家或党派领袖,也许更看重于后者,而蒋介石恰恰在制定与实施攘外必先安内政策时,却常常缺少这种气度与胸襟,也许这就是他及其攘外必先安内政策让人诟病的关键所在。正因为如此,蒋介石不仅遭到党外团体与民主人士的批评,而且遭到了党内爱国人士的责难,其中张学良、杨虎城甚至为此对其实行兵谏。同时历史事实表明,安内攘外政策是否成功,关键是看当政者在制定和实施该政策时,是否顺应时代的潮流,是否代表人民的意愿。譬如明末安内攘外政策之所以失败,主要是当政者局限于保全朱家天下的目的,而非维护天下百姓的利益;大革命时期法国安内攘外政策之所以成功,主要是当政的资产阶级顺应历史的发展趋势,代表广大人民的利益要求。由此观之,蒋介石攘外必先安内政策不成功的原因,自然跟其维护个人、党派的利益存在某种直接的关系。

因此,如何评判蒋介石攘外必先安内的政策,正确的态度也许是站在现实的基础上,在对其进行适当谴责与中肯批评的同时,也须给予必要的理解;至于其是否爱国、卖国与误国,或许并不是评判的重点与核心,因为道义性判断容易受价值取向的干扰,而政治性评价又会因立场的差异而失真!

第六章　共同抗战与逐鹿中原

一、简述

卢沟桥事变发生后,随着抗日民族统一战线的建立,中国人民在国共两党的领导下开始了全民族的抗战。中国共产党率先将所领导的陕甘宁红军与南方的红军游击队分别改编成国民革命军第八路军(后按全国统一的战斗序列改为十八集团军)与国民革命军新编第四军,开赴前线配合国民党军队作战,[①]同时将陕甘宁革命根据地苏维埃政府改名为边区政府,林伯渠任主席,以示接受国民党中央政府的领导。开赴前线的八路军、新四军在与友军的相互支援下,给侵略者以有力的打击,其中 115 师在平型关歼敌 1 000 余人,并缴获大量的军用物资,取得了全面抗战以来中国军队对日军作战的第一个重大的胜利;129 师则夜袭日军阳明堡机场,毁伤敌机 24 架,大大削弱了忻口会战中的日军空中优势。随后根据抗日形势的变化,八路军、新四军在党中央的领导下,深入敌后广泛发动群众,开展独立自主的山地游击战,建立与发展抗日根据地,以支援国民党军队正面战场的抗战。在全面抗战爆发后短短的几个月内,中共领导八路军与新四军先后建立的抗日根据地主要有:晋察冀根据地、晋西北根据地、晋冀豫根据地、山东根据地与华中根据地,然后以根据地为依托,主动出击,牵制日军在正面战场的进攻,如晋冀豫根据地的八路军在国民党军的配合下,于 1938 年

---

① 根据国共两党的改编协议,陕北红军改编为国民革命军第八路军,后根据全国战斗序列改称第十八集团军,以朱德、彭德怀为正、副总司令,叶剑英、左权为正、副参谋长,邓小平、任弼时为正、副政治部主任;下辖 3 个师,其中 115 师师长林彪,副师长聂荣臻,政训处主任罗荣桓;120 师师长贺龙,副师长萧克,政训处主任关向应;129 师师长刘伯承,副师长徐向前,政训处主任张浩;全军 45 000 余人,属第二战区序列。南方八省 13 个地区的红军游击队改编为国民革命军新编第四军,军长叶挺,副军长项英,正副参谋长为张云逸、周子昆,正、副政治部主任为袁国平、邓子恢,下辖四个支队,其司令依次为陈毅、张鼎丞、张云逸与高敬亭,全军约 10 000 余人,属第三战区序列。

4月不仅粉碎日军3万余人的进攻,而且取得了歼敌4 000余人、收复18座县城的战果。

在八路军、新四军积极开展敌后战场的同时,国民党军队在蒋介石指挥下,先后与日军进行了四次大规模的会战,即淞沪会战、太原会战、徐州会战与武汉会战,期间还举行了两次著名的保卫战,即平津保卫战与南京保卫战。在这一系列的战役中,中国军队不仅杀伤了大量的日军,而且粉碎了日军企图三个月灭亡中国的狂妄计划,特别是李宗仁将军指挥的徐州会战,取得了台儿庄歼敌10 000余人的胜利,更是振奋士气与民心,但是中国军队也付出了巨大伤亡,其中牺牲的高级指战员就有29军副军长佟麟阁、132师师长赵登禹、9军军长郝梦麟、54师师长刘家骐、122师师长王铭章等,并且日军出于报复中国军队英勇抗战的心理,制造了震惊世界的南京大屠杀。不过,由于敌我力量的对比悬殊,中国军队尽管进行了殊死的抵抗,最后不得不实行自北向南、自东向西的战略撤退。1938年10月,攻占武汉与广州后的日军,鉴于战线过长补给困难的事实,以及迫于中共军队和一部分国民党军队对其后方的威慑与骚扰,只得实行战略收缩和防御。于是中日军队以现有防线为基点,开始了长期对峙的状态,而中国抗战也就度过了它最危险的时段,由战略防御阶段转入到战略相持阶段。

进入相持阶段后,八路军、新四军在党的持久抗战思想的指导下,积极进行抗日根据地的建设与壮大工作,如建立抗日民主政权,开展土改工作,发动民众参军参战等;同时面对日伪军的封锁和包围,除了进行独立自主的山地游击战外,还采取交通战、破袭战、地道战、地雷战、麻雀战等多种作战形式,给敌人以沉重的打击,其中以破袭战为主要作战形式的百团大战,不但粉碎了日军的“囚笼政策”,取得了反扫荡的胜利,而且牵制了大批在华日军,大大减轻了国民党军队正面战场的压力,为中国军队赢得了世界声誉。遗憾的是,中国共产党所领导的抗日力量的发展与壮大,既引起侵略者的恐惧,也遭来国民党顽固派的忌恨,因此,自百团大战后,日本侵略者集中兵力,以扫荡为主要作战方式、以“烧杀抢”三光政策为主要作战目的、以“治安强化运动”与“清乡运动”为主要辅助手段,对根据地展开疯狂的进攻;而国民党顽军也趁机加大对根据地的封锁与挤压,并不时制造反共摩擦事件。在日军、伪军与国民党顽军的共同夹击下,根据地陷入了前所未有的困难之中。据1941年10月统计,华北根据地的人口下降到1 300万,达到了最低点;八路军、新四军由50万减少到40万。

故而中共中央为扭转危局,开始在根据地采取整风运动、大生产运动、减租减息、精兵简政和三三制政权建设等措施,同时在军事上坚决反击来犯之敌,政治上对国民党顽固派故意制造国共争端的行为也进行揭露与抨击。根据地的军民在党的领导下,通过一年多的努力,到 1943 年终于克服了严重困难,八路军和新四军也在好转的形势中不断地恢复与发展。到 1944 年底,抗日根据地的人口已达 9 000 多万,八路军、新四军近 80 万,民兵增加到 170 万。中共领导抗日力量的壮大,无疑对国民党的正面战场与世界反法西斯战争是一种有力的支持,也为全国大反攻的到来创造了条件。

1938 年 10 月以后,国民党及其政府鉴于日军对正面战场的继续攻击与中共领导的抗日武装力量的发展,为了维护和巩固自己的统治,政治上,在中央设立国防最高委员会,以作为指挥抗日的最高决策机构;利用国民参政会这一组织,以作为各党各派的领袖人物及无党派民主人士共商国是的议事机关;在地方推行新县制与保甲制度,以加强对民众的领导和控制。经济上,在把沦陷区与战区大量工业设备及技术人员迁往大后方的基础上,实行战时经济体制,强化战时物资的管制与专卖,颁布《国家总动员法》,举借国债,坚决打击囤积居奇、倒卖偷运物资等非法行为。思想上,颁布《抗战建国纲领》,以作为国家内政外交的基本指导原则;发布国民精神总动员纲领与实施办法,宣传"国家至上民族至上、军事第一胜利第一、意志集中力量集中"的主张;发表《中国之命运》一书,鼓吹国民党党德、党统与党义的伟大,重复宣扬"一个政党、一个领袖、一个主义"的思想。外交上,积极寻求国际援助,推动英、美、法、苏等世界强国对日本进行制裁;当太平洋战争爆发后,坚决与英、美、苏等国结成反法西斯联盟,使中国战场成为世界反法西斯战场的重要部分;同时,借此机会,南京国民政府与美英两国缔结新的和约,收回了自鸦片战争以来中国所丧失的许多主权;而且在 1943 年 11 月,蒋介石代表中国政府参加开罗会议,进一步提高了中国的国际地位。组织上,蒋介石在国民党组织之外,设立三民主义青年团,以作为挽救与强化国民党统治的新工具;并且在改造原"中统"与"军统"的基础上,建立起新军统与新中统,以加强对党内外民众与组织的监控。军事上,在正面战场上面对日军的进攻,继续予以有力还击,其中比较有影响的会战有:三次长沙会战、南昌会战、桂南会战、随枣会战、上高会战、中条山会战、浙赣会战、常德会战、滇西会战等,特别是第一、三次长沙会战、桂南会战中的昆仑关大战、滇西会战中的松山、龙陵战役,给来犯日军以毁灭性打击;在敌后战场上,针对八路军、新四军力量不断壮大的事实,国民党军在"限共、融共、防共"政策指引下,不时制造反共摩擦事件,迫害与屠杀抗日军民,其中1941年初的皖南事变更是把反共推向高潮;国际战场上,1942年2月应英军请求,组建远征军入缅作战,在同古、仁安羌、棠吉、腊戍一带与日军激战,解救被围困的英军,其后在美军的帮助下,又组建驻印军,经过训练和装备以后,自1943年10月开始向驻扎缅北的日军发起攻击,先后占领了胡康河谷、孟关、孟拱河谷、密支那、八莫、南坎、腊戍等地区,有力配合与支援了盟军在东南亚乃至整个太平洋战场的作战。

可见,国民党及其政府在内政外交方面所实施的一系列政策与措施,其中绝大部分对增强国家力量、提高国家地位、打击日本侵略者有着重要的意义,但那些维护个人独裁与一党专制的政策和行为,无疑给各党派之间的合作与抗日民族统一战线的发展带来消极性影响。事实上就是这样,中国共产党针对国民党频频制造的反共事件,一面通过报刊、电台等传媒手段与党派会议、街头集会等演说方式,来检举控诉国民党军及其政府的反共行径,一面针锋相对地以军事手段坚决消灭来犯之敌。中间派人士则针对国民党的专制行为与国共两党相争的事实,以抗战御侮、民主建国为目的,团结起来组建中国民主政团同盟,然后联合中共在全国开展要民主、要自由的民主宪政运动,希望借此来推动中国民主化进程和促进国共两党的团结。

日本侵略者为了巩固其广大占领区,并在残酷掠夺中国资源的基础上,实现其以战养战的图谋,自占领平津地区开始,政治上,就推行"以华制华""分治合作"的方略。于是先后在华北、华中与蒙古西部地区,分别建立了以汉奸王克敏、梁鸿志与德穆楚克栋鲁为首的"中华民国临时政府""中华民国维新政府"与"蒙疆联合自治政府"。但由于这些汉奸及其政府难以跟蒋介石及其国民政府抗衡,所以进入战略相持阶段后,日本侵略者千方百计地诱骗国民党第二号人物汪精卫出逃重庆,并帮助他在南京成立一个跟重庆国民政府相拮抗的伪政权,以作为其统治与欺骗沦陷区人民、实行征税征兵、进行经济掠夺与殖民奴化教育的新工具。当然,不能否认汪精卫叛国投敌,跟蒋介石的个人专制也有着很大的干系。军事上,除正面战场继续保持进攻态势的同时,也加强了对敌后战场的攻击与封锁,其中尤以中共领导的抗日根据地为重点。不过,尽管日本侵略者通过这些措施收到了一定的成效,如因扫荡与进攻,使敌后战场中共所领导的抗日根据地陷入了前所未有的困难之中,让正面战场国民党军遭受了豫湘桂战场的大溃败,但都无改于其陷于中华民族全民抗战的海洋之中,也无改于其在整个世界反法西斯战场上节节败退的命运。所以从 1944 年起,不断壮大的八路军、新四军在敌后战场上就开始了局部反攻,而国民党军在 1945 年也由战略防御转入到战略进攻阶段;特别是随着欧洲战事的结束与《波茨坦公告》的发表,国共两党的军队更是加大了反攻的力度。

1945 年 8 月 15 日,日本政府鉴于原子弹的巨大威力与苏军对其关东军的毁灭性打击,以及中国军队的全面反攻和美国军队的节节推进,不得不宣布无条件向中、苏、美、英等盟国投降。至此,长达 14 年的日军侵华战争宣告正式结束,遍及三大洲两大洋的第二次世界大战也画上了句号。

然而胜利后的中国将何去何从呢? 对此,国共两党与中国民主同盟各自分别召开了全国代表大会,提出了各自的设想。其中国民党在第六次全国代表大会上强调,在继续维持其一党独裁的前提下,把政权做有限的开放,容纳各党派与民主人士于政府之中。共产党则在第七次全国代表大会明确提出,在废除国民党一党专政的基础上,建立起民主联合政府。中国民主同盟则在临时全国代表大会上,根据当时的国内外形势,提出建立一个“兼亲美苏、调和国共”的十足道地的民主共和国方案。显然,此三种主张没有一种能够得到三方面的同意,因而出于相互妥协的需要,国共两党领袖蒋介石与毛泽东在重庆举行了长达一个多月的谈判,签署了《政府与中共代表会谈纪要》(又称“双十协定”);随后国共两党与民盟三方又在政治协商会议上就建国问题继续谈判,经过 20 多天的会商,三方就政府改组、施政纲领、军事、国民大会和宪法草案五个问题在形式上达成了某种协议,但由于国共两党在“军队国家化、政治民主化”问题上各执一端,以及国民党顽固派对协议中有碍其一党专制内容的强烈反对,故而就实效来说,无论是两党会谈还是三方协商,本质上并没有取得多少有价值的成果,相反倒是为国共两党准备更大规模的军事冲突赢得了时间。因为就在这段时间内,国民党以受降为名,通过美军的飞机、军舰把大量的军队从后方运送此前的沦陷区,同时还起用大量日伪军帮其抢夺和看守重要城市与战略据点;而共产党领导八路军、新四军则从各抗日根据地出发直接接受日军的投降,跟国民党军队争夺城镇和交通孔道,以扩大解放区,并且抓住时机整编军队、组建野战兵团、调集兵力挺进东北等,如是,国共之间的军事冲突也就在意料之中。所以自 1945 年 8 月全国大反攻以来,国共两党军队就为接收抗战的胜利果实,在华南、华中、华东、华北、东北等地区不断地发生军事冲突,特别是东北与华北,双方冲突更是激烈,即便蒋介石、毛泽东在重庆会谈期间,两军在华北的上党与邯郸地区还发生了两次大的战役。为此,国共两党不仅成立了军调部,以作为双方停战谈判的主要机关,而且共同接受了美国总统特使马歇尔将军的政治与军事调停。

就这样国共两党为了各自的政治主张,在和谈的同时,也在不时地进行着军事的较量,彼此都希望对方能够在最后的时刻做出关键的让步。而作为中间势力的中国民主同盟,则以民主、宪政、自由为武器,周旋于国共之间,希望双方相互妥协,在和平、团结的基础上,共同建立一个资产阶级的民主共和国。失望的是,三方谁也没有达到自己的目标。于是,国民党及其政府在自以为内战部署就绪和迫使中共退让无望的情形下,于1946年3月召开的六届二中全会上,率先破坏政协决议与双十协定,并在1946年6月底围攻中原解放区,公开发动了全国规模的内战;而中共领导的人民解放军被迫迎战,从而揭开了国共两党逐鹿中原的序幕;以民盟为首的中间派则只得在国共相争的夹缝中,打起中间路线的旗帜,左右调解与奔波,为中国的民主宪政做最后的努力。

不过,随着战争的进行,结果却出乎意料:即国民党并没有如其所设想在3至5个月之内解决共军,相反,经过仅8个月的全面进攻,虽然夺取了105座中小城市,但却付出了71万军队的代价,接着又在重点进攻中损失了几十万兵力;到1947年7月,总兵力由战前的430万人,下降到373万人,正规军由200万人下降为150万人;不仅如此,在后方由于中共与民主人士的领导,掀起了一股要饭吃、要和平、要自由、反饥饿、反内战、反迫害的人民民主运动,尽管国民党及其政府采取强硬立场,甚至不惜制造下关惨案、李闻血案、五二〇血案等,可反抗其独裁与暴政的斗争仍如星星之火。中共领导解放军经过近一年的内线作战,尽管损失了一些地方和近36万军队,但却取得了歼敌112万余人的战果,同时总兵力由120万增至195万人,其中正规军达100余万。民盟等中间派迫于来自国共两党军争、政争的压力,不得不收起中间路线的旗帜,在国共之间做出选择,其中以青年党、民社党等为代表的右翼投入到国民党阵营,并参加了当时国民政府所主持召开的国民代表大会,充当起国民党的政治花瓶,而以民盟、第三党、救国会为代表的左翼,在坚持旧政协精神的前提下,悄然地向中共靠拢。因而,当时间进入到1947年秋,在社会已基本上被分裂成两大对立的阵营的情形下,第二次国共合作,无论是形式还是实质,完全破裂的结局不可避免。

由于双方力量对比的变化,中共中央于1947年6月30日命令刘伯承、邓小平率领晋冀鲁豫野战军主力向鲁西南突击,从而吹响了战略反攻的号角。随后陈赓、谢富治率领晋冀鲁豫野战军太岳兵团强渡黄河,挺进豫西;陈毅、粟裕率领华东野战军主力越过陇海路,进入豫皖苏平原,展开了跟国民党逐鹿中原的态势;其他各解放区的人民解放军也纷纷跟进,由内线作战转入外线作战。国民党面对中共军事的反攻,一方面发布戡乱总动员令,希望以集中所有的人力物力,跟中共决一死战,同时对各大区军事指挥机构和兵力部署做出相应的调整与变更,实行所谓分区防御的战略,以达到兵来将挡水来土掩的作战目的;另一方面积极推行和落实"普选"政策与"行宪国大"策略,希望用民主的招牌来收拾人心和获取民意,以实现稳定后方的政治目的;此外,实行币制改革,企图借此来挽救行将破产的财政危机和支撑巨大的军费开支,以保证跟中共的内战得以继续。然而,在人民解放军的强大攻势下,国民党军队仍然改变不了兵败如山倒的命运。所以到 1948 秋,经过一年多的战略反攻,人民解放军又歼敌100 多万,而自己总兵力则增加到 280 余万人,其中正规军达 160 万人;并且此时的解放军,不但基本上形成了野战军、地方军、游击队三者相结合的军队构成体系,而且有了既能打运动战又能打阵地战的五大野战军,相反国民党军的主力部队则基本上被包围分割为五个孤立的集团。① 此外,在此期间,中共中央为了发动农民参加人民解放战争,制定与公布了《中国土地法大纲》,以确保解放区的每一个农民都能分到土地;为了纯洁干部队伍和提高部队战斗力,又在农村党组织中开展以"三查三整"为主要内容的整党运动,在军队中进行以"诉苦三查"为基本内容的新式整军运动。② 至此,国共两党军队的实力对比已发生重大的变化,对中国共产党而言,战略决战的时机已经到来。故而从 1948 年 9 月到 1949 年 1 月,解放军跟国民党军队先后进行辽沈战役、淮海战役与平津战役,经过四个月又 19 天的鏖战,共歼敌 154 万余人,基本上消灭了国民党赖以

---

① 地方军与游击队主要指由当时的西北军区、中原军区、华东军区、华北军区、东北军区领导与控制的部队;野战军是指西北野战军、华北野战军、中原野战军、华东野战军、东北野战军,其兵力大约分别为 7.5 万人、20 万人、20 万人、40 万余人、70 万人。

五个集团是指东北剿总所属的 4 个兵团 14 个军 55 万人,华北剿总所属 4 个兵团 12 个军 55 万人,徐州剿总所属 4 个兵团又 4 个绥靖区 27 个军 60 余万人,华中剿总所属 3 个兵团又 3 个绥靖区和 1 个绥靖司令部 16 个军,西安绥靖公署所属部队包括胡宗南集团、马家军集团以及驻新疆、绥远的部队,约 40 万人。

② 整党运动中的三查三整是指查阶级、查思想、查作风,整顿组织、整顿思想、整顿作风;整军运动中诉苦三查是指诉旧社会之苦、国民党之苦,查阶级、查工作、查斗志。

发动与进行内战的精锐部队，并解放了大片地区。

由于前线的大败，时任国民党总裁与国民政府总统的蒋介石，被迫在元旦献辞中发表求和声明，接着又在内外压力下不得不宣布"引退"，希望借和谈的幌子与"罪己诏"的方式来赢得喘气之机，以图卷土重来。但是中国共产党及人民解放军在党的七届二中全会精神的指引下，为解放全中国，毫不留情地揭穿国民党及其政府假和平的阴谋，于1949年4月20午夜发起渡江战役，并很快渡过长江，23日解放南京，从而宣告了国民党南京政权的终结。随后，各渡江部队以秋风扫落叶的气势向南继续追歼残敌，到12月，除海南岛外，华南全境解放。就在第二、三、四野战军解放大江南北的同时，华北、西北野战军及地方部队也乘势发起了解放华北与西北的战争，经过艰苦的作战，到1949年5月，华北全境解放，到10月西北全境解放；11月初，第一、二、四3大野战军又密切合作展开了大西南围歼战，到年底，除西藏外，大陆全部获得解放。

就在人民解放军高歌猛进捷报频传的时候，中国共产党与各民主党派及无党派民主人士，为了破旧立新，建立一个真正民主宪政与人民当家做主的新中国，经过政治协商，决定建立一个人民民主专政的中华人民共和国。1949年10月1日，新当选的中华人民共和国中央人民政府主席毛泽东，在天安门城楼上庄严地向全世界宣告中华人民共和国中央人民政府成立，从而不仅标志着半殖民地半封建社会的时代一去不复，而且标志着新民主主义革命的胜利和社会主义革命的开始。

二、年表

公元	朝代	年号	大事
1938年	中华民国	民国二十七年	1月5日，苏联志愿空军入华作战；1月9日，印度国民会议主席尼赫鲁举行"中国日"，声援中国抗战；1月11日，《新华日报》在武汉创刊；1月16日，日本发表"不以国民政府为对手"的对华声明；1月18日，国民政府发表"维护领土主权及行政完整"的声明；1月24日，第三集团军司令韩复榘以临阵脱逃消极抗日的罪名被执行枪决，成为抗战中被政府枪毙的军衔级别最高的将领；1月25日，中文《文汇报》在上海创刊；2月6日，国民政

续表

公元	朝代	帝王年号	大事
			府军事委员会政治部成立,陈诚为部长,周恩来、黄琪翔为副部长;2月7日,中苏签署《军事航空协定》;3月1日,中国农工民主党在武汉召开第三次临时全国代表大会;3月12日,国民政府实行外汇统制;3月14日,徐州会战开始;3月16日,八路军129师在神头岭伏击日军1 500余人;3月18日,中国军队取得临沂大捷,毙伤日军4 000余人;3月27日,中华民国维新政府在南京成立,以梁鸿志为行政院长;同月,白求恩率加拿大—美国援华医疗队抵达延安;4月1日,国民党《抗战建国纲领》出台;4月5日,中共领导人张国焘逃离陕甘宁边区;4月6日,台儿庄大捷,歼灭日军万余人;4月10日,延安鲁迅艺术学院成立;4月21日,毛泽东指示在冀鲁平原开展游击战争;5月19日,徐州会战结束;5月26日,毛泽东讲演《论持久战》;6月9日,郑州花园口决堤成功;7月6日,国民参政会在武汉开幕;7月9日,三民主义青年团在武汉成立,陈诚任书记长;7月24日,武汉会战开始;8月3日,南浔会战开始;同月,晋绥抗日根据地建立;9月13日,国民党军队在河北安平杀害中共抗日干部,制造"安平惨案";10月21日,广州失守;10月25日,中国军队撤守武汉,武汉会战结束;10月28日,国民参政会第二次会议在重庆举行;11月12日,长沙发生大火;11月15日,日军对冀南抗日根据地进行第一次全面扫荡;11月16日,国民政府行政院宣布,日军侵占中国9省又59县;11月25日,甘肃海原、固原地区的回民举行反国民党统治起义;12月6日,蒋介石与周恩来商谈国共合并问题;12月19日,汪精卫叛逃河内;12月22日,日本首相近卫发表第三次对华声明。是年,9月29日,英、法、德、意四国首脑举行慕尼黑会议,随后签订《慕尼黑协定》;10月6日,美国抗议日本在中国违反"门户开放原则";11月2日,日本近卫内阁发表建设"大东亚新秩序"声明。
1939年		民国二十八年	1月24日,中英两国就开辟中缅新航线达成协议;2月10日,日军进犯海南岛;2月22日,中美文化协会成立;3月12日,蒋介石宣布实行国民精神总动员;3月18日,

续表

公元	朝代	帝王年号	大事
			延安西北青年救国会建议5月4日为中国青年节,后得到国民政府批准;3月27日,南昌失陷;4月30日,随枣会战开始;同日,国民党军队屠杀八路军山东纵队400余人,制造薄衫惨案;6月12日,国民党杨森部制造平江惨案;7月7日,蒋介石发布抗战到底的文告;8月9日,汪精卫在广州发表广播讲话,提出局部和平办法;8月22日,日军成立特务机构——梅机关;9月23日,第一次长沙会战开始;11月11日,国民党军队制造惨案,屠杀新四军伤病员及家属200余人;11月15日,桂南会战开始;11月24日,南宁失陷;11月29日,阎锡山所部进攻山西新军;12月1日,阎锡山伙同日军夹击晋西的抗日决死队与八路军,制造"十二月事变";12月25日,朱德等通电反对国民党军队进攻边区;12月30日,汪精卫与日本政府签订《关于调整日中新关系协议文件》。是年,7月2日,英国与日本签订在华有特殊需要协议;9月1日,德军大举入侵波兰,第二次世界大战正式爆发;9月15日,苏联同蒙古、日本签订《哈勒欣河停战协定》。
1940年		民国二十九年	1月20日,国民党政府行政院议决,以拉木登珠为十四世达赖喇嘛;1月31日,朱德等通电反对汪精卫与日本签订卖国条约;2月9日,中共向国民政府提出停止全国摩擦问题;3月4日,八路军再次讨伐国民党顽军石友三部;3月11日,毛泽东在延安高级干部会议上做《目前抗日统一战线中的策略问题》的报告;3月30日,汪伪国民政府在南京成立;5月1日,枣宜会战开始;5月16日,国民党第三十三集团军总司令张自忠以身殉职,成为抗战中牺牲的级别最高的将领;6月28日,日军宣布封锁香港;7月16日,国民党中常委会通过《中央提示案》,加紧反共、防共与限共;7月20日,在华日本人民反战革命同盟会在重庆成立;7月24日,国民政府公布《非常时期维持治安紧急办法》;7月25日,美国扩大对日禁运;8月2日,《中俄新商约》签字;8月8日,八路军总部下达百团大战的行动命令;8月20日,百团大战正式开始;8月27日,上海英军撤退回国;9月6日,国民

续表

公元	朝代	帝王年号	大事
			政府正式把重庆定为陪都;9月25日,美国政府贷款2 500万美元给中国;10月14日,英国正式宣布开放滇缅公路;10月15日,蒋介石与陈纳德商谈美空军援华方案;10月19日,何应钦以国防部名义向八路军、新四军总部发出皓电,责令黄河以南的八路军、新四军在一月之内撤退到黄河以北地区;11月14日,国民政府军令部拟订《黄河以南剿灭共军作战计划》;11月19日,国民政府军政部从即日起停发八路军经费;11月30日,日汪签订《中日基本关系条约》,正式承认汪伪国民政府为中国唯一合法政府;同日,美国总统罗斯福宣布借给中国1亿美元;12月3日,英国政府表示贷款1 000万英镑给中国;12月24日,国共两党代表在重庆就新四军北移问题进行谈判;12月30日,延安广播电台首次开播。是年,5月10日,英国丘吉尔组成战时联合政府;5月26日,英法盟军开始敦刻尔克大撤退;6月18日,戴高乐将军发起"自由法国运动";7月18日,英日签订暂时封闭滇缅公路协定;7月26日,日本近卫政府通过《基本国策纲要》;8月1日,日本外相松冈提出建立"大东亚共荣圈"的主张。
1941年		民国三十年	1月6日,皖南事变发生;1月20日,中共中央军事委员会发布重建新四军军部命令,以陈毅为代理军长,刘少奇为政治委员;1月22日,毛泽东提出挽救国共合作的12条办法;1月24日,日军发起豫南战役;1月28日,新四军军部在江苏盐城建立;2月26日,日军大本营下令封锁中国沿海,阻止援华物资进入中国;3月14日,蒋介石邀请周恩来面谈,谋求缓和国共关系;3月15日,上高会战开始;3月25日,国民政府设立国共关系调整特别委员会;3月30日,日军在华北开始推行治安强化运动;同月,王震率三五九旅开发南泥湾;4月13日,苏日在莫斯科签订中立条约,但同时保证援华政策不变;4月21日,福州陷落;5月16日,中共中央机关报《解放日报》在延安创刊;5月22日,汪伪国民政府在南京成立清乡委员会;6月18日,中英《滇缅边界条约》在重庆签署;

续表

公元	朝代	帝王年号	大事
			7月14日,国民政府发表关于中英取消不平等条约换文;7月16日,英国正式声明重庆国民政府为中国合法政府;7月26日,美国应中国政府请求,开始冻结日本在美资产;7月27日,英国封存日本在英资产;8月1日,蒋介石宣布将美国志愿空军正式编入武装部队;8月11日,陕甘宁边区成立少数民族委员会;9月7日,第二次长沙会战开始;9月14日,中、美、英三国经济会议在香港举行;10月10日,中国民主政团同盟在香港宣布成立;10月13日,苏联政府将中国的唐努乌梁海地区划为其自治区;10月26日,东方各民族反法西斯大会在延安举行;11月16日,中、美、英三国协商决定共同保护滇缅公路;11月24日,中、美、英、荷、澳五国外长在华盛顿集会,首次公开联合对日作战;11月27日,陕甘宁边区决定实行精兵简政;12月9日,国民政府正式宣布对日开战,同时跟德、意两国处于战争状态;12月10日,蒋介石发表告全国军民书;12月16日,日军攻占澳门;12月24日,第三次长沙会战开始;同日,香港陷落;12月26日,中英签订军事同盟。是年,5月6日,美国宣布《租借法案》适用于中国;6月22日,德军入侵苏联;10月18日,日本东条英机内阁成立;12月7日,日军偷袭珍珠港,太平洋战争爆发。
1942年		民国三十一年	1月1日,中、苏、美、英等26国在华盛顿签署《联合国家共同宣言》,标志着世界反法西斯统一战线正式成立;1月2日,蒋介石出任中国战区盟军最高统帅;1月15日,第三次长沙会战结束,中国军队以伤亡两万余人的代价毙伤日军五万六千余人;1月28日,中共中央政治局通过《关于抗日根据地土地政策的决定》;2月1日,毛泽东在延安中央党校开学典礼上做了《整顿党的作风》的报告;2月2日,美对华贷款5亿美元,英对华贷款5 000万英镑;3月1日,蒋介石视察缅甸战场;3月3日,中共中央在陕甘宁边区发动大生产运动;3月4日,美军中将史迪威出任中国战区参谋长兼美军司令;4月8日,美空军首次飞越喜马拉雅山,开辟驼峰航线;4月20日,中国

续表

公元	朝代	帝王年号	大事
			远征军孙立人部解救出被日军围困于仁安羌的英军7 000余人,为中国军队赢得了世界声誉;4月22日,国民党军第三十九集团军总司令孙良诚率部降日;5月6日,美国决定废除在华特权;5月8日,缅北重镇密支那陷落,中国远征被迫全线撤退;5月15日,日军发起浙赣战役;同日,苏联与日本公布《满蒙划界议定书》,以牺牲中国的利益来换取日本的好感;5月25日,八路军副总参谋长左权在反扫荡突围中牺牲;6月29日,史迪威出任中国驻印军司令;7月4日,陈纳德改任美驻华空军司令;8月15日,华北日本士兵反战团体代表大会在延安召开;9月17日,盛世才在新疆大肆搜捕共产党员与进步人士;10月10日,英美两国同时宣布正式废除对华不平等约;10月27日,加拿大、挪威等国宣布放弃在华特权,并与国民政府另订新约;11月1日,中印公路自印度雷多开始修筑;12月21日,日本御前会议通过"为完成大东亚战争之对华处理根本方针";12月24日,周恩来、林彪与国民党代表张治中在重庆谈判共产党合法及八路军扩编问题,未果。是年,4月30日,日军占领缅甸腊戍,切断滇缅公路;6月1日,中途岛海战发生,日军损失惨重。
1943年		民国三十二年	1月11日,中美新约在华盛顿签字,中英新约在重庆签字;1月18日,国民党新四师师长吴化文率所部四万余人在山东投日;2月25日,国民政府公布《新闻记者法》,遭到全国新闻界的反对;2月26日,蒋介石以中国战区盟军最高统帅的身份向泰国军民发表广播讲话;3月10日,以蒋介石名义发表的《中国之命运》一书出版;3月16日,中共中央政治局召开会议,会议推选毛泽东为中央政治局主席与中央书记处主席;3月29日,三民主义青年团在重庆举行第一次全国代表大会;5月1日,中美特种技术合作所在重庆成立;5月5日,日军发起鄂西会战;5月8日,日军在湖南南县的厂窖地区杀害民众32 000多人,制造厂窖惨案;5月11日,国民党开始部署对陕甘宁边区的军事进攻;5月14日,河北省政府主席、

续表

公元	朝代	帝王年号	大事
			冀察战区副司令长官兼第二十四集团军总司令的庞炳勋降日;5月18日,国民政府外交部声明废除法国在华一切特权;5月26日,中共中央做出完全同意解散共产国际的决定;6月4日,美国总统罗斯福建议召开美苏中英四国首脑会议;7月5日,王稼祥在《中国共产党与中国民族解放的道路》一文中,首次提出毛泽东思想;7月10日,蒋介石命令胡宗南停止进攻陕甘宁边区;9月27日,盛世才下令将在押的共产党员陈潭秋、毛泽民等秘密杀害;10月4日,日军在冀东制造无人区;10月19日,蒋介石在重庆主持召开缅甸作战计划会议;10月26日,中国驻印军为打通中印缅交通线,对缅北日军发起攻击;11月2日,常德会战开始;11月23日,中、美、英三国首脑在埃及举行开罗会议;12月1日,国民政府发表《开罗会议宣言》;12月2日,广东人民抗日游击总队改编为广东人民抗日游击队东江纵队;12月17日,美国政府公布《废止限制华人入境法》。是年,1月1日,美、英两国跟中国签订了关于在华废除治外法权的协议;9月8日,意大利宣布无条件投降;10月30日,苏、美、英、中四国在莫斯科签订关于普遍安全的宣言,提出建立和平国际组织的主张;12月17日,美国国会废除《排华法案》。
1944年		民国三十三年	1月3日,重庆各民主党派人士举行宪政问题座谈会;1月15日,八路军山东军区发起春季攻势;1月24日,日本大本营下达打通中国大陆交通线作战命令;2月8日,第十世班禅在塔尔寺举行坐床典礼;2月28日,中国成立抗战损失调查委员会;3月5日,新四军发起黄桥战役;3月22日,日本人解放联盟在延安正式成立;4月17日,日军开始发起大陆交通线作战;4月28日,沈钧儒、章伯钧等在重庆提出民主改革的要求;5月4日,国共两党代表张治中、王世杰、林伯渠、王若飞在西安就军事与边区问题开始会谈;5月9日,三民主义学会在重庆举行成立大会;5月11日,中国远征军发起滇西战役;5月17

续表

公元	朝代	帝王年号	大事
			日,中国驻印军与美军联合发起密支那战役;5月21日,中国共产党六届七中全会在延安开幕;同日,中国第一战区第三十六集团军总司令李家钰在对日作战中以身殉国;5月27日,日军发起长(沙)衡(阳)战役;5月31日,中国民主政团同盟发表对时局的看法;是月,第一部《毛泽东选集》出版;6月5日,林伯渠将中国共产党提出的修正文件12条意见书交给国民党代表王世杰、张治中,而王世杰、张治中向林伯渠面交《中央对中共问题政治解决提示案》;6月9日,中外记者西北参观团抵达延安采访;6月10日,中国驻印军攻克龙陵;6月18日,长沙陷落;7月22日,美军观察组飞抵延安;8月8日,衡阳保卫战失败;8月21日,中、苏、美、英四国代表在华盛顿附近敦巴顿橡树园举行会议,拟定关于成立国际安全组织的提案;同月,八路军各部开始发起秋季攻势;9月8日,日军发起桂柳会战;9月11日,新四军第四师师长彭雪枫以身殉国;9月15日,林伯渠在重庆参政会上提出建立民主联合政府的主张;9月19日,中国民主政团同盟改名为中国民主同盟;10月9日,中国民主同盟发表《对抗战最后阶段的政治主张》;10月14日,蒋介石号召10万知识青年从军;10月21日,美国政府赫尔利为驻华大使,魏德迈为中国战区参谋长兼美军司令;10月31日,八路军组建南下支队;11月7日,新疆伊宁发生反政府武装起义;11月10日,毛泽东与赫尔利在延安签署《中国国民政府、中国国民党与中国共产党之协议》;11月21日,冈村宁次任日本驻中国派遣军司令;11月28日,日军突入贵州占领独山;同月,中国民主同盟与中国共产党签订合作协议;12月28日,周恩来就联合政府提出4点具体建议。是年,9月29日,美、英、中三国举行敦巴顿橡树园会议;12月2日,越南解放军第一支队成立;12月23日,日本东京、横滨、神户等地发生群众反政府骚动。
1945年		民国三十四年	1月1日,蒋介石发表新年文告,主张召开国民大会,反对建立联合政府;1月5日,新疆伊犁、塔城、阿山三区临时革命政府颁布施政纲领;1月15日,民盟重申立即结

续表

公元	朝代	帝王年号	大事
			束一党专政、建立民主联合政府的主张;1月24日,周恩来飞抵重庆参加国共两党和谈;1月27日,中印公路完全贯通;2月13日,蒋介石约见周恩来,否定中共提出的关于召开党派会议、组建联合政府的主张,国共谈判失败;2月14日,国民政府外交部发表声明,同意雅尔塔会议的决定;3月30日,中共中央统计显示:中国共产党领导的主力部队达86万人,共产党员达114万人;4月2日,赫尔利公开宣布美国政府支持国民党;4月20日,中共六届七中全会通过《关于若干历史问题的决议》;4月24日,中国共产党七大召开;4月25日,联合国会议在旧金山开幕;5月5日,中国国民党在重庆召开第六次全国代表大会;5月8日,湘西战役结束;6月19日,中共七届一中全会召开,选举毛泽东为中央委员会主席;6月26日,中、美、英、苏、法等50国代表签署《联合国宪章》;7月1日,国民参政会代表团飞抵延安商谈国是;7月13日,中国解放区人民代表会议筹备委员会在延安成立;7月28日,中国民主同盟要求国民党承认各党派有公开活动的权力;8月5日,宋子文、王世杰飞抵莫斯科,中苏谈判重开;8月9日,毛泽东发表《对日寇最后一战》的文告;8月10日,朱德向各解放区武装部队发布全面反攻的第一号作战命令;8月11日,下达全国部队有关受降的三道电令;8月14日,中苏代表在《中苏友好同盟条约》及附件上签字;同日,蒋介石首次致电毛泽东,邀请其赴重庆共商国是,随后又于20、23日两次致电;8月23日,何应钦命令在华日军不得向八路军和新四军投降;8月28日,毛泽东飞抵重庆与蒋介石谈判;9月2日,盟国在东京湾密苏里号战舰上接受日本投降;9月9日,国民政府在南京举行日本向中国投降仪式;9月11日,中国共产党东北中央局成立;9月18日,中、苏、美、英四国决定成立盟国远东委员会,监督日本实施投降条款;9月19日,中共中央决定"向北发展,向南防御"的战略方针;10月1日,中国民主同盟在重庆举行临时全国代表大会;10月10日,《国共双方会谈纪要》在重庆签字;10月25日,台湾正式回归祖国;11月19

续表

公元	朝代	帝王年号	大事
			日,重庆各界举行反内战大会;11月22日,中共中央提出在东北的工作方针是"让开大路,占领两厢";12月1日,昆明发生一二·一血案;12月12日,中共中央和中央军委发出《关于粉碎国民党大规模的军事进攻的指示》;12月16日,中国民主建国会在重庆成立;12月30日,中国民主促进会在上海成立。是年,2月4日,罗斯福、丘吉尔、斯大林在雅尔塔举行会议;4月5日,苏联宣布废除苏日中立条约;4月12日,罗斯福总统突然逝世;4月28日,墨索里尼被处以死刑;4月30日,希特勒自杀;5月9日,斯大林宣布对德战争结束;5月11日,日本举行最高战争指导会议;6月26日,联合国旧金山会议签署《联合国宪章》;7月17日,杜鲁门、斯大林、丘吉尔举行波茨坦会议;8月6日与9日,美国在日本广岛、长崎各投放一颗原子弹;8月8日,苏联对日宣战,接着出兵中国东北;8月15日,日本天皇宣布无条件投降;8月16日,越南民族解放委员会成立,胡志明任主席;8月26日,美军在日本登陆;9月2日,日本正式向盟国签订无条件投降书;同日,越南民主共和国宣告成立;9月11日,驻日盟军总部开始逮捕日本战争罪犯;10月10日,金日成回到平壤,成立朝鲜共产党朝鲜委员会;10月24日,联合国宣告正式成立,总部设在美国纽约;12月15日,美国总统杜鲁门发表对华政策声明。
1946年		民国三十五年	1月4日,东北人民自治军改名为东北民主联军,林彪任总司令,彭真任政治委员;1月5日,国民政府承认外蒙古独立;1月7日,以马歇尔为主席的军事三人小组成立;1月10日,政治协商会议在重庆开幕;1月13日,联合国安全理事会成立,中国为常任理事国之一;1月14日军事调处执行部在北平成立;1月19日,中、美、苏等11国组成远东国际法庭;1月28日,联合国大会决议,以英、法、中、俄四种文字为联大正式用语;2月8日,蒋介石命令国民党军队向东北民主联军发动大规模进攻;2月10日,重庆发生较场口血案;2月22日,重庆出现反共反苏游行;2月28日,《中法新约》在重庆签字,宣

续表

公元	朝代	帝王年号	大事
			布废除法国在华一切特权;3月4日,因皖南事变而被关押的新四军军长叶挺获释;4月8日,东北民主联军进行四平保卫战;5月3日,除大连外,苏军撤离东北;5月4日,九三学社成立;5月5日,国民政府还都南京;6月5日,蒋介石、周恩来、马歇尔达成东北停战协议;6月22日,毛泽东发表声明,反对美国军事援华案;6月23日,发生下关惨案;6月30日,国民党军队开始进攻中原解放区,揭开国共全面内战;7月11日、15日,民盟要员李公朴、闻一多在昆明先后被刺;7月13日至8月27日,华中野战军在苏中七战七捷;8月10日,马歇尔、赫尔利发表联合声明,宣布调停失败;9月19日,国民政府拒绝召开军事三人小组会;同月,中国共产党领导的武装力量开始陆续使用人民解放军称号;10月10日,第三方面代表莫德惠、梁漱溟、张君劢等提出国共和谈建议;10月29日,中国海军接收西沙、南沙群岛;11月4日,《中美友好通商航海条约》签订;11月15日,制宪国民大会在南京举行;11月16日,周恩来率中共代表团返回延安;11月24日,民盟总部召开记者招待会,声明不参加国民大会与不承认其制定的宪法;12月12日,国民政府在南沙群岛重建国界碑;12月18日,美国总统杜鲁门发表支持国民党及其发动内战的声明;12月24日,北平发生美军强奸学生沈崇事件。是年,1月1日,日本天皇发表否定"天皇神格"宣言;2月8日,朝鲜临时人民委员会成立,金日成当选为委员长;3月2日,越南民主共和国召开第一届国民大会,胡志明当选为共和国主席;3月5日,丘吉尔在美国富尔顿发表"铁幕"演说,标志着冷战开始。
1947年		民国三十六年	1月1日,国民政府公布《中华民国宪法》及《宪法实施之准备程序》;1月6日,民盟召开二中全会,张澜任主席;1月23日,新四军番号撤销,组建华东军区与华东野战军;1月29日,美国宣布退出军事三人小组和军调部;2月1日,中共中央发表声明,凡1946年1月10日后国民政府签订的条约和贷款概不承认;2月3日,中华民族

续表

公元	朝代	帝王年号	大事
			解放行动委员会正式改名为中国农工民主党;2月17日,国民政府实行《经济紧急措施方案》;2月28日,台湾爆发二·二八起义;3月7日,中共驻南京、上海等地的和谈代表全部撤回延安,第二次国共合作结束;3月19日,胡宗南部占领延安;同月,停止使用十八集团军番号,组建中国人民解放军总部,朱德为总司令;4月26日,杜鲁门训令美国海军,以剩余船舰271艘移交给国民政府;4月27日,刘少奇、朱德率中共中央工作委员会抵达河北阜平;5月13日,华东野战军发起孟良崮战役,经激战全歼国民党王牌军整编74师,粉碎了国民党军队对山东的重点进攻;5月20日,发生五·二〇血案;6月30日,刘伯承、邓小平率晋冀鲁豫野战军主力突击鲁西南,揭开战略反攻的序幕;7月4日,国民政府通过蒋介石提交的"戡乱建国"总动员案;7月17日,中共中央制定《中国土地法大纲》;8月1日,国民政府国务会议通过《经济改革方案》;8月7日,刘伯承、邓小平完成率大军千里跃进大别山的任务;8月22日,陈赓、谢富治率解放军太岳兵团强渡黄河,挺进豫西;8月28日,联合国教科文组织中国委员会在南京成立;9月1日,中国青年党第十一次全国代表大会在上海举行,选举曾琦为中央执行委员会主席,会议要求政府实行民主宪政;9月5日,国民政府行政院公布《后方共产党处置办法》;9月26日,华东野战军挺进豫皖苏边区;10月26日,11个盟国对日初步赔偿要求总额为540亿美元,中国要求占40%;10月27日,国民政府"内政部"宣布民盟为非法团体;11月5日,民盟主席张澜被迫宣布解散民盟;11月12日,台湾民主自治同盟在香港成立,谢雪红任主席;12月8日,《中美海军转让协定》在南京签字;12月22日,国民政府立法院通过《戡乱时期危害国家紧急治罪条例》;12月23日,国民政府行政院通过《加强金融管制办法》;12月25日,国民政府宣布《中华民国宪法》即日生效。是年,3月31日,日本民主党成立;6月5日,美国国务卿马歇尔提出所谓复兴欧洲的"马歇尔计划"。

续表

公元	朝代	帝王年号	大事
1948 年		民国三十七年	1 月 1 日,中国国民党革命委员会在香港成立,宋庆龄为名誉主席,李济深为主席;1 月 5 日,中国民主同盟在香港举行一届三次会议,宣布重组民盟机构;1 月 30 日,中美签订合同,决定将美国二战所有剩余物资出售给国民政府;2 月 17 日,国民政府在南京召开北平等 5 市市长粮食配售会议;2 月 27 日,中共中央发出《关于工商业政策》的党内指示,要求贯彻"发展生产、繁荣经济、公私兼顾、劳资两利"的经济工作方针;3 月 1 日,中共中央发出《关于民族资产阶级和开明绅士问题》的党内指示,要求采取团结的方针;3 月 11 日,国民党中常委会决定组建"戡乱建国动员委员会";3 月 15 日,《大公报》在香港复刊;3 月 16 日,国民政府将国家文物 600 多件由上海运往台湾;3 月 22 日,美国参议院外交委员会通过以 4.63 亿美元援助国民政府;3 月 26 日,"国立中央研究院"选出院士 81 人;3 月 29 日,第一届国民大会在南京召开,选举蒋介石、李宗仁为中华民国正、副总统;4 月 3 日,美国国会通过《1948 年援华法案》;4 月 22 日,西北野战军收复延安;4 月 30 日,中共中央提出"打倒蒋介石,建立新中国""建立民主联合政府"等号召;5 月 19 日,国民政府修正公布《戒严法》;5 月 20 日,蒋介石、李宗仁在南京就任中华民国正、副总统;5 月 27 日,中共中央领导机关进驻河北阜平西柏坡村;7 月 10 日,蒋介石在南京召开军事会议,决定实行重点防御的战略方针;7 月 31 日,冯玉祥离美返国,准备参加新政协会议;8 月 7 日,华北临时人民代表大会在石家庄举行;8 月 19 日,总统府颁布《财政经济紧急处分令》与《金圆券发行办法》;9 月 1 日,冯玉祥在黑海因轮船失火遇难;9 月 7 日,中共中央军事委员会发出关于辽沈战役的作战方针;9 月 12 日,辽沈战役开始,11 月 2 日结束,共歼敌 44 万余人;9 月 15 日,蒋介石发起勤俭建国运动;9 月 16 日,华东野战军发起济南战役,24 日结束,共歼敌 10.4 万余人;11 月 1 日,中共中央军事委员会统一全军的编制与番号;11 月 6 日,华东野战军与中原野战军联合发起淮海战役,1 月 10 日结束,共歼敌 55 万余人;11 月 12

续表

公元	朝代	帝王年号	大事
			日,远东军事法庭宣判日本25名甲级战犯;11月18日,华北人民政府决定成立中国人民银行;11月22日,东北野战军主力入关;11月29日,平津战役开始,1月31日结束,共歼敌52万余人;12月24日,白崇禧向蒋介石发出和平通电,逼蒋下野;12月25日,中共权威人士宣布蒋介石等45人为头等战争罪犯;12月30日,毛泽东发表《将革命进行到底》的新年献辞。是年,3月15日,日本民主自由党成立;7月10日,朝鲜决定实行《朝鲜民主主义人民共和国宪法》;7月17日,韩国公布《大韩民国宪法》;7月20日,李承晚当选为韩国第一任总统;9月9日,朝鲜民主主义人民共和国正式宣告成立,金日成任首相。
1949年		民国三十八年	1月1日,蒋介石发表求和声明;1月8日,中华民国外交部请求美、英、法、苏四国充当国共谈判的调解人,遭拒;1月11日,蒋介石指示新任台湾主席陈诚:政治上多用台籍人士;1月14日,毛泽东提出与国民党和谈的八项条件;1月15日,中央军委将西北、中原、华东、东北野战军依次编为第一、二、三、四野战军;1月21日,蒋介石宣布引退,由李宗仁代理总统;1月31日,北平和平解放;2月11日,中央军委决定由刘伯承、陈毅、邓小平、粟裕、谭震林5人组成渡江战役总前委;3月5日,中共七届二中全会在西柏坡举行;3月24日,中国妇女第一次全国代表大会在北平举行,宣告中华全国妇女联合会成立;3月25日,中共中央委员会、中国人民解放军总部由西柏坡迁往北平;4月1日,国共两党代表在北平开始和谈;4月11日,中国新民主主义青年团第一次全国代表大会在北平召开;4月14日,台湾当局颁布《台湾私有地租佃管理条例》;4月20日,国共和谈破裂;4月21日,中国人民解放军发起渡江战役;同日,击伤阻挠渡江的英国军舰紫石英号;4月23日,南京解放,宣告国民党在全国统治的终结;5月5日,英国政府宣布不卷入中国内战,但阻止收回香港;5月6日,除青岛外,华北地区全部解放;5月12日,美国政府宣布取消1947年4月规定

221

续表

公元	朝代	帝王年号	大事
			日本对中、英、菲等国的临时赔偿计划;同日,第三野战军发起解放上海的战役;5 月 27 日,上海解放,陈毅任军管会主任兼市长;6 月 11 日,国民党中常委会议决定成立最高决策机构——非常委员会,蒋介石为主席,李宗仁为副主席;6 月 15 日,新政治协商会议筹备会议在北平召开;6 月 26 日,刘少奇率中共代表团访苏;6 月 30 日,毛泽东发表《论人民民主专政》一文;7 月 6 日,蒋介石领衔发表《反共救国共同宣言》;7 月 8 日,西藏地方反动当局发动脱离中央政府的事变;7 月 10 日,中共中央决定组建空军;8 月 1 日,国民党总裁办公室在台北草山成立;8 月 3 日,蒋介石访问韩国;8 月 27 日,东北人民政府成立,高岗任主席;9 月 17 日,中国人民新政治协商会议改为中国人民政治协商会议,会上通过《中国人民政治协商会议组织法草案》《共同纲领》和《中华人民共和国中央人民政府组织法》三个文件;9 月 22 日,中央人民政府政务院成立;9 月 29 日,中国人民政治协商会议第一届全体会议通过《中国人民政治协商会议共同纲领》和中央人民政府副主席、全体委员名额;9 月 30 日,毛泽东当选为中央人民政府委员会主席,刘少奇等 5 人当选为副主席。是年,1 月 25 日,苏、保、匈、波、罗、捷六国在莫斯科举行会议,决定成立"经济委员会";4 月 4 日,北大西洋公约组织成立;9 月 23 日,苏联第一颗原子弹爆炸。

三、重点述评

1. 扬长避短:共产党的敌后抗战

全面抗战爆发以后,中国共产党指挥八路军、新四军,在抗日民族统一战线的旗帜指引下,开赴前线配合国民党军队进行正面战场的抗战。虽然在刚开始一段时间内,通过与友军的相互支援与配合,先后取得了平型关伏击战、阳明堡偷袭战等战斗的胜利,但是自己也付出了很大的牺牲。同时随着正面战场的节节失利和广大沦陷区的出现,以及自身的实际情况与特点,党中央越来越意识到八路军、新四军如果只满足于正面战场的作战,不仅对中日双方的胜负起不了决定作用,而且给自身的发展壮大与中国的长期抗战带来消极影响。因为国民党几十万、上百万的军队尚且阻挡不住日军优势兵力的进攻,那么仅有几万人且缺乏重武器的八路军、新四军,无论如何也不能阻止日军的正面进攻;更甚者,战争中几万几十万人的巨大伤亡,也不是八路军、新四军的实力所能承受的;此外,国共两党的历史宿怨,也难免不影响两党军队在正面战场的直接合作,尤其是八路军、新四军背靠国统区在正面战场上跟日寇作战,也可能因政治原因而影响自己的发展;相反,尽管八路军、新四军的实力有限,但毕竟是从土地革命中走过来的军队,具有动员民众和开展游击战争的丰富经验,换句话说,如果八路军、新四军能够扬长避短,深入敌后发动民众开展游击战争,建立抗日根据地,就更能够牵制敌人,配合国民党军队的正面抗战;这样,也许从短期看或正面战场来衡量,它尚不是抗战的主力军,可从长期看或敌后战场来评判,它无异于抗战的种子,在不久的将来,极有可能成为抗战的骨干与核心。

因此,在太原会战结束以后,毛泽东代表党中央致电北方局与八路军总部领导人,明确指出八路军的当前任务是:根据独立自主的原则,坚持华北游击战争,同日寇争夺沦陷区的大多数乡村,使之变为游击根据地;同时发动民众,收编溃军,扩大自己,多打小胜仗,用以振奋士气和影响全国。只有这样,才能决定性地打击敌人和援助友军,把内线作战与外线作战、正面战场与敌后战场有机地集合起来。① 新四军编成后,毛泽东致电其领导人说:在江浙一带的广大沦陷区创建抗日根据地,发动群众的抗日斗争,发展民众武装,发展新的游击队,是完全有希望的。② 随后中共中央又指示长江局与东南局:"新四军正应利用目前的有利时机,主动的积极的深入到敌后方去,以自己灵活坚决的行动,模范的纪律与群众工作,大大的去发动和组织群众,建立地方党组织和团结无数的游击队在自己的周围,扩大自己,坚强自己,解决自己的武装与给养,在大江以南,创立一些模范的游击根据地,以建立新四军的威信,扩大新四军的影响。"③

其实在此之前,党中央毛泽东就考虑到八路军、新四军在抗战中怎样扮演

① 中国人民解放军军事科学院编:《毛泽东军事文选》,中国人民解放军总参谋部出版部出版发行,1961 年,第 85 页。
② 中国人民解放军政治学院党史教研室编:《中共党史参考资料》,第 8 册,1979 年,第 154 页。
③ 中国人民解放军政治学院党史教研室编:《中共党史参考资料》,第 8 册,1979 年,第 155 页。

好自己角色和发挥好自己作用的问题。为此,中共中央在卢沟桥事变不久所提出的《确立全国抗战之战略计划及作战原则案》中就涉及内线作战、外线作战、运动战、游击战争等内容。随后又在洛川会议上,毛泽东特别强调:共产党在统一战线中必须坚持独立自主的立场,保持无产阶级政治警惕性,保证党对红军的绝对领导;红军的基本任务是:创建抗日根据地,钳制和消耗敌人,从战略上配合友军作战,保存和扩大红军;红军的战略方针是独立自主的山地游击战,主要作战地区是华北敌后。① 显然,在党中央毛泽东的眼中,八路军、新四军在抗战中要发挥自己的长处,就是在党的领导下,利用土地革命中的经验,深入敌后发动民众,建立抗日根据地,独立自主地开展山地游击战;而不是跟国民党军队捆绑在一起,在正面战场上进行死打硬拼的阵地战。

所以,根据中共中央的指示,八路军总部决定:第 115 师除一部创建晋察冀抗日根据地外,师部率第 343 旅以吕梁山脉为中心创建晋西南抗日根据地,第120 师以管涔山脉为中心创建晋西北抗日根据地,第 129 师主力及第 115 师的344 旅,依托太行、太岳山脉,创建晋冀豫边抗日根据地;而新四军军部命令:新四军先遣队与第 1、2 支队挺进苏南,第 3 支队进军皖南,第 4 支队立足皖北。于是八路军、新四军各作战部队遵照党与上级的命令,迅速从正面战场上解脱出来,深入沦陷区,开辟敌后战场,以支援国民党军队的正面作战。故此,八路军、新四军在广阔的敌后战场,一面利用有利的地形与时机,开展伏击战、偷袭战、运动战等多种形式的游击战,坚决地打击日伪军,同时充分地把内战时期所获得的有关游击战的经验应用到抗战中来,如围魏救赵、围点打援、声东击西、诱敌深入、避实击虚、敌进我退、敌驻我扰、敌疲我打、敌退我追等方法,让敌人疲于应付防不胜防,以达到以弱胜强、积小胜为大胜的目的;另一方面通过减租减息与社会改良的办法来拉近与民众的距离,以日军残暴的事实来激起民众对侵略者的仇恨,以天下兴亡、匹夫有责等民族主义思想来唤起民众的爱国之情,然后,在此基础上,发展党员与团员,建立起各级抗日民主政权与抗日军事机构,从而把更多的人纳入到抗日的队伍之中。

随着八路军、新四军在敌后战场的主动出击和抗战宣传,各抗日根据地很快地建立起来。其中代表性的根据地有:晋察冀根据地、晋西北根据地、晋冀豫

---

① 王桧林主编:《中国现代史》(上册),北京:高等教育出版社,1988 年,第 322 页。

根据地、山东根据地、华中根据地等;同时,八路军、新四军也利用建立起来的民主政权与军事组织,以根据地为依托和跳板,在广大人民的支持下,不仅坚决地回击企图围困和扫荡根据地的日伪军,而且对敌占区主动出击,消灭那些可能消灭的敌人。如1938年9月,晋察冀根据地的军民在120师的帮助下,粉碎25路5万余日军的围攻,毙伤日军少将常冈宽治以下5000余人。1938年12月,八路军的三个师的主力先后分别进入冀中、冀南、冀鲁豫边平原地区和山东等沦陷区,进行巩固和扩大根据地的军事行动。

八路军、新四军敌后战场的开辟与抗日根据地的建立、巩固和发展,虽然不能从根本上改变正面战场中日军队的作战态势,但对牵制日军的进攻和缓解国民党军队正面战场上的压力,无疑有着重要的作用。因为自进入战略相持阶段后,日军迫于八路军、新四军对其后方的破坏与骚扰,不得不从前线抽调大量的部队回防后方,以确保占领区的稳定。这样,不仅使得日军此前以军事进攻国民党及其军队为战略重心的作战方针不得不发生改变,而且也为疲于奔命的国民党政府与无力招架的国民党军队赢得了喘气之机。显然,八路军、新四军对抗日战场所起的此种作用,如果固守于正面战场作战是不可能取得的。所以诚如毛泽东事前所说:“今日红军在决战问题上,不起任何决定作用,而有一种自己的拿手好戏,在这种拿手好戏中,一定能起决定作用,这就是真正独立自主的山地游击战。要实行这样的方针,就要战略上有有力部队处于敌之侧翼,就要以创造根据地发动群众为主,就要分散兵力,而不是以集中打仗为主,集中打仗则不能做群众工作,做群众工作则不能集中打仗,二者不能并举。然而只有分散做群众工作,才是决定地制胜敌人援助友军的独一无二的办法,集中打仗在目前是毫无结果可言的。”[1]事实上,就当时情况而言,八路军、新四军在党的指导下,开展游击战争,建立抗日根据地,无疑是明智之举。

面对日军为安定其占领区所推行的“治安肃正运动”“治安强化运动”与“清乡运动”,以及对根据地的囚笼政策、蚕食政策与扫荡政策,八路军、新四军仍然采取以我为主的策略,在当地人民的支持下,以根据地为依托,开展形式多样的游击战,如伏击战、偷袭战、麻雀战、地雷战、地道战、破袭战等,同时把内线

---

[1] 中国人民解放军军事科学院编:《毛泽东军事文选》,中国人民解放军总参谋部出版部出版发行,1961年,第85页。

作战与外线作战充分结合起来,使得敌人陷入游击战的海洋之中。所以尽管日军在巩固占领区和围攻根据地的过程中,使八路军、新四军及当地民众受到了较大损失,但是,根据地的军民在党的领导下仍然活跃于敌后战场,给侵略者以有力的打击。如晋察冀根据地军民在进行冬季反"扫荡"斗争中,就击毙了号称日军"名将之花"的阿部规秀中将;晋西北根据地军民在 1940 年 6 月开始反"扫荡"的斗争中,1 个多月时间里,共作战 250 余次,收复县城 5 座,歼敌 4 500 余人。新四军在华中与华东地区,从 1938 年 10 月到 1940 年底,共作战 2 400 多次,歼敌 5 万多人。特别是 1940 年 8 月发起的百团大战,在短短的 5 个月时间内,歼敌 4.6 万多人,其中日军约 2.1 万人,破坏铁路 474 公里、公路 1 500 余公里、桥梁、隧道等 260 多处。[①]

当然,随着敌人对根据地围攻与封锁的加强,从 1941 年开始,根据地出现了暂时的困难。故而,根据地军民在党的领导下,为了尽快地打破敌人对根据地的围攻与封锁,同时推动根据地的发展和抗日武装力量的壮大,在坚持原来各项抗战政策和措施的基础上,也采取了新的措施,即整风运动、大生产运动、减租减息、精兵简政和三三制政权建设。通过整风运动,党在思想上、政治上与组织上得到了高度的统一,从而在某种程度上既有利于发挥党的模范带头作用,也有利于坚持党的领导核心作用。通过大生产运动与精兵简政,在减轻了根据地人民的负担的同时,根据地党、政、军等机关和军队的自力更生的能力也得到了相应的增强,从而对于促进党群、干群、军民"鱼水"关系,有着不可低估的作用。通过减租减息运动,削弱和限制了农村中的封建剥削,对推动农村生产力的发展,缓和农民与地主的关系,激发农民抗日与生产的兴趣,也有着积极的意义。通过三三制政权建设,则不仅体现出共产党反对独裁专制的政治立场,而且表明了根据地政权是一切赞成抗日又赞成民主的人们的政权,这对于把分属于不同阶级、阶层或不同信仰、党派与文化程度的人们,团结在中共领导的抗日民族统一战线之下,无疑起到了一种宣传与示范作用。总而言之,尽管敌人的围攻使根据地陷入了暂时的困难之中,但党为之所采取的政策与措施,既让人们进一步认识到它及其所领导的抗日力量的伟大,也让抗日根据地军民变得更加的团结。

---

① 王桧林主编:《中国现代史》(上册),北京:高等教育出版社,1988 年,第 357 ~ 359 页。

经过党与根据地军民的共同努力,到 1943 年,各抗日根据地逐步从困境中走了出来,并开始走向发展的道路,而八路军、新四军通过持续不断地反"扫荡"、反"清乡"、反"蚕食"战斗,不仅得到了锻炼,而且得到了发展。如晋察冀根据地的冀南地区到 1943 年底,清除敌据点 140 余处,恢复县十余个;冀中地区在 1942 年扫荡中,几乎丧失了全部根据地,但从 1943 年开始,我军拔除敌据点 600 余处,恢复村庄 3 500 多个;冀东平原在 1943 年下半年恢复了原来的根据地,并开辟了新的根据地。① 而八路军、新四军的人数也从 1941 年的 40 万上升到 1943 年的近 47 万。到 1944 年,随着世界反法西斯战争的节节胜利与日军在太平洋战场及东南亚战场的连连失利,各抗日根据地更是迎来了发展甚至局部反攻的时机。如山东根据地的八路军经过一年的作战,歼敌 6.2 万,其中日军 8 千,恢复县城 9 座,解放国土 4 万余平方公里、人口 930 万,民兵发展到 37 万;②新四军在一年作战中,共歼灭日伪军 5 万余人,解放国土 7 400 平方公里,人口 160 余万。③ 在 1944 年局部反攻的基础上,1945 年春、夏,八路军、新四军在继续向日伪军发起战略攻势的同时,也加速扩大根据地。如八路军、新四军密切配合,经过半年多的艰苦作战,开辟了豫西根据地,发展了豫南根据地,扩大了豫东根据地,恢复豫皖苏边根据地,使得华北与华中两大块根据地连成一片。到大反攻前夕,八路军、新四军共歼灭日伪军 16 万余人,攻克县城 61 座,扩大解放区 24 万平方公里,解放人口近 1 000 万。当然,根据地军民所取得的这一系列的胜利,跟党的领导是分不开的。如中共中央曾就如何开展好敌后工作指示道:坚持在敌占区边缘区建立根据地,避免与国民党冲突;严格遵守群众纪律,不损害群众利益,与群众同甘共苦,开展减租减息等民主运动;对当地的地方政治势力及其武装,应采取争取和宽容的态度,以获取同情、合作与帮助。④

由此不难发现,八路军、新四军保卫和拓展抗日根据地过程中,仍然在党领导下,奉行以我为主、发动群众、敌后作战的全面抗战路线。不久,随着大反攻的到来,八路军、新四军及华南各抗日游击队沿着原来的抗战路线,从各根据地

---

① 张宪文等著:《中华民国史》(第 3 卷),南京:南京大学出版社,2006 年,第 358 ~ 359 页。

② 军事科学院历史研究部编:《中国人民解放军战史》(第 2 卷),北京:军事科学出版社,1992 年,第 414 ~ 415 页。

③ 转引张宪文等著:《中华民国史》(第 3 卷),南京:南京大学出版社,2006 年,第 589 页。

④ 中央档案馆编:《中共中央文件选集》(第 14 卷),北京:中共中央党校出版社,1991 年,第 289 ~ 291 页。

出发主动出击，以更迅猛的方式打击日伪军，到 1945 年底，共歼灭日军 1.37 万余人，伪军 38.5 万余人，缴获各类枪支近 25 万支，各类火炮 1 300 多门，收复县城以上城市 250 余座，取得了全面反攻的胜利。就这样，八路军、新四军通过开辟敌后战场，建立根据地，在与日伪军的反复战斗中，慢慢地由弱变强，积小胜为大胜，最后达到发展和壮大自己以及战胜敌人的目的。到抗战最后胜利时，八路军、新四军共建立起大小 19 块抗日根据地，面积约 100 万平方公里，人口 9 800 多万，部队人数近 130 万，民兵近 269 万。

中共所领导的抗日力量的逐步发展与壮大，对国民党军队继续正面战场作战与世界反法西斯战争向前推进，无疑有着积极的作用，但同时也为其不久的将来实现新民主主义革命的政治理想准备了物质条件。就此而言，全面抗战对中国共产党来说，既是一场挑战，也是一场机遇。问题是中国共产党为什么能够把这种跟挑战紧密相连的机遇紧紧地攥在手中，使其在达到挽救民族危亡目的同时，也实现了中共及其武装谋求自我生存与发展的目的，并且亦为日后与国民党逐鹿中原积蓄了力量！至此，很有必要对中国共产党在全面抗战中所采取的"扬长避短"策略做一简单的分析。

全面抗战爆发以后，中国共产党为了挽救民族危亡和谋求自我生存与发展的目的，在综合衡量红军、国军与日军三方的实力及国民党、日本与自己的关系后，认为要实现"救亡图存"的战略目的，必须结合自己的实际走一条"扬长避短"的抗战之路，那就是改编后的八路军与新四军必须在共产党的领导下，深入敌后发动群众，建立抗日根据地，开展以山地为主的灵活多样的游击战。为此，党中央与毛泽东先后在《确立全国抗战之战略计划及作战原则案》和洛川会议上，提出过此种抗战主张。因为根据当时的实际情况，相对于日军和国军，八路军、新四军的短处非常明显，那就是兵微将寡，装备落后；并且由于政治上的原因，不仅国民党及其军队对八路军与新四军怀有某种敌意，而且日本帝国主义更是以反共为荣，甚至其首相广田与近卫在各自的三原则中都提出防共、反共的主张。故而，就三方关系而言，中共及其八路军、新四军情形最为不妙。因为国家层面上，日本无疑是国共的敌人，但反共层面上，日本却是国民党的朋友；如此窘境，无异于进一步放大了八路军、新四军的短处，换句话说，兵微将寡装备落后的八路军、新四军在国军与日军的夹缝中正面抗战，极有可能面临被其中的任何一方消灭或吞并的危局。但优点也异常的突出，八路军、新四军是由经过十年内战的洗礼和锤炼的红军而改编成的军队,不仅有着坚定的信仰与坚强的战斗力,而且有着丰富的动员民众拥军参战的经验和许多宝贵的山地战游击战的方法,而这些东西却是日军与国军所无法比拼的。从此意义上看,八路军、新四军一旦充分地发挥自己的优点,即便短期内成不了抗战的主力,但长期看,它必然是抗战的中流砥柱;此外,还能够通过抗战实现谋求自我图存和发展的目的。

因此,随着广大沦陷区的出现和正面战场的一系列失利,中共认识到只有深入沦陷区开辟敌后战场,才能充分地把八路军、新四军的优势和长处转化成抗战的力量。因为如果把八路军、新四军仅定位于正面战场上作战,不仅发挥不了其自身的优势,而且放大了自身的短处。相反如果深入敌后战场,开展游击战争,既能够避免日军优势兵力的正面打击,也能够摆脱来自国民党及其军队的约束与监视,更能够在坚决贯彻和执行党的指示与抗日政策的前提下,把自己在内战期间所积累起来的民众动员方法及游击作战经验自由地应用到实践中去。为什么呢?在正面战场上,八路军、新四军以低劣的装备和区区几万人的部队,既阻挡不了日军大规模的进攻,也禁受不起战争中的巨大伤亡,同时还须听命国民政府军事委员会和所属战区的调遣与指挥,这样很有可能让自己陷于一种动辄得咎进退维谷的困境中;而在敌后战场上,则可以在侧后打击日军以配合友军正面作战的基础上,通过宣传保家卫国的爱国思想、开展减租减息等土地改革运动以及建立地方抗日民主政权的方式,运动民众加入到抗日的队伍之中。同时,这种以开辟敌后战场、建立抗日根据地来发展壮大自己的抗战途径,不仅可以减少或避免与国民党及其军队因争夺政治和抗战资源而引发的冲突,而且还可以通过抗战中打击敌人的表现来赢取国人的爱戴和拥护。事实上,中共及其所领导武装力量,之所以能够从战略大转移后的低潮中走出来,并且在全面抗战中实现救亡图存的战略目标,就跟其这种顺应时势并充分发挥自己优势的作战模式有着明显的因果关系。正因为这样,中共在全面抗战中,既很好地回应了挑战,也抓住了发展与壮大自己的机遇。

2. 首鼠两端:国民党的正面抗战

七七事变的发生,根据蒋介石所定的最后抗战的底线,和平已到了绝望的时刻,牺牲也到了最后的关头,因而无路可退的国民党及其政府,不得不从此前的"攘外必先安内"的政策中走出来,进行全面的抗战。故此,在全民动员的基础上,不仅与多年的死敌——中国共产党携起手来开始了第二次合作,而且把中间派力量纳入到抗战体制中来,真正推行人无分老幼、地无分南北的全面抗战路线。同时,在军事、外交、政治、经济、财政、金融、文化等方面采取一系列的措施,以使国家尽快地转入战时轨道,如军事上,设立军事委员会,作为抗战最高统帅部,任命蒋介石为军事委员会委员长,全权负责指挥全国抗战;外交上,积极开展友好交往和对外宣传,以争取国际的同情与支援;经济上,实行统制经济等。此外,面对日寇的疯狂进攻,在全民族同仇敌忾的氛围中,组织中国军队从1937年8月到1938年10月,先后与日军进行了淞沪会战、太原会战、徐州会战与武汉会战四次大规模的战役,期间还分别进行了平津保卫战和南京保卫战等,在这一系列会战中,中国军队虽然付出巨大牺牲,但也给侵略者以极大的杀伤,其中平型关大捷、台儿庄大捷、万家山大捷,不但歼灭了大量的敌人,而且大大鼓舞了中国人民与军队的抗战斗志。

随着抗战相持阶段的到来,国民党及其政府在抗战意志与态度上发生了较大的变化。如其第二期作战指导方针规定:正面战场的国民党军队应连续发动有限度之攻势与反击,以牵制消耗敌人,策应敌后之游击部队,加强对沦陷区的控制和骚扰,化敌人后方为前方,迫使敌人局促于点线之间,阻止其全面统治和资源掠夺,粉碎其以华治华以战养战的战略企图,同时,抽调部队轮流整训,以提高其作战能力,准备总反攻。方针的主旨显然是要让敌后战场的八路军、新四军及一部分国民党军队充当抗日的主力,而正面战场的国民党主力部队只做策应。不过,迫于日军的战略攻势,国民党仍组织中国军队在正面战场上跟日军进行了一系列的战役,如三次长沙会战、南昌会战、桂南会战、随枣会战、上高会战、浙赣会战、常德会战、滇西会战、湘西会战等,其中第一、三次长沙会战、湘西会战、桂南会战中的昆仑关大战、滇西会战中的松山、龙陵战役,都给日军以极大的杀伤,只是相对于抗战初期的会战,在作战积极性方面已大不如前。不仅如此,国民党越到后面抗战的积极性越低,以至于出现消极抗战的态势;特别是随着世界性反法西斯战局的好转,国民党更是把"防共""反共"作为其政治、军事的重要任务。国民党抗战的积极性,为什么会随着抗战形势好转而越来越低呢?简言之,主要是由于在兼顾国家利益与党派利益的过程中,出现了一种患得患失的心态。

应该说,在整个抗战阶段,国民党及其政府基本上处于一种患得患失的状态中,换句话说,一方面必须抗战,希望通过它在实现保家卫国的前提下,巩固和加强自己的统治;另一方面又害怕抗战,因为抗战不仅会削弱自己的统治力量,而且会给以共产党为代表的革命势力和以中间派为代表的民主势力的壮大与发展提供机会。因此,如何在抗战过程中,既不降低自己的实力又能约束革命势力和民主势力的发展;在不进行抗战状态下,既能保家卫国又能维护自己的统治,成了纠结国民党及其政府在全面抗战时期制定内战外交政策的一块心病。然而残酷的现实是:不抗战,共产党与中间派的发展固然受到了影响,但国民党会因此而亡党亡国;而抗战,国民党的实力优势相对于共产党与中间派的壮大,肯定会大为降低,但毕竟能避免亡党亡国的危险。所以,因为前者,国民党及其政府必须高举抗日的大旗,领导中国人民坚决打击来犯之敌;而因为后者,不得不在抗战的同时,一面准备与敌媾和,又一面准备跟友为敌。

鉴此,在全面抗战爆发后,尽管国民党蒋介石号召全国人民"地无分南北,人无分老幼"都有抗敌守土之责,却仍奢望与日妥协。所以,七七事变后不久,国民政府就几次寻求与日本政府直接交涉,随后又致函"九国公约"签字国,希望其从中调停,接着又恳请德国驻华大使陶德曼出面斡旋,只是由于各种原因,国民党并没有达到妥协的目的。然而,国民党并没有因此而放弃与侵略者媾和的幻想,在陶德曼斡旋失败以后,汪精卫就先后派外交部亚洲司第一科科长董道宁、亚洲司司长高宗武以及汪派重要成员周佛海、梅思平、陶希圣等与日本有关方面的人物,就中日和解问题进行密谈;而蒋介石在汪精卫投降后,也曾委托其小舅子宋子良、重庆行营参谋处副处长陈超霖和最高国防会议主任秘书章友三,在香港跟日方代表今井武夫等进行长期会谈。由于日方的要价太高与担心人民的反对,除诱使汪精卫集团投降外,谈判没有取得什么具体结果,但表明了在国家民族生死存亡的危急关头,国民党营垒中存在着明显的妥协投降的倾向。当然,国民党这种执着于求和的心态,或许心中确实怀有几分"因战而亡国"的恐惧,但也绝不能否认他们还包含着一种见不得阳光的忧虑,那就是抗战既可能打乱了他们已建立起来的统治秩序,也可能为他们政治上的对手——共产党乘势而起提供机遇。

所以,国民党在企图与日媾和的同时,出于稳固和维护其统治的需要,防共、反共也就成了其全面抗战中一项重要内容。早在全面抗战阶段,由周佛海任总务干事的"艺文研究会"的宗旨之一:就是要从舆论上反对共产党。进入相持阶段后,由于日本在正面战场的军事进攻战略为政治进攻战略所代替,又因为八路军、新四军深入敌后,在迅速发展壮大的基础上,建立起一大片抗日根据地,国民党反共也就因之而表面化和暴烈化。因此,为了向各军事将领与地方干部表明中央的反共立场,1939年1月,国民党中央在召开的五届五中全会上,就确定了"防共、限共、溶共、反共"的总方针,接着又陆续制定和颁布了《限制异党活动办法》《共产党问题处置办法》等一系列反共文件。于是,在国民党中央的指导和纵容下,国民党军队及其政府从1939底到1943年夏,先后发起了三次反共高潮,制造了许多屠杀八路军、新四军干部战士及其家属的惨案,其中比较著名的有:1939年的博山惨案、深县惨案、平江惨案、确山惨案、晋西事变,1940年的黄桥事变,1941年的皖南事变等。①

国民党反共摩擦事件,自然遭到了共产党及其八路军、新四军的有理、有利、有力反击,比如晋西事变、黄桥事变的军事反击,皖南事变后的政治反击。不过,国民党并没有因为共产党的反击而改变其反共、防共的既定政策。所以,在1943年5月就制定了一个分三期占领陕甘宁边区的军事计划,为贯彻该计划在边区周围集结了40个师的兵力;1944年的4月到9月,国民党61军连续报告跟太岳区八路军激战的情况;1945年1月国民党豫南挺进军在报告中声称,打伤八路军、新四军1 000余人,打死500余人;1945年3至4月间,国民党

① 博山惨案是指1939年3月30日,国民党复兴社山东头目兼别动队司令秦启荣,指使其第5纵队在博山东部的太河镇伏击八路军山东纵队第3支队护送的南下受训的干部,导致干部、战士400余人惨遭杀害或囚禁的事件。

深县惨案是指河北民团总指挥兼河北省民政厅长的张荫梧,在1939年6月11日率领河北民军3个旅趁冀中八路军正在前线反扫荡时,突然袭击冀中深县八路军后方机关,残杀八路军干部、战士400余人。

平江惨案是指国民党26集团军总司令部在1939年6月12日,突然派兵包围新四军设在湖南平江嘉义的平江通讯处,将新四军干部及工作人员枪杀或活埋,随后在平江的红军家属及其他革命分子被杀者不下千余人。

确山惨案是指国民党反共顽固派纠集反动武装1 800多人,在1939年11月11日悍然对驻确山县竹沟镇新四军第四支队第八团留守处发动突然袭击,残杀新四军干部、战士、伤病员、家属及当地革命群众200余人。

晋西事件是指1939年12月,阎锡山的部队在中央军的配合下,向晋西北、晋西南、晋东南的八路军、决死队进攻,大肆屠杀八路军与牺盟会的干部、战士及后方医院的伤病员。八路军、决死队合力反击,给阎军以沉重的打击。

黄桥事件是指1940年9月中旬,国民政府江苏省主席韩德勤命所属各部分两路夹击刚到苏北的陈毅、粟裕等领导的新四军,结果在黄桥附近遭到打败,其中左路总指挥89军军长李守维落水身亡,主力第6旅旅长翁达被击毙,第33师师长孙启人等被俘,损失1万余人。

第 30 集团军在湘鄂边境对八路军南下支队进行袭击;1945 年 7 月,朱绍良指挥军队对大青山根据地的八路军发动了攻击。① 可以说,在整个抗战防御阶段,国共之间的摩擦事件乃至军事冲突时有发生。

其后在大反攻阶段,国民党为了限制和约束共产党及其武装力量,在日本帝国主义宣布投降前夕,蒋介石不仅命令八路军、新四军原地驻防待命,接受所在战区司令长官的管辖,而且要求日伪军不得向中共所领导的抗战部队投降。同时,命令投降的日伪军替国民党军队守卫与抢夺战略要地及大中城市,为此,国民政府在日本宣布投降后约一个月时间里,就任命了 11 个路军总司令、3 个先遣军总司令,5 个军长、1 个集团军总司令、一个总指挥、1 个警备司令。② 然而,由于党中央与毛泽东的英明领导,共产党及其八路军、新四军与游击队等武装力量,仍在国民党及其政府反共、防共的环境下继续壮大和发展,且一如既往地继续打击拒不投降的日军和为虎作伥的伪军。

国民党及其政府除了想方设法防止中共借抗战之机发展壮大外,也忧虑以中间派为代表的民主力量因之而崛起,所以,在抗战的名义下,一方面采取多种措施来强化自己的统治和领导地位。如思想上,在继续鼓吹“一个政党、一个领袖、一个主义”的前提下,大肆宣传“国家至上民族至上、军事第一胜利第一、意志集中力量集中”的主张,借以营造一种有利于国民党独裁的氛围。制度上,在中央设立国防最高委员会提高了领袖的决策权,在地方推行新县制与保甲制度以推进国民党对地方的渗透。组织上,成立三民主义青年团以扩大国民党的统治基础,扩充军统、中统两大特务组织以加强国民党对社会的监控。希望借助于这些措施,在实现巩固既有统治的前提下,达到挤压民主势力生存空间的目的。另一方面采取某些开明的举措来顺应时代潮流,以便把民主势力和运动纳入到自己可控的范围之中。其中最典型的例证有,抗战中组建起有各党派代表与社会贤达参加的国民参政会,并支持各参政员就国家的内政外交政策提出意见;同时,在某种程度上满足或答应中间派所提出的民主宪政要求,如召开国民大会,制定宪法,给各党派以合法的政治地位,政府应对人才开放等;而且对中间派所领导的民主宪政运动也予以适当容忍。企图通过这些虚假的民主的形

---

① 张宪文等著:《中华民国史》(第 3 卷),南京:南京大学出版社,2006 年,第 375～377 页。
② 张宪文等著:《中华民国史》(第 4 卷),南京:南京大学出版社,2006 年,第 5 页。

式,来实现掩盖其真独裁专制的动机。

至此,也就不难理解全面抗战时期,为什么越到后来国民党军队的抗战成绩越不理想,特别是在世界反法西斯战争发生重大转折的1944年,居然出现了豫湘桂战场大溃败的局面。同时在此期间,还出现了许多国军将领带兵公然投降日伪军的事件和国民政府高官投降日寇参与并组建伪政权的丑剧。前者如1941年2月苏鲁游击纵队副总指挥李长江投敌,1942年第三十九集团军总司令孙良诚率部降日,1943年1月新四师师长吴化文率所部四万余人在山东投日,同年5月河北省政府主席、冀察战区副司令长官兼第二十四集团军总司令庞炳勋降日等;后者如汪精卫、陈公博、周佛海、陈璧君之流等组建南京伪国民政府。

也许国民党及其政府会把上述这些令人失望的表现,归结于武器装备的陈旧、指挥系统的落后、内部派系的林立等原因,甚至可以用"胜败乃兵家之常事"与"林子大了什么鸟都有"等理由来搪塞。其实这跟其患得患失、首鼠两端的抗日政策有着很大的关联。因为防共、反共,损失和分散了自己的兵力;因为求和,降低了自己的抗战欲望,同时为汉奸的衍生造就了温床;因为反民主真专制,弱化了自己团结民众凝聚人心的能力。所以,虽号称全面抗战,结果却是政府的片面抗战;号称人人有守土抗战的责任,事实上却有许多人投降日寇变成了十足的汉奸;号称要团结所有的抗日力量,实际上却把中共领导的八路军、新四军当成潜在的敌人来防范和攻击。如此抗战,又何能不让人失望!

当然,国民党及其政府也许可以给出一千个一万个理由,来为自己患得患失、首鼠两端的行为辩护,但是在御侮救亡的主题下,所有的理由,都应该归宗于民族大义,服务于国家利益,否则,就没有成立的可能。遗憾的是,国民党及其政府所给出的理由,却常常周旋于"三民主义、五权宪法、建国大纲、训政纲领、训政约法、总理言论、总裁言论"等党见、党利的窠臼之中。如此又何能赢得民众的同情、赞成与拥护! 在明眼人看来,如此的理由,除了自说自话外,只能算是欺骗愚众、混淆视听的一种把戏。也许,这是国民党的悲哀,也是一切把"党"置于"国"上的政党的悲哀。因此,尽管国民党在抗战中取得了最后的胜利,但最终却失去了国家的政权,这不能不算作是对其在抗战中首鼠两端的抗战策略的一种嘲笑与讽刺,一种报应与惩罚。或许,现实中某些东西,你越是想不惜一切手段去占有它,它越是离你越远! 而国民党对国家政权的占有欲,恰恰犯了类似的错误。

不过,须肯定的是,尽管国民党在全面抗战中犯了许多错误,甚至因为这些错误,国家与民族为之付出了更多的牺牲;但是,它毕竟为抗战的胜利做出了巨大贡献,可以说,如果没有它的领导与坚持,中华民族或许熬不过那一段苦难的岁月,而迎来她的新生与复兴! 因此,在责难国民党独裁专制、自私自利的同时,也应该记住它曾经跟我们这个国家和民族患难与共的时光!

3.南辕北辙:汪精卫他们的曲线救国

全面抗战时期,当绝大多数炎黄子孙在国共两党领导下,坚决抵御日本帝国主义者侵略的时候,一批北洋遗老、党国政客、落魄军人,纷纷以曲线救国为幌子,投身侵略者的阵营,充当起奴役本国人民和镇压抗日力量的帮凶。所以,自全面抗战爆发后,在日本帝国主义扶植下,汉奸们先后于 1937 年 12 月 14 日在北平组建了以王克敏为首的中华民国临时政府,1938 年 3 月 8 日在南京组建了以梁鸿志为首的中华民国维新政府,1939 年 9 月 1 日在张家口组建了以德穆楚克栋鲁为首的蒙疆联合自治政府,1940 年 3 月 20 日在南京成立了以汪精卫为首的中华民国政府。这些汉奸政权,在日本帝国主义卵翼下,成为侵略者征粮、征兵、征税和奴化中国人民的工具。

当然,对于自己祸国殃民、助纣为虐的汉奸行为,汉奸们是不以为然的。因为他们觉得自己之所以如此,一方面是由于中日力量对比悬殊,战必亡国;另一方面是由于国民党的联共抗日,必然会给共产党坐收渔人之利。故而在两害相权取其轻的原则下,主张以和平来代替抗战可以挽救国家,以反共来代替联共可以挽救国民党政权。如陈公博在事后为汪精卫所领导的"和平运动"辩护道:"他(汪精卫)总以为中日两国是邻国,终不能永远打仗,应该找一个机会和平;他总以为中国国力不能抵抗,只求日本无灭亡中国之意,不妨讲和平;他总以为中国共产党要煽动中日战争以收渔人之利,应此更应该讲和平;他总以为日本总说中国没有诚意,我现在表示极大的诚意,这样可以成立中日间的真和平";甚至鼓吹重庆的蒋记国民政府是"武装抗战",南京的汪记国民政府是"和平抗战"。① 汪精卫本人也曾自我表白道:"二十个月的苦战,中国人固然了解日本作战能力之强,日本人亦了解中国不是随便可以欺负的,为使将士之血不致白

---

① 转引石源华著:《"乱世能臣"陈公博》,北京:团结出版社,2008 年,第 348~349 页。

流,人民之颠连困苦,不至于为无代价之牺牲,两国的政府及人民,总应该有较为长远的打算。"①然而,这只是汉奸们一厢情愿的打算,原因是刺刀下的和平是不可能救国的,最多是一种行将灭亡的苟延残喘,而外患下的反共也无助于国民党执政地位的巩固,最多是一种同归于尽式的自相残杀。为什么呢?

就事理而言,和平,尤其跟侵略者讲和平,是必须建立在自身实力的基础上,否则是没有什么和平可谈的,即便出现和平,也只能是一种"和"而不"平"的虚假和平。对此,日本侵略者毫不讳言,当汪记南京国民政府成立的第二天,日本外务省发言人就其独立问题答记者问时说:"没有必要担心这个问题,它的独立性就像满洲国一样。"②言下之意,汪记国民政府跟溥仪的伪满洲国一样,都是日本的附属国,根本就没有独立平等可言。其实,在侵略的前提下言和平,本身就是一种欺人之谈,因为如果侵略者接受和平,他就不会干出侵略的行径,如果他不接受和平,而被侵者却奢谈和平,则只能是一种变相的妥协与投降;否则,和平要么就只能是侵略者用来掩盖其侵略图谋与罪行的烟幕,要么就只能是被侵者用来麻醉自己斗志与勇气的精神鸦片。总而言之,侵略的毒瘤绝对开不出"和平友谊"之花。

反共,从表面上观之,确实有利于国民党政权的稳固。然而在亡国灭种的危急关头反共,则无异于自毁长城,因为在全面抗战时期,中共不仅表示接受国民政府的领导,而且它所领导的八路军、新四军已成为抗击日寇的重要力量。故而如果国民党因党见、党利而挑起国共之争,则与助纣为虐开门揖盗没有什么区别,因为这在削弱中共力量的同时,自己的力量也因此而下降,如是无疑为日寇"登堂入室"打开了方便之门。所以,在此情形下,国民党即使消灭了中共,自己也会很快为侵略者所消灭;自己即使不被侵略者所消灭,但也无力挽救国家民族的危亡。就此而言,反共既救不了国民党,也救不了国民政府;相反只有与中共联起手来共同抗日,才能真正达到"兄弟阋于墙外御其侮"的目的,才能真正避免"覆巢之下岂有完卵"的悲剧。

就事实而言,汉奸们赖以实现其救国理想的政府,虽号称是中国人民的政府,但实际上却是帮助侵略者统治和欺压国人的工具。

---

① 黄美真、张云编:《汪精卫集团投敌》,上海:上海人民出版社,1984 年,第 392 页。
② ［美］博伊尔著:《中日战争时期的通敌内幕》(下册),陈体芳等译,北京:商务印书馆,1978 年,第 405 页。

236

首先,日本人是政府的实际领导者。如在以王克敏为首的中华民国临时政府中,日本华北派遣军就派出近20名官佐与顾问分驻重要的部门;在以德穆楚克栋鲁为首的蒙疆联合自治政府中,日本军部司令官莲冶藩和兴亚院联络部部长酒井隆,就是两个名副其实的"太上皇";在以梁鸿志为首的中华民国维新政府中,日本人原田雄吉就被聘为最高顾问,并且政府中所设立的绥靖、警察、宣传、文化、产业、运输等部门也全为日本顾问所掌控;在以汪精卫为首的南京国民政府中,日本人影佐祯昭与青木一男就分别被聘请为最高军事顾问和最高经济顾问。

其次,政府密切配合日本的侵华战争。如为了给日本的侵华战争涂抹上一层和平与温情色彩,中华民国临时政府积极宣传日本帝国主义所提倡的武士道精神与邻邦友好、经济提携的主张,用天地人合一的"王道"思想来为日本侵略中国辩护。为了使日本帝国主义的侵略行径合法化,汪记南京国民政府跟日本缔结了卖国的《中日基本关系条约》,其中就明确规定:日本国根据需要可以在蒙疆和华北一带驻军;日本海军可以中华民国领域内自由航行;中华民国的资源开发特别是战略性资源开发必须跟日本密切合作;中华民国政府应为日本国臣民的居住和营业开放其领土。[①] 显然,侵略者通过这样一种卖国条约,既为此前的侵略披上了合法的外衣,也为此后的侵略找到了借口。此外,为配合日本的军事扫荡,汉奸政府组建大量伪军,进攻国共两党的抗日军队和抗日根据地;为了配合日本的经济掠夺,汉奸政府还与侵略者合作,组建"日华经济委员会""华中振兴股份公司""蒙疆银行""中国联合准备银行"与"中央储备银行"等机构,掩护其经济侵略的实质;为了配合侵略者的奴化教育,汉奸政府纷纷组建"新民会""东亚文化协会""大民会"与"东亚联盟中国总会"等文化团体,鼓吹日本大东亚共荣主张。正是因为汉奸政府的支持与配合,日本侵略者不仅加强了其对沦陷区人民的统治,实现其以华制华的企图,而且加大了其对沦陷区经济的掠夺,达到其以战养战的目的。

因此,针对汉奸政府这种助纣为虐的行为,抗战胜利后,国民政府在审判第二号汉奸陈公博时,指出其犯有十大罪状:缔结盟约,丧权辱国;搜查物资,供给

---

① 军事科学院军事历史研究部编:《中国抗日战争史》(中卷),北京:中国人民解放军出版社,1994年,第541页。

敌人;发行伪币,扰乱金融;认贼作父,宣言参战;抽集壮丁,为敌服务;公卖鸦片,毒化人民;改变教材,愚化民众;托词清乡,残害志士;官场贪污,政以贿成;收编伪军,祸国殃民。① 其实这些罪行,与其说是对陈公博个人汉奸行为的概述,不如说是对整个汉奸政府的控诉,因为陈公博的罪行都是通过其伪政权来实现的。可见,汉奸们在事实上,也不可能实现其曲线救国的主张。

所以,无论是事理上还是事实上,汉奸们所谓"和平""反共"的曲线救国理论,不可能真正达到救国的目的,相反只能加速国家的灭亡。故此,他们的救国行为,与其说是缘木求鱼,不如说是南辕北辙。

至此有两个问题值得深思,其一,为什么"反共"成为汉奸们的一种政治口号? 其二,为什么汉奸居然如此之多?

就前者来说,反共既可以与日本帝国主义有共同语言,也可以跟重庆国民政府有相同的政治取向,这样就为自己的政治投机创造条件。因为日本自侵华以来,就高举反共的大旗,甚至在广田三原则中,反共就是其中的一项原则,而重庆国民政府自抗战进入战略相持阶段以后,反共趋势就日趋明显,甚至先后出现了三次反共高潮和震惊世界的皖南事变。故而,汉奸反共,进可以赢得侵略者的欢心,退可以向重庆国民政府邀功请赏。从此意义上看,汉奸反共只是其一种政治策略。至于其把反共说成是救国理由,主要是为其卖国寻找借口,比如头号汉奸汪精卫在伪国民党"六大"《宣言》中说:中共假借抗战,以削弱国民政府的力量,使之继续不断丧师失地,以促成其崩溃之势;假借抗战,以实行民穷财尽政策;假借抗战,以实行愚民政策;假借抗战,以扩大边区政府的势力,等待时机取国民政府而代之,夷中华民国为中华苏维埃,永为苏联之附庸;假借抗战,使中日兵连祸结,苏联得安坐而乘其弊。甚至提出"非和平不能建国,非反共不能和平"的口号。② 如是,汉奸们就可以堂而皇之地对内开展"反共清乡运动""治安强化运动""新国民运动",并积极地配合日军包围、封锁和进攻抗日根据地,捕杀抗日志士;对外就可以明目张胆地加入各种反共国际组织,签订《中日防共协定》。所以反共救国只是汉奸们用来掩盖其投降卖国的一种幌子。

事实上,汉奸们反共与日本帝国主义及重庆国民政府反共有着本质不同,

---

① 石源华著:《"乱世能臣"陈公博》,北京:团结出版社,2008 年,第 354～356 页。
② 转引吴雁南主编:《中国近代社会思潮》(第四卷),长沙:湖南教育出版社,1998 年,第 109～110 页。

前者反共一方面是为了挑起国共之争,给自己侵华创造机会,另一方面是因为共产党领导的抗日力量越来越大,成为自己灭亡中国的巨大敌人;后者反共主要是由于中共及其领导的八路军、新四军已超出了自己的容忍限度,成为自己执掌政权的潜在对手;而汉奸们反共,则只能说是为投机而反共,为卖国而反共。从此意义上说,汉奸反共,除了助纣为虐外,就是厚颜无耻与欺世盗名罢了!

就后者来说,一方面是因为国民党内部派系林立斗争激烈的现实,使得许多在斗争中的失意者和不为主流派所认同者,在国难关头离心倾向凸显,而一经侵略者的勾引和诱惑,自然而然地就踏上了汉奸的贼船,其中最典型的莫过于汪精卫。本来汪精卫刚开始时,也是主张坚决抗日的,如其在《最后关头》演说中提出:"我们不但因为不愿做傀儡而牺牲了自己,我们并且因为不愿自己牺牲之后,看见自己的同胞去做傀儡,所以我们必定要强制自己的同胞,一齐的牺牲,不留一个傀儡的种子。"①但是随着战事的恶化和日本诱降政策的出台,汪精卫抗战的立场就开始动摇了,不仅在其周围形成一个低调俱乐部,而且私下里还派人跟日本议和,搞起了所谓的和平运动,甚至公开抱怨政府所提倡的"抗战到底、牺牲到底"的口号,传播失败主义论调,说什么"'牺牲'两个字,是严酷的,我们自己牺牲,我们并且要全国同胞一齐牺牲","我们牺牲完了,我们抗战之目的也就达到了"。② 而他的手下大将周佛海则说得更直接:"如果战争延长下去,日本当然是愈益困难的,但是日本感觉着痛的时候,中国亦会因痛而死了。"③同时,汪精卫在跟蒋介石争夺国民党的最高领导权过程中,处处失意;特别是1938年国民党临时全国代表大会召开,蒋介石当上了国民党总裁,更是击碎了汪精卫多年以来孜孜以求的领袖梦。如是,在战局失利与政坛失意的双重打击下,适时出现的日本政治诱降,自然成为压垮汪精卫民族气节的最后一根稻草。汪精卫这种自坠于汉奸的心路历程,对国民党降日的文武官吏而言,可能是一个最有代表的缩影。

另一方面,一部分封建遗老与北洋政客,因不满于国民党集团的当权,企图

---

① 黄美真、张云编:《汪精卫集团投敌》,上海:上海人民出版社,1984年,第176页。
② 《汪精卫先生抗战言论集》,独立出版社,1938年,第11~12页。
③ 军事科学院军事历史研究部编:《中国抗日战争史》(中卷),北京:中国人民解放军出版社,1994年,第530页。

借日本的侵略之机以谋东山再起。所以，当国民政府首都南京沦陷后，在侵略者诱惑与扶植下，纷纷跳将出来，充当起民族的败类与历史的小丑。如王克敏、王揖唐、董康、汤尔和、朱深、齐燮元、江朝宗、马良、梁鸿志、温宗尧、陈箓、陈锦涛等，先后组建起中华民国临时政府和中华民国维新政府，希望来对抗和取代国民党政府，然后再通过呼朋引伴的方法，把更多的人拉入到汉奸队伍中来。并且为了表示不与国民党政权的合作立场，中华民国临时政府在刚成立时，就明确宣称：反对国民党一党专制。

此外，民族分裂势力的抬头与民众爱国主义思想的薄弱，以及国民党政权公信力的贫乏，也为汉奸队伍的发展壮大提供了土壤与气候，比如蒙疆联合政府的成立、大量伪军的组建、大批国军的投降，都跟此有很大的牵连。同时须补充的是，国共两党的明争暗斗，客观上也为汉奸的滋生创造了条件。

是故，由于上述原因，全面抗战时期汉奸之多，也就在意料之中。

当然，没有人愿意当汉奸，这是一种普遍的心理；但抗战时期又有那么多人当了汉奸，却是一种不可否认的事实，这无疑是一种悖论。那么造成这种悖论的原因是什么呢？如果从实事求是的角度出发，对人们被卷入汉奸洪流中的原因进行具体分析，也许会发现，在被上述原因所推动而加入到汉奸行列中的人们，也许确实有很多人因被逼、被迫才为虎作伥的，也许还有一部分人因对抗战失望而为明哲保身才助纣为虐的，肯定也有一部分人因忧心国事为寻找败中求胜、亡中求存的道路，而失足踏上贼船的，肯定更有一部分人是出于个人的私欲和野心，而自甘下贱屈膝求荣的。所以，尽管没有人愿意做汉奸，但由于各种原因，却踏上了汉奸的道路。因此，汉奸作为一种社会现象，应该受到无情的批判与严厉的谴责，这是毋庸置疑的，但对于某些特定的汉奸，也应给予具体的分析和同情的理解。

4. 昙花一现：中间派的崛起与没落

虽然说中间派自抗战以来，特别是中国民主政团同盟成立后，就成为中国政坛上不可忽视的一大政治力量，但就其影响与声望而言，从来没有一段时期能与抗战胜利前后这一段时间相比。

首先，作为中间派的最大团体——中国民主同盟在中国政治舞台上，成为第三大政治势力。在各党派都参与国家政治活动的名额分配上，民盟占有很大的比重，如政治协商会议的代表名额分配方面，民盟就取得了与国共两党同样多的席位,其后由于青年党的退盟,民盟甚至取得了比国共两党更多的席位。①此后在国民政府委员共四十个名额的分配上,国民党占二十席,中共与民盟各占七席,其在他党派与无党派人士占六席。在国大代表名额的分配上,民盟也获得了一百二十个席位,这也是所有党派中第三多的。也许从本质上看,这些名额的获得,并不能证明民盟已经具有能够抗衡国共两大政党的实力,但无疑表明了作为中间派人士的最大聚合体的民盟,其政治地位和社会声望已得到了空前的提高。

同时,民盟在国共相争中还积极充当起仲裁者与调和者的角色,这在以前是不可想象的,因为此前中间派尽管就国共相争的事件也不乏表达自己的立场与看法,但最多是一种远距离的批评,从来没有像现在能够侧身其间,向当事人建言献策。如在政协会议上,就国共两党在军事问题上形成的所谓"军队国家化"是"政治民主化"的分歧与冲突,民盟代表为了实现真正的和平与民主,相应提出军队国家化的两个原则:一、全国所有军队应即脱离任何党派关系而归属于国家,达到军令政令的完全统一;二、大量裁减常备军;并特别强调:军队国家化就是指任何党派的军队都要整编,不是只要一个党交出军队;最后,由于民盟的积极斡旋,国共终于达成了《关于军事问题的协议》,通过了"军队属于国家""军党分立""军民分治"的整军原则与"以政治军"的整军方法。在军事冲突上,针对国共在东北军争不断的事实,民盟代表也提出了相应的调解方案②。

此外,民盟还尽量利用政治协商会议这一平台,积极表达自己的政治主张。在国大代表的确认上,民盟提出了三项选举办法:"(一)由政治协商会成立一委员会,公平举办民意测验,测验旧代表应否有效。若全民测验不易办,可先从有知识人士方面测验。(二)旧代表复决,一律提名为国大代表候选人,举行重选。

① 根据商议,出席政协会议的代表由国共两党、民盟与社会贤达四方面组成,其中每方九人共三十六人;其后,由于青年党要求以独立的单位参加政协并占据民盟席位中的五个名额,这样民盟就只有四个席位;于是为了保证民盟原有的九个席位,除增加两个名额外,共产党又主动让出了两个席位,国民党也退出了一个席位。最后,政协代表由五个方面共三十八名组成,其中民盟与无党派人士各占九席,国民党八席,共产党七席,青年党五席。

② (一)中共军队先退出沈阳至长春沿铁路线各地,使中央军可以顺利到长春。(二)中央军暂行停止五天,俾中共军有时间退出铁路沿线,以避免冲突。在五天以内,用协商方式,进行政治解决问题。(三)在中央军接收长春以后,双方再进行政治谈判。将东北军事政治问题,依据整军方案及政协会决议,谋求全盘解决。(中国民主同盟中央文史资料委员会编:《中国民主同盟历史文献》,北京:文史资料出版社,1983年,第155页。)

(三)不用国民大会,由专家制宪,以公民投票表决。"①在政府改组问题上,民盟提出了三大原则:即必须有共同纲领为施政的共同准绳;共同决策机关要真能决策;各方面人士参加的政府执行机关要真能执行。在宪法的制定上,民盟提议宪法应该确定省自治制原则,省长民选,自治省宪,同时还应本着联省自治的精神,承认中共领导的解放区存在的合法性。可见,民盟在此段时期内,充分展现出自己的政治影响力,证明了自己是除国共外的中国第一大政治集团。

其次,打出了中间路线的旗帜。中间路线作为一条不同于国共两党的政治路线,自第一次大革命失败后就或明或暗地存在于中间派的政治主张之中,只是没有用明确的系统化的语言表达出来,但是抗战胜利后,随着国共两党和谈的进行与中间派力量的发展壮大,也就自然浮出了水面。为此一些中间派人士根据当时的实际情况,对其概念做了明确的界定。譬如张东荪认为,所谓中间路线,就是在政治上比较多的采取英美式的自由主义与民主主义,经济上比较多的采取苏联的计划经济与社会主义,外交上兼亲美苏,党派关系上调和国共。② 再如施复亮主张,所谓中间路线,在政治上必须实现英美式的民主政治,但决不能为少数特权阶级所操纵;在经济上必须发展民族资本主义,但决不容许官僚买办资本的横行与发展,且须保护农工大众及一切被雇佣者的利益;在外交上支持联合国,确保世界和平,支援世界各地的民族解放运动,对美苏采取同等亲善政策;在党派关系上,既不笼统地反对国民党或共产党,也不盲目地追随国民党或共产党;在思想上,主张自由主义,反对任何思想上的统制和清一色;在行动上,提倡和平与改良,反对暴力的革命行动。③ 从上述界定中不难发现,中间路线的核心内容是"调和国共,兼亲美苏"。

但是,最能体现中间路线主张的还是民盟一大提出的"十足道地的资产阶级共和国方案"。根据方案的内容,政治层面上,采纳英美的政治民主:即人民享有各项自由权利;国家实行宪政,厉行法治;实行议会选举制与政党政治;国内各民族一律平等,地方享有一定的自治权等。从而达到民意领导政治,民意指挥政治,民意支配政治的目的。经济层面上,学习苏联的经济民主:即国家在

① 中国民主同盟中央文史资料委员会编:《中国民主同盟历史文献》,北京:文史资料出版社,1983年,第131页。

② 张东荪:《一个中间性的政治路线》,《再生》,第118期,1946年6月。

③ 施复亮:《何谓中间派》,上海《文汇报》,1946年7月14日。

全国经济生产与分配方面应制定统一的经济计划;国家应保障人民的生存权与休息权,以及担负起扶养老弱病残的义务;国家要承认人民的私有财产权,并确立公有财产与私有财产的界限;国家要切实保障农民的土地使用权,规定最高土地的私有额;银行、交通、矿山、森林、动力、公有事业及具有独占性企业,概以公营为原则;对外贸易,国家应视其性质与实际需要,依法进行管理和经营;公营企业及规模较大的私营企业,其员工应有参加管理的权力;人民生活必需品的消费与分配,国家应予以适当的管理等。民盟希望通过这样一种英美民主与苏联民主的强强嫁接,来催生出具有中国特色的民主政治制度。

故此,民盟领导人罗隆基甚至得意地说:"拿苏联的经济民主来充实英美的政治民主,拿各种民主生活中最优良的传统及其可能发展的趋势,来创造一种中国型的民主,这就是中国目前需要的一种民主制度,但这不是调和的民主,也不是折中的民主,更不是抄袭模仿的民主。这是从民主发展历史上演变而来的一种进化的进步的民主。这就是中国民主同盟要为当前中国树立的民主制度。"[1]所以,随着中间路线旗帜的打出,中间派不仅更加彰显出自己的政治主张,而且为那些仍游离于国共之外的政治集团与派别向自己靠拢指明了方向。鉴此,中间派在抗战胜利前后,确实得到了空前的发展和壮大,前途也显得异常的光明与美好,诚如罗隆基在政协会议后对人说:"共产党的让步多,蒋介石的苦恼大,民盟的前途好。"[2]

不过,正当他们因此而倍受鼓舞并准备再接再厉的时候,政治气候风云突变,国共两党由政争而重新转入到激烈的军争轨道上来。于是,中间派不仅受到来自国民党的打击,而且也受到来自中共的批评,其中国民党方面,1946 年 6 月 23 日,在南京下关车站特务围殴为和平而请愿的中间派人士马叙伦、雷洁琼等;到了 7 月又先后暗杀著名中间派人士李公朴、闻一多,期间又在西安捣毁中间派人士创办的《秦风日报》,并枪杀中间派人士李敷仁;再到 8 月,中间派人士最高领导人张澜在参加完李公朴、闻一多追悼会后,即遭到特务的袭击,造成头部受伤;除了以非法手段打压中间派人士外,还公开对中间派进行制裁,如在全国各地以各种形式的罪名大肆逮捕中间派人士,在舆论上攻击中间派为中共尾

---

① 　中国民主同盟中央文史资料委员会编:《中国民主同盟历史文献》,北京:文史资料出版社,1983年,第 77~78 页。

② 　罗隆基:《从参加旧政协到参加南京和谈的一些回忆》,《文史资料专辑》,第 20 辑,第 230 页。

巴与应声虫,最后干脆于 1947 年 10 月以"通共"罪名宣布民盟为非法团体而予以关闭。共产党方面,则批评中间派向两边要自由,而自居于中立地位,坚持走中间路线,但实际上既"不可能超然,亦不应站在当中","因为这实际上就是间接帮助了压迫者与剥削者"。① 甚至指责一些以"填土工作者"自居的中间派人士实质不过是"妄想支撑摇摇欲坠的反动大厦",是为"独裁统治者效劳"。② 同时还对中间派所宣扬的政治民主加经济民主的建国方案进行批评,认为资本主义的民主只是形式上的民主,内容不一定民主,生产上采取资本主义技术上的优点,分配上采取社会主义公平的优点,在资本主义条件下生产出来,再依社会主义的方式来分配,是根本办不到的。

于是在国共的双向夹击下,中间派内部也出现了分化。其中以青年党、民社党为代表的中间派右翼,在国民党的压力与诱惑下,先后参加了国民政府主持召开的制宪国大,成为国民党的同路人;而以民盟、救国会、农工党为代表的中间派左翼,鉴于对国民党独裁专制的不满,则逐步向共产党靠拢,成为人民民主革命的同盟军。但还有一部分中间派人士以个人的身份,依旧守望着中间路线的信仰和立场,并以一种明知不可为而为之的心态在国共之间的鸿沟中充当起填土者的角色,如张东荪、胡适、施复亮、梁漱溟、张申府、储安平、周鲸文、孙宝毅、萧乾、杨人楩等,为此,他们面对来自国共两党的压力,声辩道:"中间派的政治路线在政治上必须实现英美式的民主政治,但决不能为少数特权阶级(在今日中国是官僚资本家、买办资本家和大地主)所操纵;在经济上必须发展民族资本主义,奖励民生必需品的扩大再生产,但决不容许官僚买办资本的横行和发展,且须保护农工大众以及一切被雇佣者的利益,提高其购买力和生活水准。"③ "我们现在最要紧的事,消极地说,就是打破现状;积极地说,就是恢复和平。……也许有人以为,现在有一方正打得顺手,正打得起劲,正要一劳永逸,一举而成功。在此时呼吁和平,也许会转移他们的战志,必为他们所不快,必为他们所不睬。戡乱不能止于乱,革命不能止于革。如果双方都标明完全只为和平而战,也许会出师更有名,也许会打得更起劲。如此,作战的双方既都要和平,而

---

① 转引庞欣:《总结关于"自由主义"的论争》,《读书与出版》,第 3 卷 4 期,1948 年 4 月。
② 胡绳:《为谁"填土"? 为谁"工作"? ——斥大公报关于所谓"自由主义"的言论》,《华商报》,1948 年 2 月 20 日。
③ 施复亮:《何谓中间派?》,上海《文汇报》,1946 年 7 月 14 日。

且只要和平,这岂不更可证明:呼吁和平,要求恢复和平,有百是而无一非? 可是当其双方都要和平,那就应该立即停下来,而不该再打。"①"我坚决反对内战到底! 我不能因为那方用戡乱一名词而同意其再打。即令让一步是革命,革命亦不等于除恶。"②不过,这种坚持与守望,并没有延续下去,随着中间派左右挪移的大潮涌动与国共两党的前后夹击,最后不得不消失在非此即彼的抉择中。

至此,中间派在抗战胜利前后经过短暂的繁荣昌盛后,又很快复归到原来落寞的状态,并最终随着国民党败走大陆而淡入到历史的云烟之中,在岁月风雨的深处定格成永恒! 不过,他们追求民主、守望自由、向往和平、探索国家前途的精神,仍然值得后人的钦敬。

为什么抗战胜利前后,中间派一下子崛起成为中国政治舞台上一支举足轻重的政治力量? 而后随着国共两党关系恶化与军争纷起,又很快地走向没落,并最终落得过淡出历史的结局呢?

其实,中间派的兴衰,跟国共相争存在着紧密的关联,可以说其兴也国共,其衰也国共,甚至其亡也国共! 因为抗战胜利前后,民主、和平、团结已成为时代的潮流,不但普通的老百姓为之欢呼,而且广大的知识分子也为之奔走,甚至国际上的美、苏等国也在某种程度上,希望中国各政治集团在团结的基础上,用民主、和平的手段建设一个崭新的中国。同时,中国也面临着何去何从的问题,即未来的中国,究竟是走国民党一党专政的老路呢? 还是走共产党多党合作的新路呢? 对此国共两党各执一端互不相让,然而谁也不敢因此而大动干戈。其原因,一方面是迫于时代潮流的威力,另一方面彼此间,尤其是国民党还没有做好大战的准备,所以只得诉诸和平、民主的手段,希望借此来达到自己不战而胜的目的。故此,执政的国民党不仅允许政协会议这个党派合作与交流的机构继续存在,而且其领袖蒋介石也连续三次电邀中共领袖毛泽东去重庆谈判。如是,长期身处国共两党夹缝中的中间派,终于迎来了崛起的良机。因为在国共相争的格局中,国民党若想在与中共进行的这场和平民主大战中获得胜利,就必须得到来自以民盟为代言人的中间派的支持,而中共更是如此。原因是当时的民盟,经过抗战时期的发展,不仅成为一个很有影响的政治集团,而且在中国

---

① 张申府:《呼吁和平》,《观察》,第 5 卷 9 期,1948 年 10 月。
② 梁漱溟:《敬告中国共产党》,上海《大公报》,1949 年 2 月 21 日。

成为民主自由的代言人，甚至在世界也成为中国民主自由的象征。

是故，对国民党而言，即使不在实质上也必须在形式上做出某种相对开明的姿态，让人觉得它是一个能够容纳异见异行的现代政党；尤其是要使中间派觉得它相较于中共，更加民主和开放，更能把中国引向繁荣、昌盛与富强。对共产党而言，则不但要在宣传中，尽量淡化自己所独特的革命价值观念，以达到跟中间派在政见上求同存异的目的；更要在交往中，尽量让中间派觉得自己也是民主的同路人。于是，抗战胜利前后，中间派则在国共两党的争夺中自然地变得炙手可热起来。所以人们既可以在政协会议上听到他们慷慨激昂的政治演说，也可以看到他们活跃在国共之间的身影；而他们则不但提出了建立十足道地的资产阶级共和国的主张，而且也打出了中间路线的大旗。而国共两党面对中间派的崛起，即使明知这对自己的未来是一种潜在的威胁，但在形格势禁的情形下，为了最大限度地孤立和打击自己的政敌，也只得在容忍与无奈中听任其存在和发展。

然而，随着内战准备日臻充分与美、苏关系的日趋交恶，国民党越来越意识到，不可能用民主和平的手段来实现一党专政的目的，于是在处理跟中共的关系时，政策的重心慢慢地由政治向军事挪移，而中共也不得不在策略上做出相应的改变。所以，1946年6月30日全国规模内战的爆发，就意味着中间派发展的黄金时期已经结束，即使就在这个时候，施复亮、张东荪等还在卖力地构筑中间路线的蓝图。特别是随着1947年国共两党第二次合作关系的破裂，军争完全取代政争成为解决中国政治问题的唯一手段，中间派所鼓吹的民主、和平、自由主张，也就变得不合时宜起来，因为在国共两党看来，它既有碍于相争中的胜者乘胜追击，也无助于相争中的败者卷土重来。随着战争的深入与延续，中间派最后自然在国共两党的左右夹击下，陷入动辄得咎的困境之中，而没落甚至消亡也就成为其不可避免的命运。

由此可见，中间派的悲喜两重天的遭遇，跟国共两党相争存在着紧密的联系。所以当时有人在挖掘其中的原因时说："民盟以调人资格，高调和谈……因此，政协前后，亦曾'红极一时'。政协会议乃国共和谈的最高峰，亦是民盟与国共在政治上'平分秋色'的饱和点。国大既开，政协自然否定。此后政治分歧，已昭然若揭……南辕北辙,有何可谈? 有何可和?"①"民盟的历史已有数年,而其出头则为前年的政协时期。不过在过去,一般人似乎有一种印象,即政府来借重他们时,有了'民盟',不来借重他们时,就没有'民盟'了,所以有'和谈',民盟就大大热闹,没有'和谈',民盟就冷清清的无事可做;这情形至少在过去如此。"②

当然,中间派的兴衰,除却国共两党的因素,跟其自身有着相当的关联。其兴也,是因为它的观点主张顺应时代的潮流,使得国共两党在相争中不得不借重于它;其衰也,是因为它没有力量来保证自己的观点主张付诸实现,最后只得在国共两党的夹击下自我消解。可是,如果继续追问:中间派为什么没有力量呢? 这也许是另一个话题了,但可以肯定地说,在当时情形下,如果它有力量,且有跟国共两党相类似的力量,那它就不是中间派;也许没有力量,本是中国中间派的必然宿命。对此,美国学者格里德在分析自由主义在中国失败的原因时做了很好的诠释,他说:"自由主义在中国的失败并不是因为自由主义者本身没有抓住为他们提供了的机会,而是因为他们不能创造他们所需要的机会。自由主义之所以失败,是因为中国那时正处于混乱之中,而自由主义所需要的是秩序。自由主义的失败是因为,自由主义所假定应当存在的共同价值标准在中国却不存在,而自由主义又不能提供任何可以产生这类价值准则的手段。它的失败是因为中国人的生活是由武力来塑造的,而自由主义的要求是,人应靠理性来生活。简言之,自由主义之所以在中国失败,乃因为中国人的生活是淹没在暴力和革命之中,而自由主义则不能为暴力与革命的重大问题提供什么答案。"③格氏这里所说的自由主义失败,其实在很大程度上就是指中间派及其中间路线的失败,而失败的原因,既有外在的因素,更有内在理由。

5. 逐鹿中原:国共两党的对决

抗战胜利后,古老的中国再次面临着向何处去的拷问,为此国共两党从各自的立场出发,提出了不同的建国方案。国民党坚持在国民政府的"法统"不致紊乱、"根本大法"不容变更、政府"基础"不能动摇与"军令政令"务必统一的基

---

①　《中国党派》,南京:中联出版社,1948 年,第 23 页。
②　储安平:《中国政局》,《观察》第 2 卷 2 期,1947 年 3 月。
③　[美]J. 格里德著:《胡适与中国的文艺复兴》,鲁奇译,南京:江苏人民出版社,1995 年,第 377 ~ 378 页。

础上,实行宪政民主、还政于民。共产党则主张在保证国内和平、巩固国内团结、实现国家统一和改善民主民生的前提下,建设独立自由与富强的新中国。显然,国民党方案的核心不是建立一个新国家的问题,而是一个维护旧秩序的问题;而共产党方案的核心则是如何改变旧秩序建立新国家的问题。所以,这种针锋相对的建国方案,意味着国共两党冲突难以避免。然而鉴于当时的实际情况,国共双方谁也不敢贸然发起战争,因为强势一方的国民党,虽然在抗战胜利后接收了日伪军的大量武器,收编了大量的反正伪军,收缴了大量的敌伪资产,①但和平民主已成时代潮流,同时自己的军队还远在大后方,并且共产党的力量更是今非昔比,它不仅发展成为一个拥有 120 万党员的大党,而且还领导着 200 多万的武装力量和一亿人口的解放区;而作为弱势一方的共产党,尽管知道自己的力量已得到了质的提升,但跟国民党相比,劣势还是相当的明显。

故而,国民党一面通过重庆和谈与军队国家化的手段,逼迫或引诱共产党交出军队与解放区政权;一面继续玩弄召开国大与还政于民的把戏,给自己的统治披上合法的外衣;同时,以受降为借口把大量的军队运往沦陷区,跟八路军、新四军抢占大中城市与战略要地,为发动内战做准备。而共产党一边顺应时代的大潮,联合中间派,以政协会议为阵地,以民主、和平、团结为武器,向国民党及其政府要民主、要自由,借以揭露国民党假民主真独裁、假和平真内战的实质;一边抓住日伪军投降之机,指挥八路军、新四军在大力拓展原有根据地的基础上,建立和开辟新的解放区;同时在军事上,集中部队,编组野战兵团,开展练兵运动,在经济上,开展生产与土地改革运动,以为迎击国民党发动内战和夺取最后胜利做准备。所以,自抗战胜利后到全面内战爆发前,国共两党尽管军事上冲突不断,但相争的重心基本上停留在政治和谈的层面上,彼此都希望借此达到不战而屈人之兵的目的,正因为如此,当时的中国不仅出现了民主和平的假象,而且也让民盟为代言人的中间派风风光光地火了一回。然而严酷的现实是,国民党不会因为中共与中间派要求和平、民主而放弃其一党独大的执政

---

① 缴获步骑枪 685 897 支,手枪 60 377 支,轻重机枪 29 822 挺,各种火炮 12 446 门,战车 305 辆,飞机 1 068 架,军舰 19 艘,炮舰 359 艘,轮船 76 艘,汽艇 1 447 艘;收编伪军 238 996 人;接收敌伪资产 6 200 亿元。(张宪文等著:《中华民国史》(第 4 卷),南京:南京大学出版社,2006 年,第 9 页,第 24 页。)

地位,而共产党也不会因为国民党比自己强大而放弃对和平、民主的追求,①因此,双方为着各自的目的,在一边和谈的同时,一边却在准备着战争。

1946 年 6 月 26 日,国民党在自以为内战准备就绪和用民主、和平手段来实现自己目的无望的情况下,集中优势兵力突然围攻中原解放区,悍然挑起了全面内战。接着,又陆续发动了对其他解放区的进攻。而共产党面对国民党军事上气势汹汹的全面进攻,也只能够奋起迎战。② 至此,国共之争也从谈判桌上逐步转移到战场上来,逐鹿中原也就随之由舌战转移到枪战上来。在军争中,国民党凭借自己的军事优势,向解放区发起了全面进攻,希望用速战速决的办法来击败中共及其武装力量;而中共则根据敌我力量对比悬殊的实际情况,采取了以退为进、以守为攻、集中优势兵力在运动中各个歼灭敌人的作战方针,制定了跟人民群众密切合作、尽可能地孤立敌人并团结一切可以团结的人的政治方针,实施了做持久打算和自力更生的经济方针;并且为了提高和鼓舞广大干部群众与解放军对战争必胜的信心,毛泽东提出了"一切反动派都是纸老虎"的著名论断。所以,解放区军民在党的正确领导下,面对国民党军队的疯狂进攻,奋起自卫,经过近 8 个月的艰苦作战,取得了歼敌 71 万余人的战果,不过解放区也因此付出了失去 105 座中小城市的代价。

如此的战况,也许从表面上看,国民党在国共军争中取得了胜利,以至于时任国军总参谋长的陈诚在答记者问时,大言不惭地说:同共军作战,三个月至多五个月便能解决,国内铁路任何一线,均可于两周内打通。然而从实质上分析,国民党在内战的全面进攻阶段无疑是失败了,因为虽然夺得了解放区大片的土地和城镇,但却损失了 70 多万人的兵力,同时,这些新占领的地区还须派驻大

---

①　全面内战爆发时,国共双方的实力对比为:部队方面,中共 120 万人,国民党 430 万人;土地面积方面,中共 228.58 万平方公里,国民党 731.172 万平方公里;所占城市方面,中共 464 座,国民党 1 545 座;人口方面,共产党 13 606.7 万人,国民党 33 893.3 万人。(北京大学国际政治系编:《中国现代史统计资料选编》,郑州:河南人民出版社,1985 年,第 396 页。)

②　蒋介石指挥国民党军队在围攻中原解放区之后,又以徐州绥靖公署薛岳部 58 个旅 46 万余人进攻山东及苏皖解放区,以郑州绥靖公署刘峙部及徐州绥靖公署一部 28 个旅 24 万余人进攻冀鲁豫解放区,以第十一战区孙连仲和第十二战区傅作义所部 18 个旅 16 万余人进攻晋察冀解放区,以第一战区胡宗南部 19 个旅 15 万余人进攻陕甘宁解放区,以第二战区阎锡山部 20 个旅 9 万余人及傅作义、胡宗南各一部进攻晋绥解放区,以杜聿明部 16 个旅 16 万余人对东北解放区发起新的进攻,此外在南方出动 9 个旅约 7 万余人的兵力对广东各游击区及海南岛琼崖解放区进行清剿。总计,国民党用于进攻解放区的总兵力达 193 个旅 160 余万人,约占其正规军总兵力的 80%。(王桧林主编:《中国现代史》(上册),北京:高等教育出版社,1988 年,第 442 页。)

量的军队予以镇守;如是,不仅使自己陷于战线太长和兵力不足的矛盾中,而且让自己陷于处处被动处处挨打的危局中;相反,共产党所领导的解放军因控制区域面积的缩小,则兵力更加集中,也更容易寻找机会围歼国民党军队。故而国民党领导人蒋介石在事后回顾这一期间的作战状况时也说:"我们在后方和交通要点上,不但要处处设防,而且每一处必须布置一团以上的兵力。我们的兵力都被分散,我们的军队都成呆兵,而匪军却时时可以集中兵力,采取主动,在我方正面积极活动,将我们各个击破。"[1]

因此,为了改变自己这种战略上的困境,国民党不得不于 1947 年 3 月开始改变作战方针,由此前的全面进攻转变为重点进攻,即发起所谓以延安与山东为主要作战对象的哑铃攻势。故而,国民党统帅部首先命令西安绥靖公署胡宗南部 20 个旅,再会同西北行辕所属的马鸿逵、马步芳 3 个师以及晋陕绥边区总部的邓宝珊部两个旅,共约 34 个旅 25 万余人,分别从南、西、北三个方向合击延安;同时命令顾祝同指挥汤恩伯、王敬久、欧震 3 个兵团及两个绥靖区部队,共约 60 个旅 45 万余人,进攻山东解放区;希望通过这样一种集中兵力、东西进攻、放开中间的哑铃战术,迫使山东与陕北的解放军向华北转移,最后达到围歼解放军主力与华北的目的。针对国民党战略意图的变化,中共中央一方面命令其他解放区的野战军主力开展局部性反攻,借以牵制和干扰国民党军的重点进攻;另一方面命令彭德怀、习仲勋指挥西北野战军,陈毅、粟裕指挥华东野战军,根据因地制宜、灵活作战的原则,就地迎击来犯之敌。双方经过几个月的较量,在陕北,尽管国民党军进占延安,但西北野战军通过蘑菇战术先后取得了清化砭、洋马河、蟠龙镇、沙家店战役的胜利,共歼敌 3 万余人,尔后敌人在陕北的重点进攻,也就自然被粉碎了;在山东,虽然国民党军先后发动了三次攻势,但均为解放军所击退,特别是在第二次反击中,华东野战军全歼国民党王牌军整编74 师于孟良崮地区,从而为粉碎敌人在山东的重点进攻奠定了基础。

经过一年作战,战争形势发生了重大变化。到 1947 年 7 月,国民党的总兵力由 430 万人下降至 373 万人,其中正规军由 200 万下降为 150 万人,而机动兵力只剩下 40 个旅左右;与此相反,人民解放军的总兵力则由 120 万增加到 195

---

① 张其昀主编:《蒋总统集》(第 2 册),台北:中华大典编印会及国防研究院 1968 年版,第 1597 页。

万人,其中正规军约 100 万人,且均可机动。① 因此,尽管此时国民党军队仍在数量上与装备上占据明显的优势,但共产党领导人通过对国际形势与敌我双方实际情况的分析比较,认为人民解放军在全国性反攻的时机已经到来。

于是,中共中央根据此前国民党重点进攻所形成的中原空虚的战略缺陷,决定派刘伯承、邓小平等率晋冀鲁豫野战军主力,中央突破国民党军的黄河防线,直趋大别山地区;陈毅、粟裕等率领华东野战军主力,出击鲁西南、挺进豫皖苏边区;陈赓、谢富治率领晋冀鲁豫野战军太岳兵团,自晋南强渡黄河,挺进豫西,分别从左右两翼护卫和响应刘邓大军;同时命令华东野战军的山东部队与西北野战军,分别从东西两翼牵制国民党在山东与西北的军队,使它们无力他顾,从而为刘邓、陈粟、陈谢三支大军进占中原创造条件。所以,在中共中央的指挥下,随着 1947 年 6 月 30 日刘邓大军突破黄河天险,揭开战略反攻的序幕,各野战军纷纷行动起来,由内线作战转入到外线作战,使国民党军在战略上不得不由攻势变为守势。

针对人民解放军战略态势的改变,国民党为了挽救各个战场的劣势,从1947 年底到 1948 年初,只得采取分区防御的新战略,即将整个军事战场分成南、北两线。北线包括东北、华北两大区,其中东北地区重点防守沈阳、四平、长春、吉林以及沈阳至锦州铁路的两侧地区,以确保辽西走廊的安全;华北地区则主要防守京、津、唐、保四边地区,以维护平汉线、津浦线及各战略要地,然后由范汉杰所辖之冀热辽边区部队,守护北宁线,保障关内外的交通,同时支援东北,掩护华北。南线包括大巴山以东、长江以北、黄河以南的广大地区,在此分别设立 23 个绥靖区,每区分别配置 3 到 5 个旅,负责围追堵截解放军。此外,国民党军还成立 5 个机动兵团,以备对解放军进行战略进攻、扼要堵截和机动救援。然而,无论国民党进行怎样的战略调整,仍然阻挡不了人民解放军在各个战场上的捷报频传。为此,当时的华东野战军司令陈毅特意于 1947 年底做了一首《反攻形势》诗,其描绘的反攻盛况是:百万旌旗大展开,蒋匪到处变劫灰!空心战术今已矣,重点进攻安在哉!江汉飞传刘邓捷,中原又见李郑回,陈谢挥戈下宛洛,聂杨立马薄燕台,关陕彭贺长攻略,东北林罗巧安排,谭许胶河反攻后,苏鲁前线逼两淮。从来能兵观远略,迄今筹划赖雄才。举国艳说新民主,土

---

① 王桧林主编:《中国现代史》(上册),北京:高等教育出版社,1988 年,第447 页。

改狂潮遍地来。南无民变羽书急,准备审判蒋独裁。① 正是在人民解放军的战略反攻下,国民党军在各个战场上节节后退。

到 1948 秋,人民解放军在一年多的战略反攻中,又歼敌 150 多万,总兵力由反攻前的 195 万上升到 280 万人,其中正规军近 160 万人,并且解放区随着解放战争的节节胜利,也日益扩大相继连成了一片;而同时期的国民党军,总兵力则下降到 365 万人,其中正规军 198 万人,但可用于前线者约 174 万余人,且主力已基本上被解放军分割包围为东北剿总、华北剿总、徐州剿总、华中剿总、西安剿总五个孤立的集团,同时国统区的人民因国民党的倒行逆施与物价飞涨,而在地下共产党与民主人士的领导下,掀起了反内战、反独裁的民主运动。所以,上述军事政治形势表明,共产党同国民党最后决战的条件已经成熟。

为此,中共中央经过充分筹划,决定把决战的首战放在东北战场,并确定东北野战军主力迅速南下北宁线,给东北的国民党军来一个瓮中捉鳖。因为当时的东北战场的解放军再加上地方武装已达 100 万人,而国民党军只有 55 万人,且被分割包围在沈阳、长春、吉林、锦州几个孤立的据点,故而战略上于我军有利;同时将东北的国民党军就地歼灭,既可以防止敌人的战略收缩,又可以让东北野战军及时入关参战,支援其他战场,在战果上也更丰厚。于是,从 1948 年 9 月 12 日开始,东北野战军同地方部队在党中央指挥下,发起了辽沈战役,经过 52 天的鏖战,到 10 月 2 日沈阳、营口解放,共歼敌 47 万余人,东北卫立煌集团基本消灭。随后,乘着辽沈战役的胜利,党中央又命令华东野战军与中原野战军,于 1948 年 11 月 6 日发起了淮海战役;命令华北野战军与东北野战军主力,于 11 月 29 日发起平津战役。经过近三个月的对垒,解放军在淮海战役中,歼灭国民党军 55.5 万余人,在平津战役中,歼灭国民党军 52 万余人。至此,三大战役中,解放军共歼灭国民党军 154 万余人,国共力量随之发生了根本性的逆转。

由于军事上的惨败,国民党不得不再次进行战略收缩,把兵力集中到长江防线,分由汤恩伯与白崇禧负责防守,希望借长江天险来阻止解放军南下。此外,被迫发出求和声明,企图通过和谈来延缓解放军的进兵速度和为自己赢得喘气之机。针对这种形势,共产党在坚持"将革命进行到底"与"惩办战争罪

---

① 晋冀鲁豫《人民日报》,1947 年 12 月 16 日。

犯"的原则下,一方面命令第二、第三野战军在江北集结待命,另一方面成立以周恩来为团长的中共代表团跟国民党代表团就和平统一问题进行谈判。1949年4月21日,中共中央在与国民党和谈破裂后,命令第二、第三野战军从西起湖口东至江阴的千里战线上,发起了渡江战役。由于事前准备工作充分以及国民党军士气低落,解放军很快渡过长江,4月23日占领南京,宣告了国民党在大陆统治的失败。南京解放后,各路大军乘胜猛追穷寇,到6月上旬渡江战役结束,人民解放军共歼敌40余万,解放南京、杭州、上海、武汉、南昌等大中城市120余座,为进一步挥师华南、西南地区创造了条件。而国民党政府在解放军一路追击下,落得先迁广州、再迁重庆、最后迁往孤岛台湾的结局。与此同时,华北野战军解放了华北全境,西北野战军也解放西安。

从1949年6月开始,解放军各野战军展开了向西北、西南、华南等广大地区的大进军。在西北,彭德怀、贺龙领导的第一野战军和西北军区部队及改归一野建制的华北十八、十九兵团,先后打败了胡宗南、马鸿逵、马步芳部的反扑;接着乘胜追击,贺龙率一部南下监视胡宗南部,待命入川;彭德怀率主力西进,到9月中旬,先后解放了西北重镇兰州、西宁、银川,并迫使国民党西北军政长官公署副长官兼绥远省主席董其武宣布和平起义,到下旬,新疆省警备总司令陶峙岳、省主席鲍尔汉也先后通电起义。至此,西北基本解放。在华东,第三野战军继续追歼残敌,到10月中旬,除台湾及沿海一些附属岛屿外,全部解放。在华南,第二、第四野战军相互配合,首先于8月迫使湖南省主席程潜、国民党第一兵团司令陈明仁宣布起义,长沙和平解放;接着在衡宝战役中大败白崇禧部;10月广州解放,并随之围歼国民党军余汉谋集团于阳江、阳春地区;11月解放桂林,12月解放南宁。至此,除海南岛外,华南全境解放;而国民党在此地的军队,除少数逃走外,基本被全歼。在西南,自11月1日开始,第一、第二、第四野战军展开了围歼战;到年底,除西藏地区外,西南全境基本解放;其中在此过程中,国民党的西南军政高级长官——云南省主席卢汉、西南军政长官公署副长官邓锡侯、潘文华、西康省主席刘文辉、15兵团司令罗广文、20兵团司令陈克非、7兵团司令裴昌会、18兵团司令李振等先后宣布起义或投诚,这无疑大大推动了大西南地区的解放。

至此,从1946年7月到1949年9月新中国成立前夕,国共两党在军争过程中,人民解放军共歼灭国民党军625万余人,如果再延伸到1950年6月,则共歼灭国民党军 807 万余人。国共决战，以国民党全面失败而告终。

就在人民解放军发起三大战役和向全国进军的同时，中国共产党与到达解放区的各民主党派、无党派民主人士的代表，加紧进行建立新国家的筹备工作。1948 年 11 月 25 日，中共代表高岗、李富春与抵达哈尔滨的民主党派代表沈钧儒、谭平山、蔡廷锴等达成了《关于召开新的政治协商会议诸问题的协议》。1949 年 1 月 22 日，以李济深牵头的 55 位民主人士联名发表了《我们对于时局的意见》，明确表示愿意在中国共产党的领导下为早日建立新中国而斗争。6月 15 日到 19 日，中共在北平主持召开了有各民主党派、人民团体、民主人士、少数民族、海外华侨等 23 个单位 134 位代表参加的新政治协商会议筹备会议第一次全体会议，通过了《新政协筹备会组织条例》和《关于参加新政治协商会议的单位及其代表名额的规定》，选出了以毛泽东主席为主任的新政协筹备常务委员会，具体负责新政协会议召开前的各项准备工作。1949 年 9 月 21 日，中国人民政治协商会议第一届全体会议在北平中南海怀仁堂正式开幕，出席会议的代表共 662 人，分别代表着各党派、各人民团体、各民族、解放军、华侨及其他爱国人士等。会议先后通过了《中国人民政治协商会议组织法》《中华人民共和国中央人民政府组织法》《中国人民政治协商会议共同纲领》和《中国人民政治协商会议第一届全体会议宣言》等文件，分别选举了以毛泽东为主席、朱德等为副主席中央人民政府，以毛泽东为主席、周恩来等为副主席的中国人民政治协商会议全国委员会，同时还确定了新中国的国名、国旗、国歌、国都。随着这一系列文件与决议的制定和通过，标志着中华人民共和国的诞生。10 月 1 日下午 2 时，中央人民政府委员会在中南海勤政殿举行第一次会议，会议推选林伯渠为中央人民政府委员会秘书长，任命周恩来为政务院总理，毛泽东为革命军事委员会主席，朱德为解放军总司令，沈钧儒为最高人民法院院长，罗荣桓为最高人民检察院检察长；会议决定接受中国人民政治协商会议共同纲领为政府施政方针，并且向全世界宣告：中华人民共和国中央人民政府为中国唯一的合法政府，表示愿意同任何国家在平等互利、相互尊重领土主权的基础上建立外交关系。下午 3 时，北京市各界人民约 30 万人汇聚天安门广场，热烈庆祝新中国的成立，毛泽东在天安门城楼向全世界庄严宣告：中华人民共和国中央人民政府正式成立。

中华人民共和国的成立，不但标志着新民主主义革命的胜利，更是意味着国民党在大陆统治的终结。至此，也许有人会问，为什么强大的国民党在与共产党最后决战中，就很快土崩瓦解、兵败大陆呢？其根本原因就是因为其自恃自身的强大而不惜违背民心民意与时代潮流，最后自然难逃"顺之者昌，逆之者亡"的历史规律。应该说抗战胜利后，国民党的实力达到了空前的强大，军事上收缴了日伪军的大量武器，经济上接收了沦陷区的大量敌资，外交上跻身为世界上五大国之一，政治上加强了对地方实力派的控制，如果其此时抓住机会，顺应民主宪政的时代潮流，遵循和平团结的人民意愿，无疑会把半殖民地半封建社会的中国引向繁荣富强的道路。

遗憾的是，以蒋介石为首的国民党顽固派被抗战的胜利冲昏了头脑，被突然膨胀的实力蒙蔽了心智，不仅忽视各党派协商参政的要求，置广大人民的利益于不顾，而且继续坚持一党专政与个人独裁，甚至不惜再次挑起国共内战，把本已百孔千疮的中国重新抛进战争灾难的深渊。为此，国民党及其政府先后撕毁了《双十协定》与《政协决议》，同时对国统区的民主运动进行严厉的镇压，如先后制造了昆明的"一二·一"惨案、重庆的较场口惨案、南京的下关惨案、昆明的李公朴、闻一多血案、"五·二〇"血案等，如此倒行逆施的行为，自然会为人民所唾弃。而共产党则顺应民意与时代潮流，为了和平，其领袖毛泽东亲赴重庆谈判；为了团结，主动让出了长江以南的八个解放区；为了民主宪政，不仅坚持抗战胜利前夕所提出的建立民主联合政府的主张，而且在政协会议上跟中间派亲密合作，使得政协通过了一系列有利于民主宪政的决议；为了表示对独裁专制不妥协的立场，坚决拒绝参加国民党一党包办的国民大会；为了满足广大农民对土地的迫切要求和翻身当家做主的愿望，在解放区开展轰轰烈烈的土地改革运动和广泛建立民主政权。所以，共产党的行为不但得到了解放区人民的拥戴，而且得到了国统区人民的声援，更是得到了广大中间派人士的支持。这样两相比较，国民党怎能不失败！因此，国民党在国共决战中的失利，说明了任何一个政党，不管其是如何强大，只要它违背历史的潮流，背叛人民的利益，就必然为历史与人民所抛弃。故而从此意义上说，共产党的胜利，是时代的胜利，是人民的胜利！

因此，为了告诫全党同志不要被胜利冲昏头脑，避免重蹈国民党的覆辙，在即将取得全国政权的时候，党的七届二中全会就提醒全党，要警惕骄傲自满以功臣自居的思想，要警惕资产阶级糖衣炮弹的攻击，务必继续保持谦虚谨慎、不骄不躁的作风,务必保持艰苦奋斗的作风。稍后,在庆祝中国共产党成立 28 周年纪念大会上,党的主要领导人毛泽东又告诫全党说:在过去 28 年中,"我们仅仅做了一件事,这就是取得革命战争的基本胜利。这是值得庆祝的,因为这是人民的胜利,因为这是在中国这样一个大国的胜利。但是我们的事情还很多,比如走路,过去的工作只不过是像万里长征走完了第一步。"①所以,中华人民共和国的成立,固然结束了中华民族长达一个多世纪的苦难历程,是中国历史上划时代的大事件,但要使中国人民真正站起来,并从此走上一条独立、自由、民主、统一、富强的康庄大道,对中国共产党而言,其奋斗才刚刚开始!

---

① 毛泽东:《论人民民主专政》,《毛泽东选集》(第 4 卷),北京:人民出版社,1991 年,第 1480 页。

参 考 文 献

一、报纸

《时报》

《民立报》

《申报》

《民报》

《知新报》

《政府公报》

《益世报》

上海《民国日报》

《中央日报》

上海《文汇报》

天津《大公报》

《人民日报》

二、期刊

《新青年》

《东方杂志》

《每周评论》

《努力周报》

《向导》

《新月》

《独立评论》

《再生》

《观察》

《自由中国》杂志

《大学》杂志

《夏潮》

三、史料

广东文史研究馆译:《鸦片战争史料选译》,北京:中华书局,1983 年。

文庆等编:《筹办夷务始末·道光朝》,北京:中华书局,1964 年。

中国史学会主编:《中国近代史资料丛刊·太平天国》(第一册),北京:神州国光出版社,1954 年。

蔡尔康著:《中东战纪本末》,中国史学会主编:《中国近代史资料丛刊·中日战争》(第一册),上海:上海人民出版社,1957 年。

孙瑞琴译著:《德国外交文件有关中国交涉史料选译》第 1 卷,北京:商务印书馆,1960 年。

汪敬虞编:《中国近代工业史资料》,第 2 辑下册,北京:中华书局,1962 年。

刘锦藻编纂:《清朝续文献通考》(2),北京:商务印书馆,1955 年。

叶德辉编著:《翼教丛编》第 3 卷,见沈云龙主编:《近代中国史料丛刊》第一编,第 65 辑,台北:文海出版社。

中国社会科学院近代史资料编辑组编辑:《近代史资料》总第 45 号,第 2 期,科学出版社,1981 年。

朱寿朋编著:《光绪朝东华录》,第 5 册,北京:中华书局,1958 年。

宓汝成编著:《中国近代铁路史资料》第 2 册,北京:中华书局,1963 年。

中国第二历史档案馆编:《中华民国史档案资料汇编·政治·二》(第三辑),南京:江苏古籍出版社,1991 年。

蔡尚思主编:《中国现代思想史资料简编》(第 1 ~ 5 卷),杭州:浙江人民出版社,1982 年。

周天度、孙彩霞编:《救国会史料集》,北京:中央编译出版社,2006 年。

中国历史第二档案馆编:《中华民国史档案资料汇编·政治(一)》第五辑

第一编,南京:江苏古籍出版社,1994 年。

中央档案馆编:《中共中央文件选集》(第一册),北京:中共中央党校出版社,1982 年。

荣孟源主编:《中国国民党历次代表大会及中央全会资料》(上册),北京:光明日报出版社,1985 年。

周琇环编注:《蒋中正总统档案·事略稿本》第 7 卷,台北:国史馆,2003 年。

清党运动急进会编印:《清党运动》,1927 年,出版社不详。

中国人民解放军政治学院党史教研室编:《中共党史参考资料》,第 8 册,1979 年。

中央档案馆编:《中共中央文件选集》(第 14 卷),北京:中共中央党校出版社,1991 年。

四、文集、文存与回忆录

黄兴著:《黄兴集》,北京:中华书局,1981 年。

章炳麟著:《章太炎政论选集》,北京:中华书局,1977 年。

广东省社科院历史研究室等合编:《孙中山全集》(第一卷),北京:中华书局,1981 年。

陈旭麓、郝盛潮主编:《孙中山集外集》,上海:上海人民出版社,1990 年。

广东省社科院历史研究室等合编:《孙中山全集》(第三卷),北京:中华书局,1984 年。

广东省社科院历史研究室等合编:《孙中山全集》(第五卷),北京:中华书局,1985 年。

鲁迅著:《鲁迅全集》第 3 卷,北京:人民文学出版社,1981 年。

胡适著:《胡适文存》第 1 集 4 卷,上海:亚东图书馆,1921 年。

陈独秀著:《独秀文存》,合肥:安徽人民出版社,1987 年。

宋庆龄著:《宋庆龄选集》,北京:人民出版社,1996 年。

郑观音著:《郑观应集》,上海:上海人民出版社,1982 年。

张之洞著:《劝学篇》,北京:华夏出版社,2002 年。

樊锥著:《樊锥集》,北京:中华书局,1984 年。

严复著：《严复集》第 3 册，北京：中华书局，1985 年。

梁启超著：《变法通议》，《饮冰室合集》文集一，北京：中华书局，1989 年。

汤志钧编：《康有为政论集》，北京：中华书局，1981 年。

汪精卫著：《汪精卫先生抗战言论集》，独立出版社，1938 年。

秦孝仪编：《先总统蒋公思想言论总集》（十），台北：中央文物出版社，1984 年。

中华书局、人民出版社编：《蒋介石言论集》，北京：中华书局，1965 年。

熊式辉著：《熊式辉回忆录》，香港：明镜出版社，2006 年。

张其昀主编：《蒋总统集》（第 2 册），台北：中华大典编印会及国防研究院，1968 年。

毛泽东著：《毛泽东选集》（第 4 卷），北京：人民出版社，1991 年。

周恩来著：《周恩来选集》（下卷），北京：人民出版社，1984 年。

中国人民解放军军事科学院编：《毛泽东军事文选》，中国人民解放军总参谋部出版部出版，1961 年。

五、编著

白寿彝主编：《中国通史》（第十一、第十二卷），上海：上海人民出版社，1999 年。

魏宏运主编：《中国现代史》，北京：高等教育出版社，2002 年。

马齐彬主编：《国共两党关系史》，北京：中共中央党校出版社，1995 年。

唐培吉主编：《中国历史大事年表》，上海：上海辞书出版社，1997 年。

冯君实主编：《中国历史大事年表》，沈阳：辽宁人民出版社，1984 年。

袁传伟等编：《外国历史大事年表》，上海：上海辞书出版社，1997 年。

樊如编著：《中外历史大事年表》，合肥：黄山书社，2012 年。

周托、魏大业编著：《台湾大事纪要》，北京：时事出版社，1982 年。

张克山编著：《台湾问题大事记（1945.8—1987.12）》，北京：华文出版社，1988 年。

中共中央党史研究室编：《中共党史大事年表》，北京：人民出版社，1987 年。

《历史的审判》编辑组编：《历史的审判》（续集），北京：群众出版社，

1986年。

南炳文主编:《清史》(上、下编),天津:天津人民出版社,2011年。

翦伯赞主编:《义和团》第3册,北京:神州国光社,1953年。

王桧林主编:《中国现代史》,北京:高等教育出版社,1988年。

王先明主编:《中国近代史(1840—1949)》,北京:中国人民大学出版社,2011年。

中国史学会编:《辛亥革命》(第8册),上海:上海人民出版社,1959年。

吴雁南等主编:《中国近代社会思潮》(1~4卷),长沙:湖南教育出版社,1998年。

中共中央党史研究室编著:《中国共产党历史》(第一卷·上册),北京:中共党史出版社,2002年。

王功安、毛磊主编:《国共两党关系史》,武汉:武汉出版社,1988年。

军事科学院历史研究部编:《中国人民解放军战史》(第2卷),北京:军事科学出版社,1992年。

黄美真、张云编:《汪精卫集团投敌》,上海:上海人民出版社,1984年。

军事科学院军事历史研究部编:《中国抗日战争史》(上卷、中卷),北京:解放军出版社,1991年,1994年。

中联出版社编辑部编著:《中国党派》,南京:中联出版社,1948年。

徐中约著:《中国近代史》,计秋枫、朱庆葆译,香港:中文大学出版社,2001年。

陈旭麓著:《近代中国社会的新陈代谢》,上海:上海人民出版社,1992年。

马克锋著:《文化思潮与近代中国》,北京:光明日报出版社,2004年。

蒋廷黻著:《中国近代史》,上海:上海古籍出版社,1999年。

邹容著:《革命军》,北京:华夏出版社,2002年。

冯天瑜等著:《中华文化史》,上海:上海人民出版社,1990年。

李侃等著:《中国近代史》,北京:中华书局,1999年。

陈孔立著:《台湾历史纲要》,北京:九州出版社,1996年。

谭嗣同著:《仁学》,北京:华夏出版社,2002年。

陈天华著:《猛回头》,北京:华夏出版社,2002年。

李时岳著:《中国近代反洋教运动》,北京:人民出版社,1985年。

胡绳著:《中国共产党的70年》,北京:中共党史出版社,1991年。

石源华著：《"乱世能臣"陈公博》，北京：团结出版社，2008年。

张宪文等著：《中华民国史》，南京：南京大学出版社，2006年。

中共中央党史教研室著：《中国共产党历史》，北京：人民出版社，1991年。

崔之清主编：《国民党结构史论（1905—1949）》（上中下册），北京：中华书局，2013年。

陈蕴茜著：《崇拜与记忆：孙中山符号的建构与传播》，南京：南京大学出版社，2009年。

王奇生著：《党员、党权与党争：1924—1949年中国国民党的组织形态》，上海：上海书店出版社，2003年。

杨奎松著：《国民党的"联共"与"反共"》，北京：社会科学文献出版社，2008年。

茅海建著：《天朝的崩溃：鸦片战争再研究》，北京：三联书店，1995年。

李国忠著：《民国时期中央与地方关系》，天津：天津人民出版社，2004年。

王德胜编著：《蒋总统年表》，台北：世界书局，1982年。

茅家琦等著：《中国国民党史》（上下册），厦门：鹭江出版社，2005年。

张皓著：《派系斗争与国民党政府运转关系研究》，北京：商务印书馆，2006年。

江沛著：《战国策派思潮研究》，天津：天津人民出版社，2001年。

杨奎松著：《失去的机会——战时国共谈判实录》，桂林：广西师范大学出版社，1992年。

李炳南著：《政治协商会议与国共谈判始末》，台北：永业出版社，1993年。

林毓生著：《中国传统的创造性转化》，北京：三联书店，1996年。

王永祥著：《中国现代宪政运动史》，北京：人民出版社，1996年。

陈先初著：《精神自由与民族复兴——张君劢思想综论》，长沙：湖南教育出版社，1999年。

郑大华著：《民国乡村建设运动》，北京：社会科学文献出版社，1999年。

金冲及著：《转折年代——中国的1947年》，北京：三联书店，2002年。

邓野著：《联合政府与一党训政——1944—1946年间国共政争》，北京：社会科学文献出版社，2003年。

闻黎明著：《第三种力量与抗战时期的中国政治》，上海：上海书店，2004年。

常保国著:《中间党派与中国二十世纪四十年代宪政运动》,北京:中国政法大学出版社,2008 年。

冯玉祥著:《我所认识的蒋介石》,哈尔滨:黑龙江人民出版社,1980 年。

梁漱溟著:《梁漱溟自传》,南京:江苏文艺出版社,1998 年。

樊树志著:《晚明史》,上海:复旦大学出版社,2003 年。

张宪文、方庆秋著:《蒋介石传》,郑州:河南人民出版社,2005 年。

荣孟源著:《蒋家王朝》,北京:中国青年出版社,1980 年。

梁义群、鲁震祥主编:《百年国耻》,北京:农村读物出版社,1992 年。

六、国外研究著作

[美]博伊尔著:《中日战争时期的通敌内幕》(下册),陈体芳等译,北京:商务印书馆,1978 年。

[美]J. 格里德著:《胡适与中国的文艺复兴》,鲁奇译,南京:江苏人民出版社,1995 年。

[日]向山宽夫著:《日本统治下台湾民族运动史》,东京:中央经济研究所,1987 年。

[日]喜安幸夫著:《日本统治台湾秘史》,台北:武陵出版社,1984 年。

[德]施罗曼与费德林史坦合著:《蒋介石传》,辛达谟译,台北:台湾黎明文化事业公司,1985 年。

后　　记

此时,终于把中国近现代史给"简读"了,但其实也只能是作者本人把其"简读"而已,如果从真正的历史本身出发,或者在研究历史的大家看来,这种"简读"也许只能算作一个历史研究者在工作与学习中的一些粗浅的认识与感想。然而,这么一些粗浅的认识与感想之所以能得以形成文字,老师的教诲、领导的关心、朋友的帮助,也在其中发挥了很大的作用。

在此,首先,要感谢我的博士后导师——南开大学历史学院教授江沛先生,正是江先生在我做博士后研究期间,教给我一套学习和研究历史的方法,才使我找到了一条"简读"中国近现代史的路径,否则,面对复杂曲折的中国近现代史,即便简读,也不知如何下手。其次,要感谢我的博士导师——湖南大学岳麓书院教授陈先初先生,因为先生多年的悉心教诲,不仅让我对中国近现代史产生了兴趣,而且让我对这段历史有了更深刻的认识与理解,甚至可以说,是先生把我引上通往学术殿堂的门径。再次,要感谢赣南师范大学历史文化与旅游学院的领导,由于他们的关心和支持,特别是魏炜副院长的鼓励和督促,既让我有充裕的时间去研究这一课题,也让我有足够的信心去完成这一工作。最后,要感谢曾耀荣教授、刘大禹教授、刘鹤教授、周若清副教授、肖高华副教授、杨实生博士等诸位好友的帮助,正是通过跟他们的交流,我的思路才逐步变得清晰,我的观点也逐步趋于完善。当然,在本书的写作过程中,我还参阅了许多著述,并引用了其中许多观点和材料,在此,对于这些从未谋面的作者,也表示衷心的感谢。

最后,在本书即将付梓之际,我还必须对出版社的朱佳新女士表示感谢,正是她的辛勤付出,才使得本书得以避免了许多错误与疏漏。此外,必须申明的是:本书虽然只是一种"简读",但也不能成为规避错误的借口;所以,对于书中存在的缺点与不足,一方面只能恳请读者的谅解,另一方面只能期待方家的指正。